영웅을 만든

임영웅의 역사를 그려낸 111곡 수록

영웅의 노래

목차

Chapter 1
영웅의 발자취

Chapter 2
영웅의 도전

Chapter 3
사랑의 콜센타

Chapter 4

뽕숭아 학당

영웅의 발자취

임영웅의 역사를 대표하는 노래

전국 노래자랑 포천시 편	일소일소 일노일노
아침마당 도전! 꿈의 무대	부초같은 인생
	천년지기
	안동역에서
	사랑의 트위스트
	항구의남자
	뿐이고
2016 데뷔 앨범	미워요
	소나기
2017 디지털 싱글 앨범	뭣이 중헌디
	따라 따라
2018 디지털 싱글 앨범	계단말고 엘리베이터
미스터 트롯 1등 특전	이제 나만 믿어요
2020 디지털 싱글 앨범	HERO
2021 디지털 싱글 앨범	별빛 같은 나의 사랑아
신사와 아가씨 OST	사랑은 늘 도망가
2022 정규 1집	다시 만날 수 있을까
	무지개
	손이 참 곱던 그대
	우리들의 블루스
	아버지
	A bientot
	사랑역
	보금자리
	연애편지
	사랑해요 그대를
	인생찬가
2022 디지털 싱글 앨범	Polaroid
	London Boy
2023 디지털 싱글 앨범	모래 알갱이
	Do or Die
2024 디지털 싱글 앨범	온기
	Home

일소일소 일노일노

작사 : 이경미
작곡 : 신웅

25
B   D#   G#m   E   C#m   G#m   B E F#
웃 다가－도   한세상이고   울 다가－도   한세상인데

① 5마디로 가세요

29
B   C#m   F#   B
욕 심내 봐야 소용없잖아－   가 지고갈것하나－없 는 －데－

33
B   G#m   B   F#
일소일소일노일－－노 얼굴마다쓰여져   감 출수가없는 데

37
B   G#m7   F#   B   G#m
한 치의앞 날 모 르는것 이 인생인 것 을   그 게 바 로인생 인 것

40
F#   B   D#7   G#m   E   C#m   G#m
을   웃 다가－도   한세상이고   울 다가－도

44
B   F#   B
한 세 상 인 데   욕 심 내 봐 야 소 용 없 잖아－

47
C#m   F#   B   G#m   F# B
가 지고갈 것 하나－없 는 －데－

부초같은 인생

◆ **작사** : 상준 외 1명
◆ **작곡** : 공정식

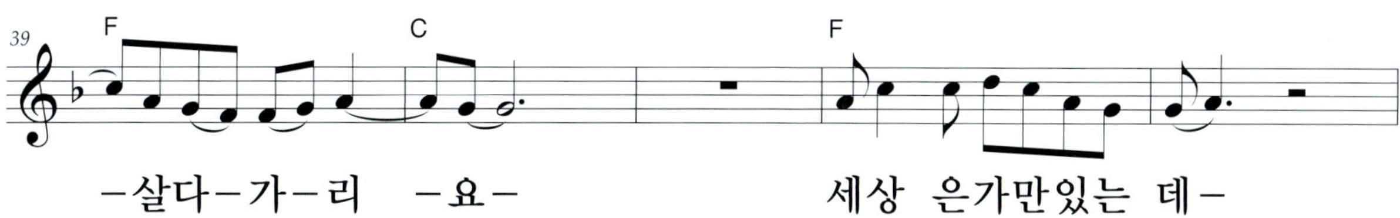

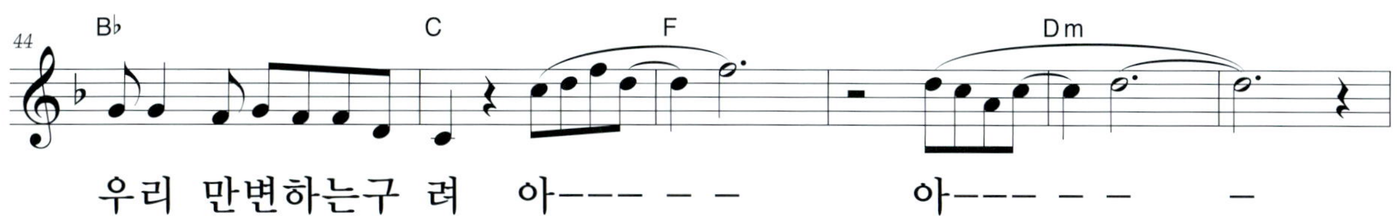

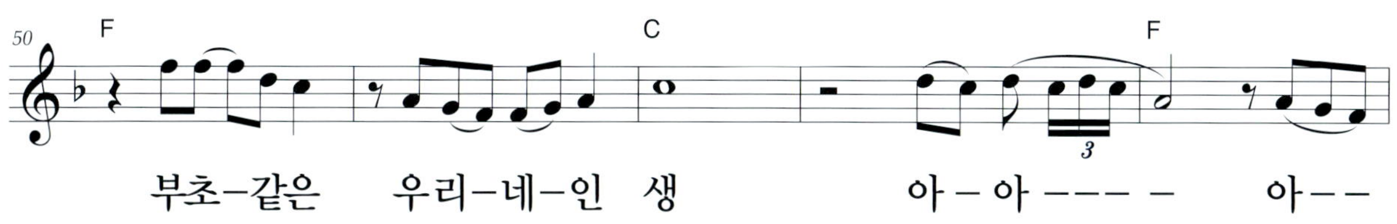

② 70마디로 가세요

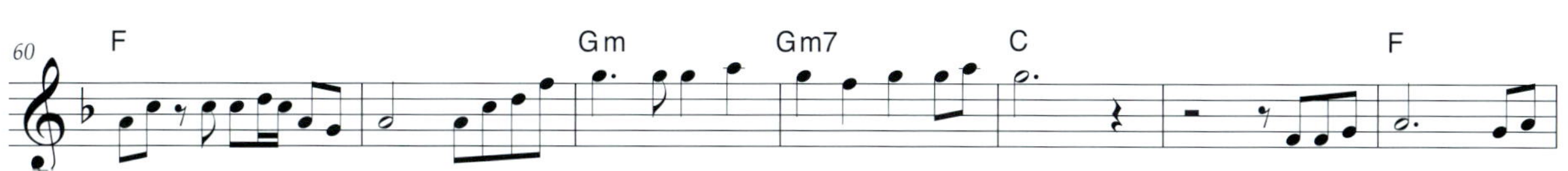

① 18마디로 가세요

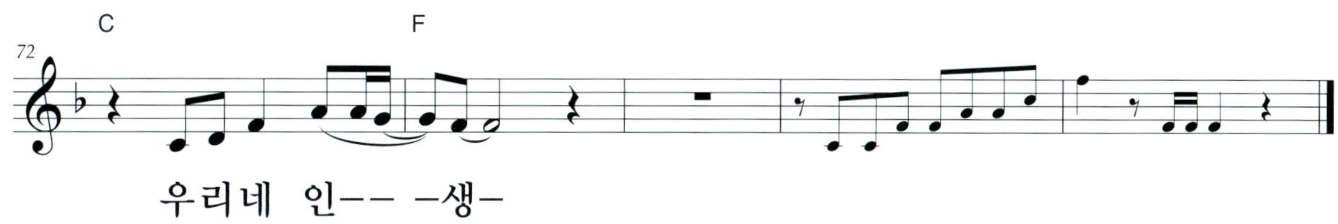

천년지기

◆ **작사** : 정동진
◆ **작곡** : 김정호

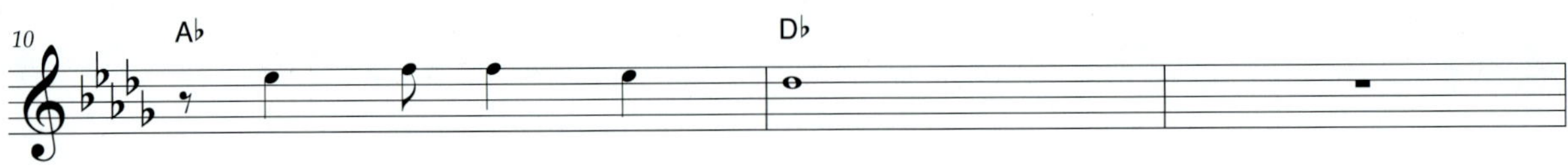

내 가 지 쳐 있 을 때 – 내 가 울 고
내 가 외 로 워 할 때 – 내 가 방 황

있 을 때 – 위 로 가 되 어 준 친 구
을 할 때 –

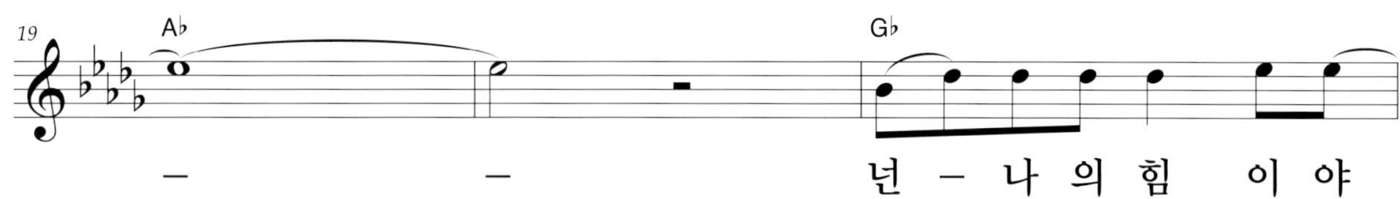

– – 넌 – 나 의 힘 이 야

– 넌 – 나 의 보 배 야 –

천 년 – 지 기 나 의 벗 이 야 –

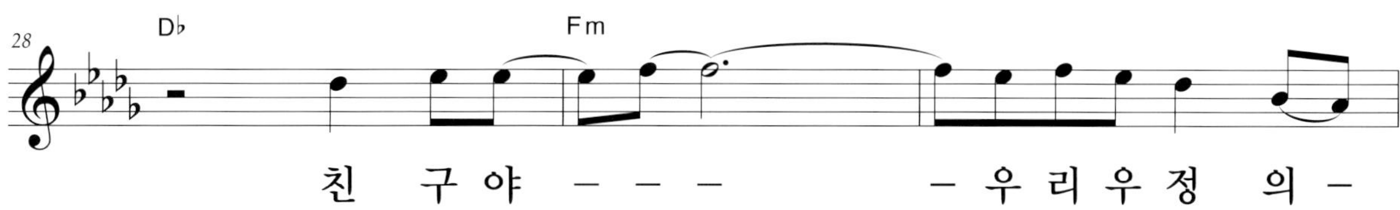

친 구 야 – – – – 우 리 우 정 의 –

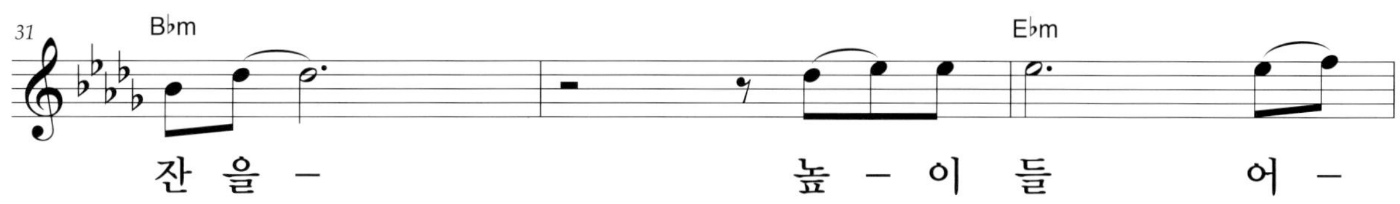

잔 을 – 높 – 이 들 어 –

Eᵇm
Fm7
건 배를 하자 - - - 같 은

Gᵇ
Eᵇ7
Aᵇ
Dᵇ
배 를 함 께 - 타 고 떠 나 는 인 - 생 길

Dᵇ
Gᵇ
3
Gdim
- 네 가 - 있 어 외 롭 지 - 않 아

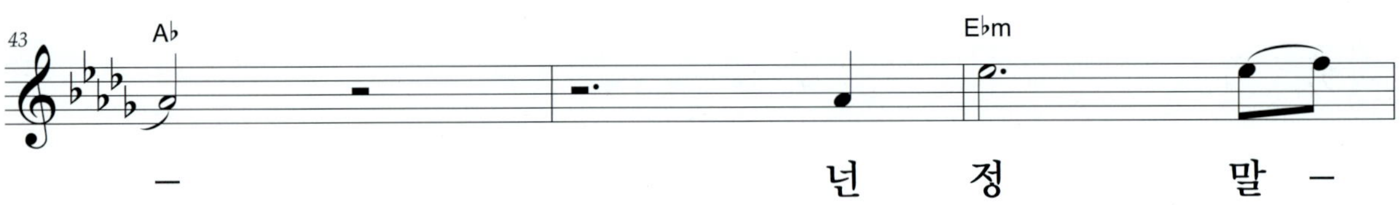
Aᵇ
Eᵇm
- 넌 정 말 -

② 49마디로 가세요
① 5마디로 가세요
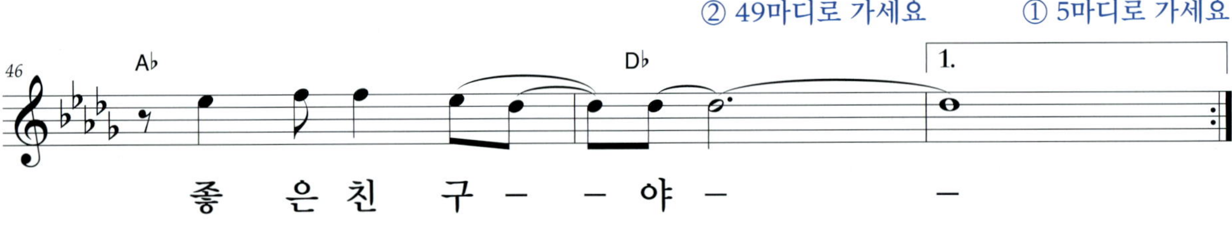
Aᵇ
Dᵇ
1.
좋 은 친 구 - - 야 - - -

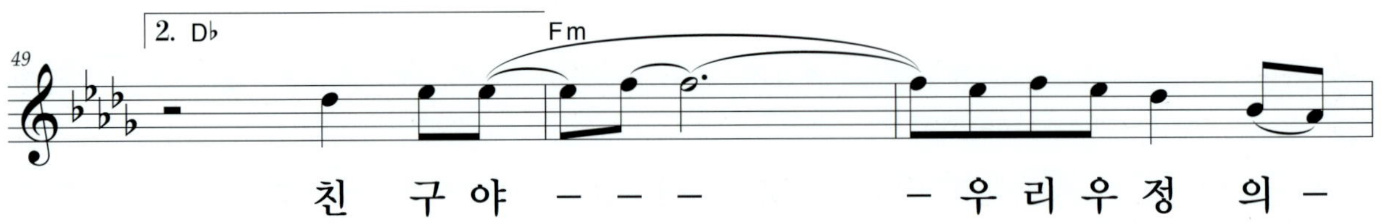
2. Dᵇ
Fm
친 구 야 - - - - 우 리 우 정 의 -

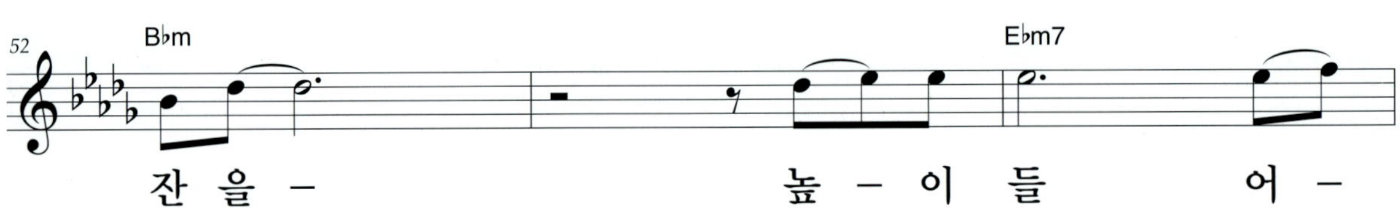
Bᵇm
Eᵇm7
잔 을 - 높 - 이 들 어 -

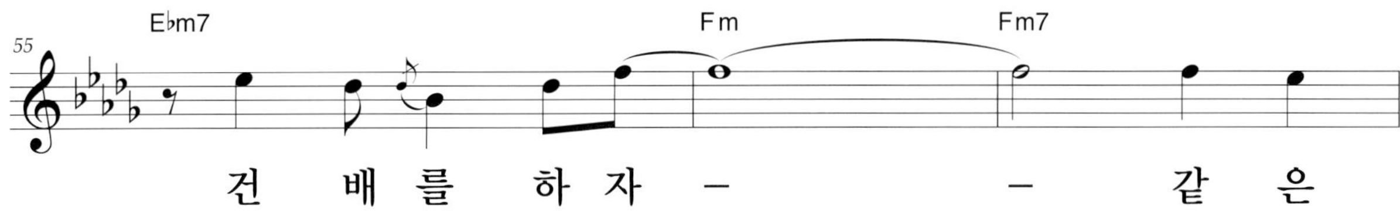

E♭m7   Fm   Fm7
건 배를 하자 ─ ─ 같 은

G♭   E♭7   A♭   D♭
배 를 ─ 함 께 ─ 타 고 떠 나 는 인 ─ 생 길

D♭   G♭   Gdim7
─ 네 가 ─ 있 어 외 롭 지 ─ 않 아

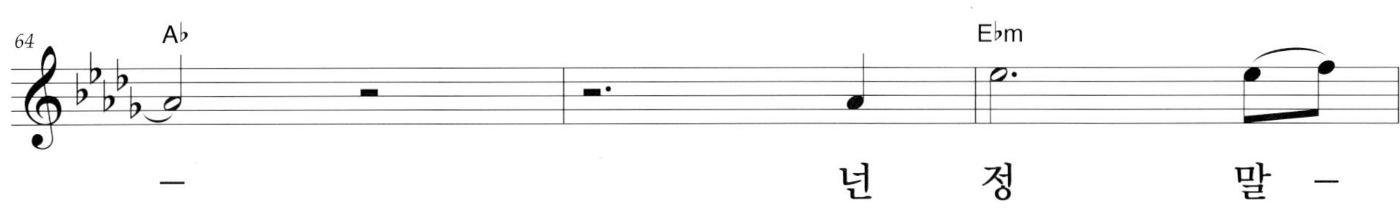

A♭   E♭m
─ 넌 정 말 ─

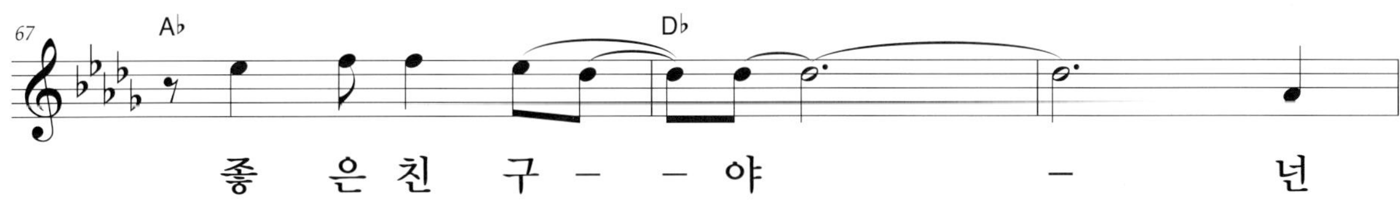

A♭   D♭
좋 은 친 구 ─ ─ 야 ─ 넌

E♭m   A♭   D♭
정 말 ─ 멋 진 친 구 ─ ─ 야

D♭
─

안동역에서

작사 : 김병걸
작곡 : 최강산

음원
방송

♩= 132
Cm   G7   Cm   Fm   G7

Fm   Cm   G7   Cm

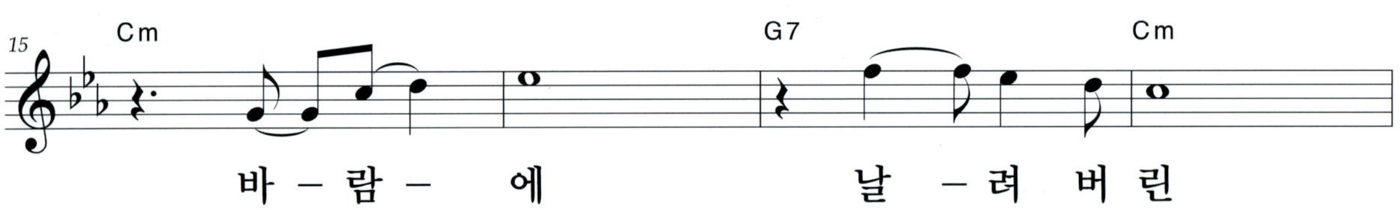

Cm   G7   Cm
바 - 람 - 에   날 - 려 버 린

Fm   Bb7   Eb   G7
허 무 한   맹 - 세 였 나

Cm   Fm7
첫 - 눈 이   내 리 - 는 날   안 동 역 앞 에 서

Cm   Ab   G7   Cm
-        만 나 - 자 고   - 약 속 한 사 람 -

Cm   G7   Cm
새 벽 부 터   오 는 눈

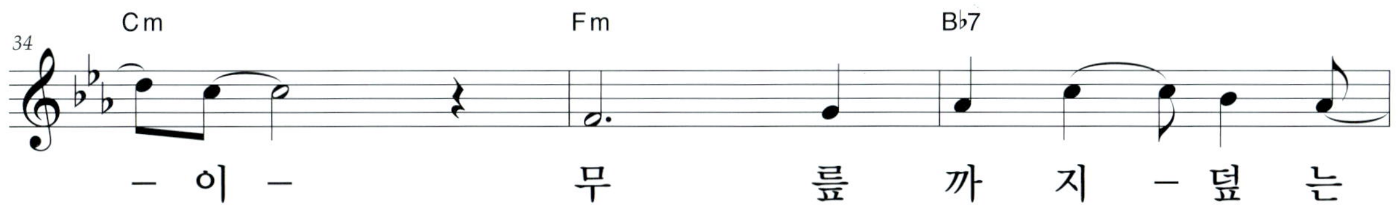

Cm   Fm   B♭7
34
－ 이 －   무   릎 까 지 － 덮 는

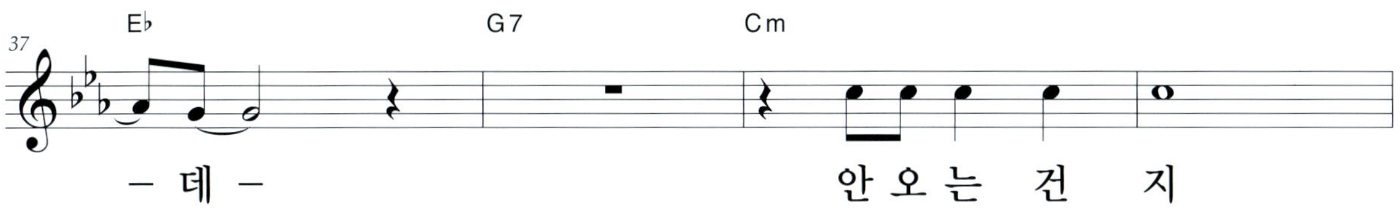

E♭   G7   Cm
37
－ 데 －   안 오 는 건 지

G7   Cm
41
못 오 는 건 － 지 －   오 － 지

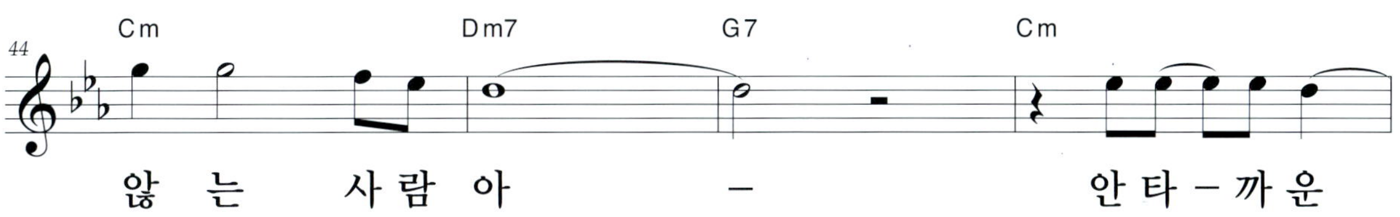

Cm   Dm7   G7   Cm
44
않 는 사 람 아 －   안 타 － 까 운

Cm   Fm7   G7
48
－ 내 마 － 음 만   녹 고 － 녹 는 － 다 －

① 51마디로 가세요
Cm   G7   Cm
51
기 적 소 리   끊 어 － － 진 밤 － 에 － －

Cm   G7   Cm
55

사랑의 트위스트
작사 : 이수진
작곡 : 설운도
방송

학 - 창 시절 에 -   함 - 께 추었 던 -   잊
그 - 녀 와함 께 -   신 - 나 게추 던 -   잊

- 지 못할 샤 하이트위스트 -   나 팔 바 지에
- 지 못할 샤 하이트위스트 -   단 발 머 리에

-   빵 - 집을누비 던 -   추 억 속의 사
-   미 - 소가예뻤 던 -

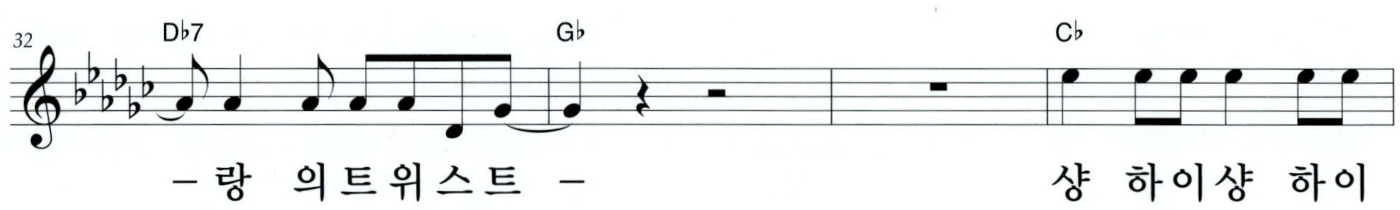

-랑 의트위스트 -   샤 하이샤 하이

샤 하이-   트위스트추면 서 -   난 - 생 처음

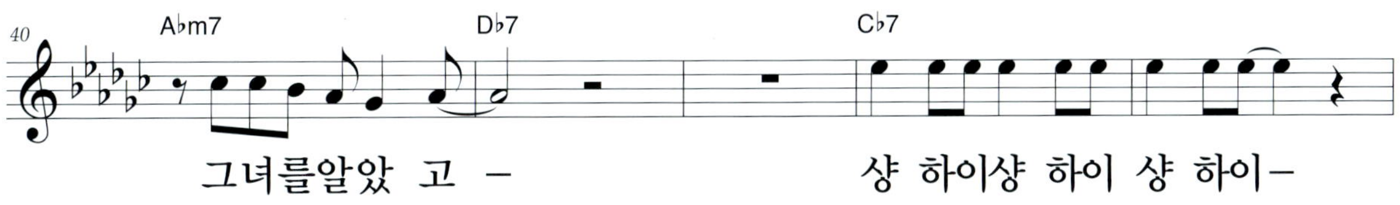

그녀를알았 고 –
샹 하이샹 하이 샹 하이–

트위스트추면 서 –
온 – 동 네를주 – 름 잡았 던
그 – 녀 에게빠 – 져 버렸 던

– 사 – 랑했던 모든 사 람들 – Yeah
– 터 – 질것 만 같은 이 가슴 – Yeah

② 67마디로 가세요
– 잊 – 지 못 할 추억 의트위스트 –
– 잊 – 지 못 할 사 랑 의트위스트 –

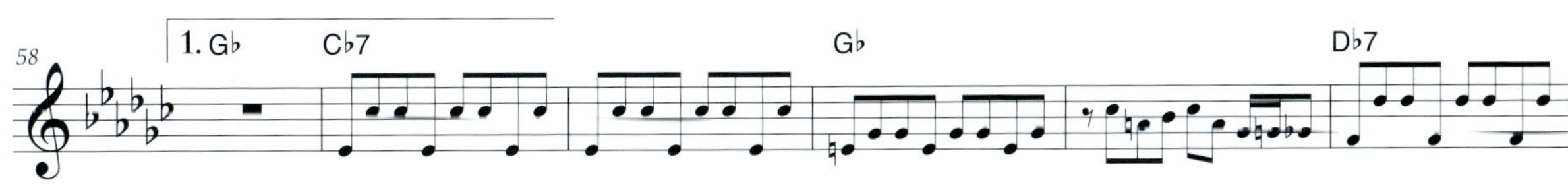

1. G♭   C♭7   G♭   D♭7

① 9마디로 가세요
2. G♭
잊 – 지 못 할

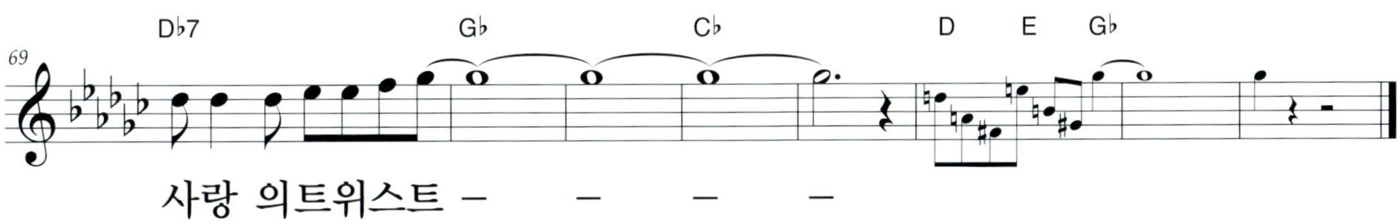

사 랑 의트위스트 – – – –

항구의남자

◆ **작사** : 진운 외 1명
◆ **작곡** : 박성훈

청 춘 을 - 담 고   두 잔 - - 술 에
파 도 를 - 담 고

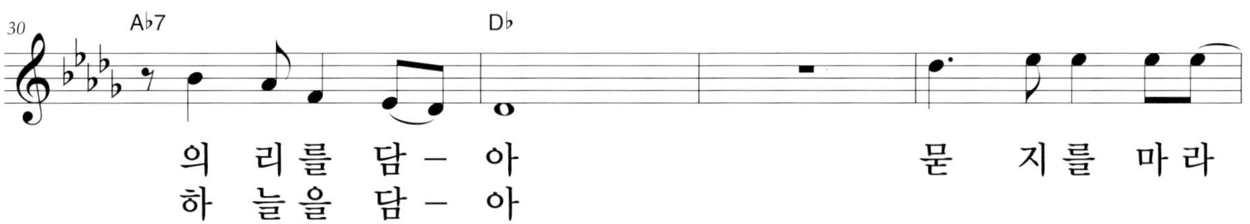
의 리 를 담 - 아   묻 지 를 마 라
하 늘 을 담 - 아

- 남 자 의 - 사 연 - 을

묻 지 를 - 마 라 - 첫 사 랑 일 - - 랑 -

- 항 구 의 - 남 자 - 는 -

항 구 의 - 남 자 - 는 -   바 다 가 - 사 랑

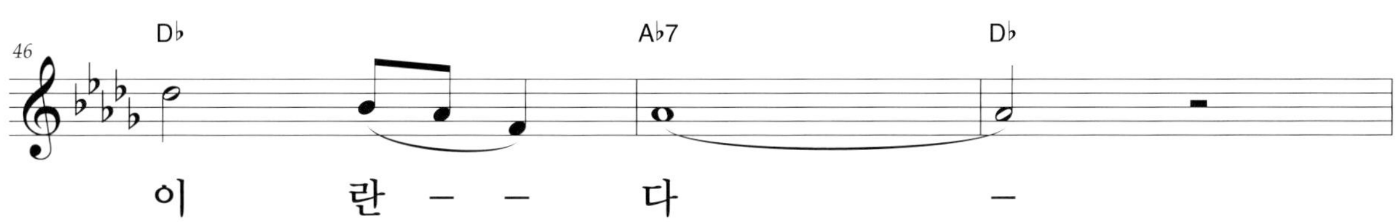
이 란 - - 다 -

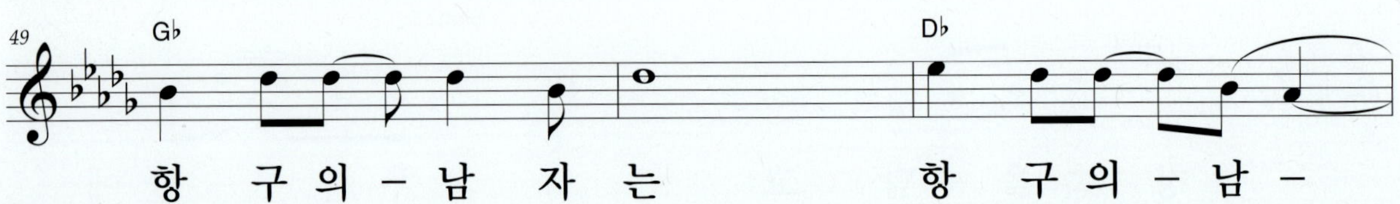

항 구의 – 남 자 는   항 구의 – 남 –

② 73마디로 가세요
1. A♭7
– 자 는 –   바 다 가   고 향이 – 란
성   격 도

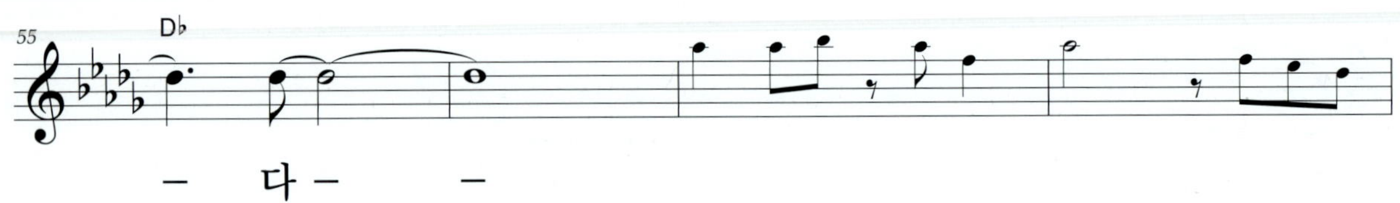

– 다 – –

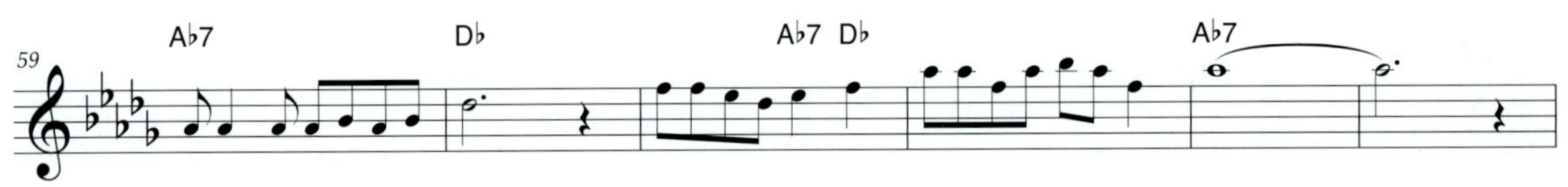

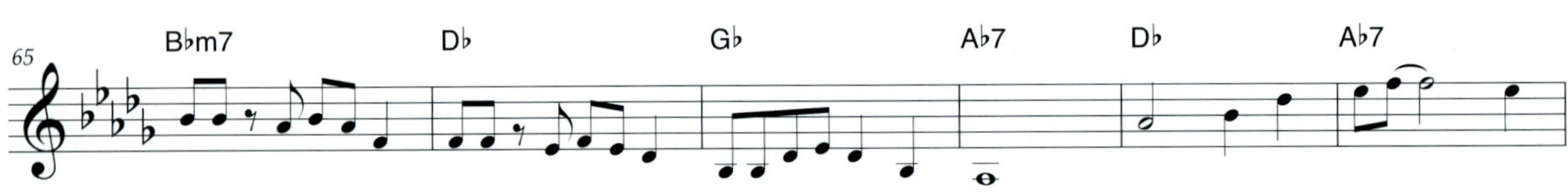

① 17마디로 가세요
2. A♭7
화 끈하 – 다 –

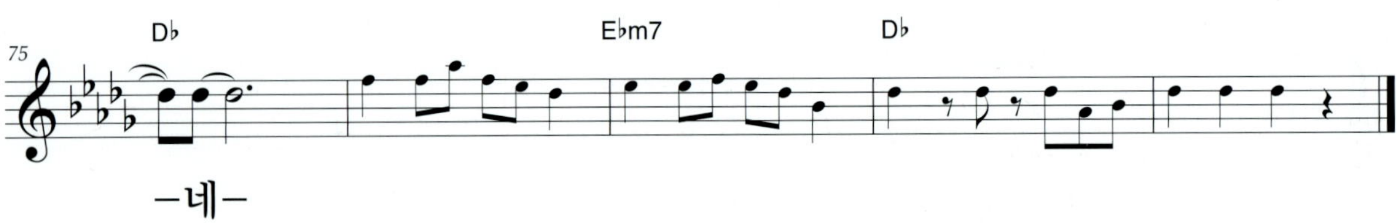

–네–

뿐이고

◆ **작사** : 박현진 외 2명
◆ **작곡** : 박현진

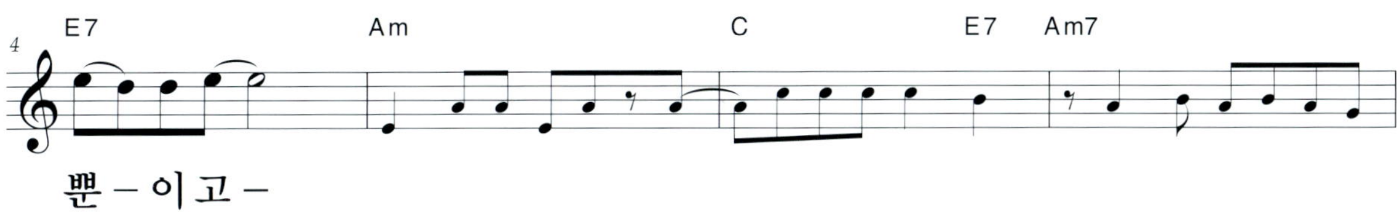

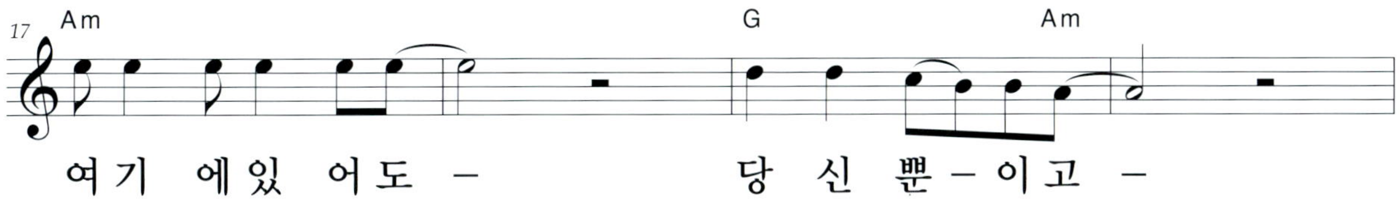

이 넓은 세상 – 어 – 느 곳 에 있 어 도

– 내 사 랑 은 당 신 뿐 – 이 다 –

힘 든 날 은 두 – 어 깨 를 기 대 고 가 고

– 좋 은 날 은 마 주 – 보 고 – 가 고

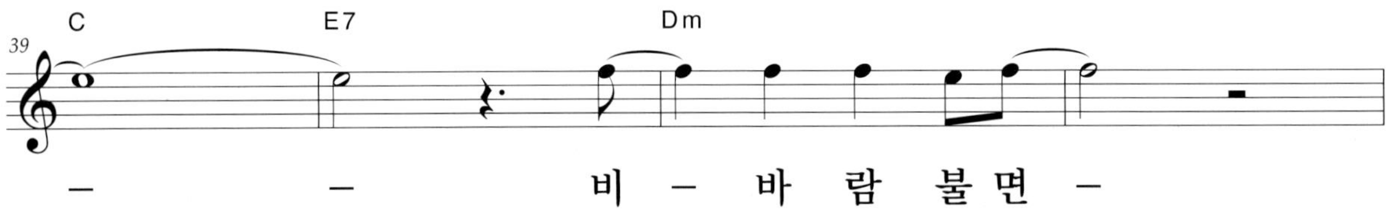
– – 비 – 바 람 불 면 –

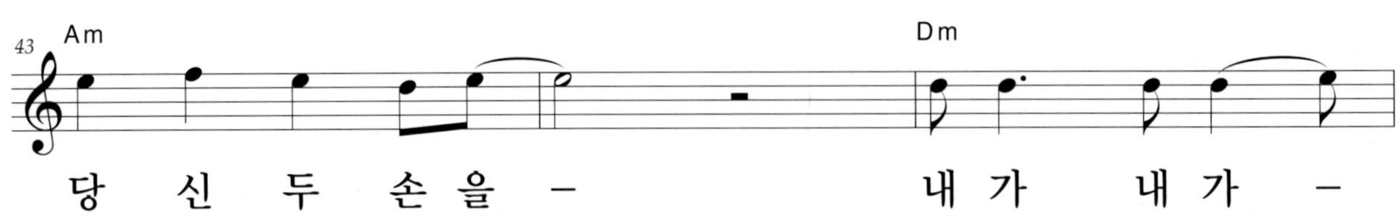
당 신 두 손 을 – 내 가 내 가 –

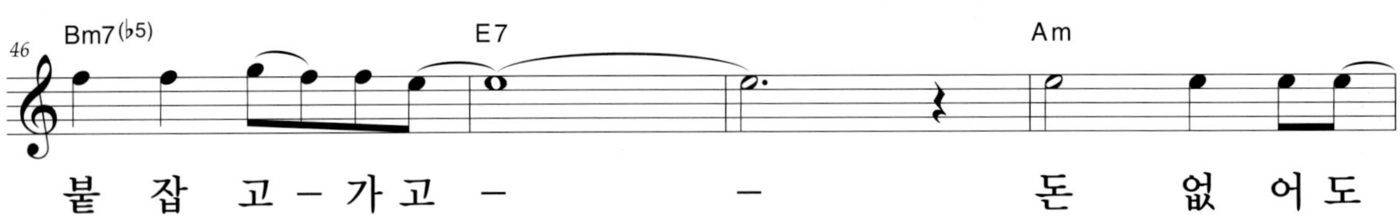
붙 잡 고 – 가 고 – – 돈 없 어 도

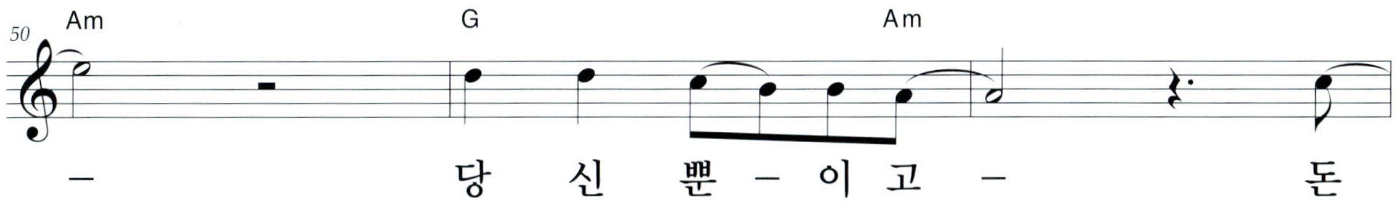

Am
G
Am
당 신 뿐 - 이 고 - 돈

F
G7
C
E 7
많 아 도 당 신 뿐 - 이 고 -

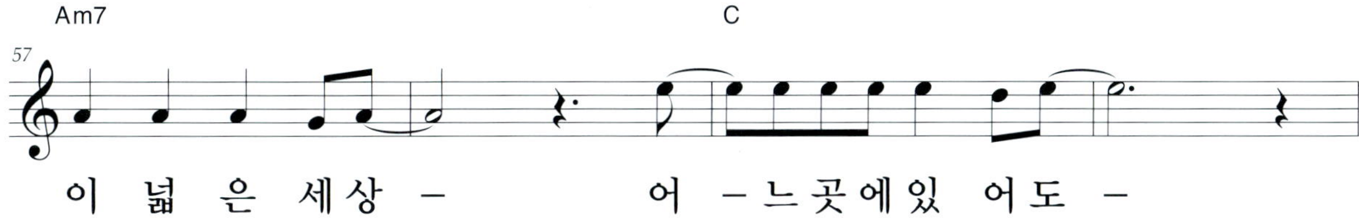

Am7
C
이 넓 은 세 상 - 어 - 느 곳 에 있 어 도 -

② 69마디로 가세요
F
G7 G7sus4
Am
G Am
내 사 랑 은 당 신 뿐 - 이 다 - -

① 13마디로 가세요
1. Am
Dm
Am
Bm7(♭5)
E 7

2. Am7
C
Em7
뿐 - 이 고 뿐 - 이 고 뿐 - 이 고 -

Em7
E 7
Am
- 당 신 뿐 이 다

미워요

작사 : 유정균
작곡 : 유정균
음원
방송
♩=96

D   Em   A   D

D   Em   G   A   D

D   Bm
운명 - 의 장난 - 일까 - 요   내 인생의 숙명일까 -
눈에 - 선 멀어 - 져 가 - 도   가슴 속엔 남아 있어 -

Bm   G
- 요 -   사랑해 선   안될 사람
- 요 -   보고 싶 다는   말한 마디

A   3   D   3   3
내 맘 속에 들어 왔 네 -   매일 그대 생각
할 수 없는 내 사랑 아 -   내 마음에 찾아

D   Bm
- 에   목 이메 - 이 - 고 -
- 와   꽃 을피 - 우 - 고 -

G   A   3
두근대 는   가슴 으로   잠못 이루는 날 들
속절없 이   떠나 가면   나의 마음은 어 이

아
해
미 워 요 미 − − 워 − 요

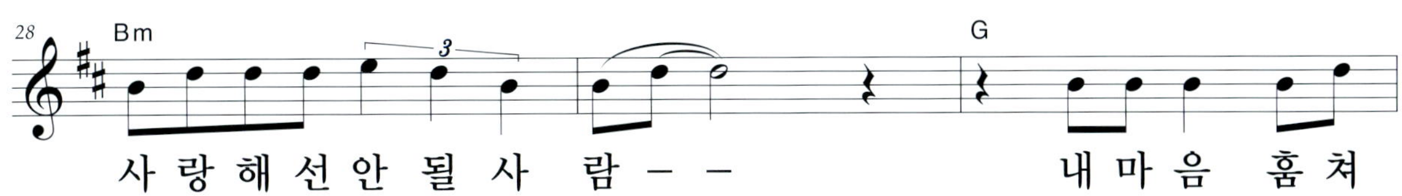
사 랑 해 선 안 될 사 람 − −
내 마 음 훔 쳐

② 34마디로 가세요
① 2마디로 가세요
가 버 린 −
그 사 람 이 미 − 워 요 −

요 − −
미 워 요 미 − − 워 − 요 − −
사 랑 해 선 안 될 사

람 − −
내 마 음 훔 쳐 가 버 린 −

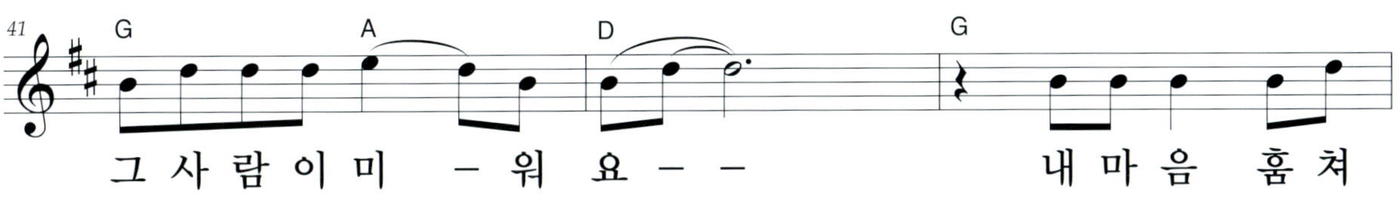
그 사 람 이 미 − 워 요 − − −
내 마 음 훔 쳐

rit.
가 버 린
그 사 람 이 미 워 − 요 −

소나기

작사 : 우지민
작곡 : 우지민

음원
무대

소 나 기 만 - 뿌 려 주 고 가 - 네 - 요 -

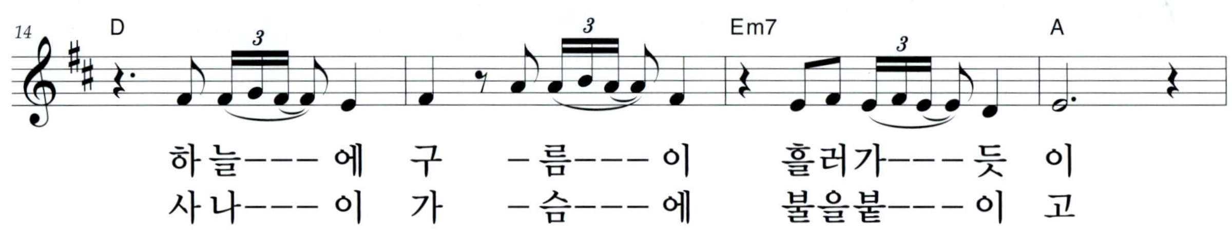

하 늘 - - - 에 구 - 름 - - - 이 흘 러 가 - - - 듯 이
사 나 - - - 이 가 - 슴 - - - 에 불 을 붙 - - - 이 고

내 맘 을 홀 리 는 사 - 람
심 장 을 달 구 는 그 - 대

못 본 척 돌 아 - 서 며 찬 비 만 뿌 릴 - 때 면
첫 눈 에 반 - - 해 도 두 눈 에 반 - - 해 도

가 슴 이 가 슴 이 저 려 온 - - 다 -
내 맘 을 내 맘 을 몰 라 준 - - 다 -

A
D
강물같은 – 세월에 –
살짝웃는 – 모습에 –
그림같은 – 집짓고 –
내가슴은 – 타올라 –

G
Em7
A
알콩 – 달 – 콩   살 고싶 은 – – 데 – –   –   아 –
터질 – 듯 – 이   폭 발하 는 – – 데 – –   –

D
Em7
A
– 사 –   랑아 – 내 사 랑   냉정하기만한   사 랑

G
Em7
A
이럴 – 거 면   눈 길은 왜 – – 줘 –   –   아 –

D
Em7
A
– 사 –   랑아 – 내 사 랑   눈물없는내 – 사 랑

G
A7
3
D
① 6마디로 가세요
소나기만 –   뿌 려주고가 – 네   – 요 –   –

G
A7
3
D
3
② 54마디로 가세요
소나기만 –   뿌 려주고가 – 네   – 요 –   –

뭣이 중헌디

작사 : 유정균
작곡 : 유정균

C
F
자 식 나 - 봐 - 야 그 제 야
기쁠 때 - 에 - 도 함 께 한
웃 으며 살 아가 - 자 아 리 랑
G
C
① 13마디로 가세요 Dm7
그 사랑을 알 - 겠 - - 지 - 어 차 피 -
내 사랑이 최 - 고 - - 지 -
아 리랑 아 라 리 - - 요 -

Dm7
C
인 생 살 이 - 새 - 옹 지 - 마 - -

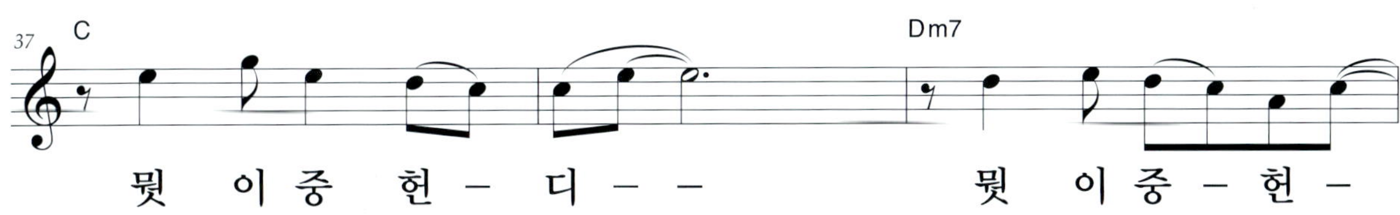
C
G
3
딱 한 번 만 - 살 고가 는 세 - 상 -

C
Dm7
뭣 이중 헌 - 디 - - 뭣 이 중 - 헌 -

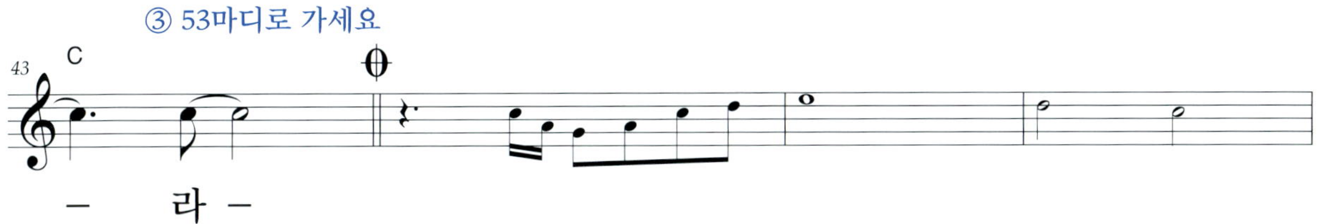
G
Dm
G
- 디 정 답은 바 로 사 랑이 - 더
③ 53마디로 가세요
C
- 라 -

47
F   Dm7   G   C
② 13마디로 가세요
D.S. al Coda

53
C   Dm   C
어 차 피- 인 생 살 이- 새 -옹 지-

57
C
마 - -   딱 한 번 만 -   살 고 가 는 세

60
G   C
- 상 - -   뭣 이 중 헌 - 디 - -

64
Dm7   G   Dm
뭣 이 중 - 헌 - - 디   정 답 은 바 로

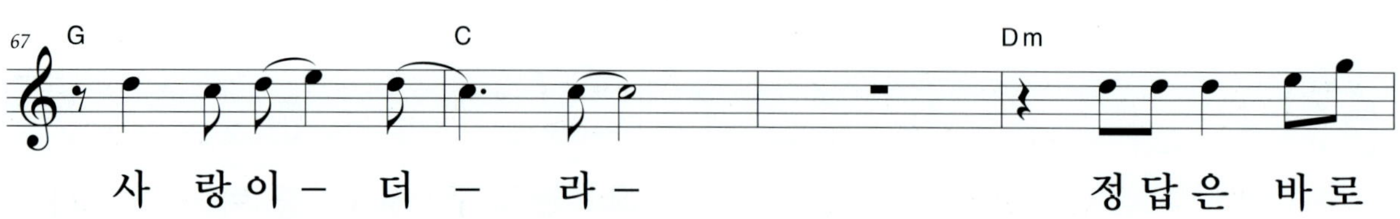
67
G   C   Dm
사 랑 이 - 더 - 라 -   정 답 은 바 로

71
G   C
사 랑 이 - 더 - 라 -

따라 따라

작사 : 유정균
작곡 : 유정균

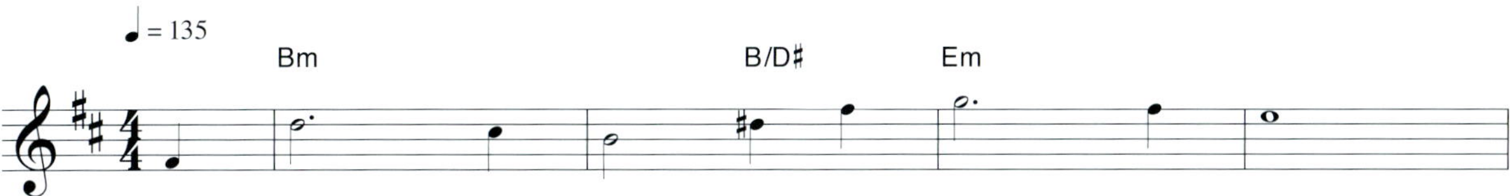

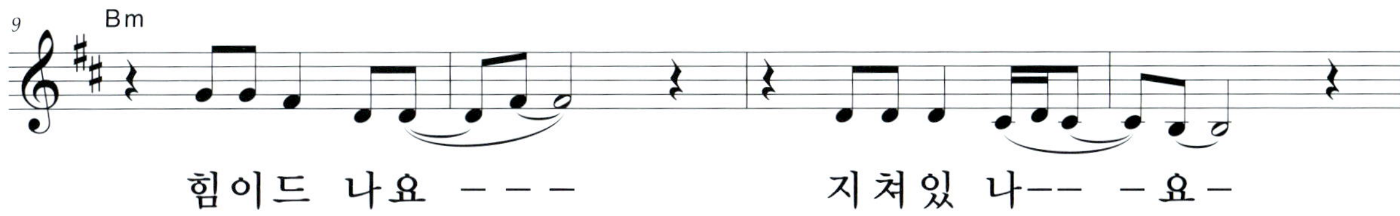

따라따라따라따 -라   꽉채워서한잔 따 -라

세상살 이 다 그런거지-- 뭐- -

아-- --- ---- 아쉬워서그 러--지

② 57마디로 가세요
딱 한잔 만 짠 하고갑 시-- - 다-

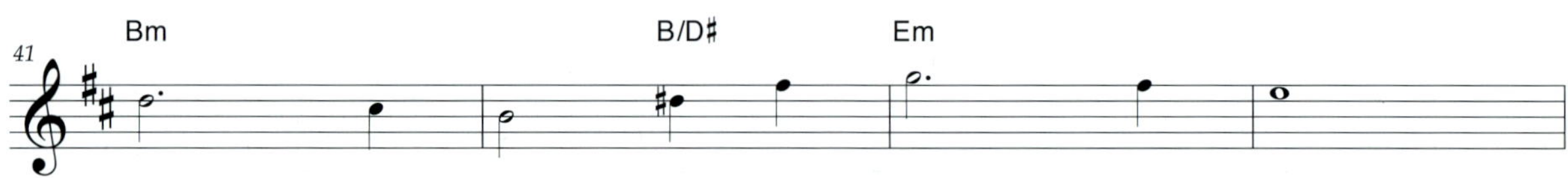

사 랑 에 상 처 받 -고-   사람에게상 처 받-- -고-

① 17마디로 가세요

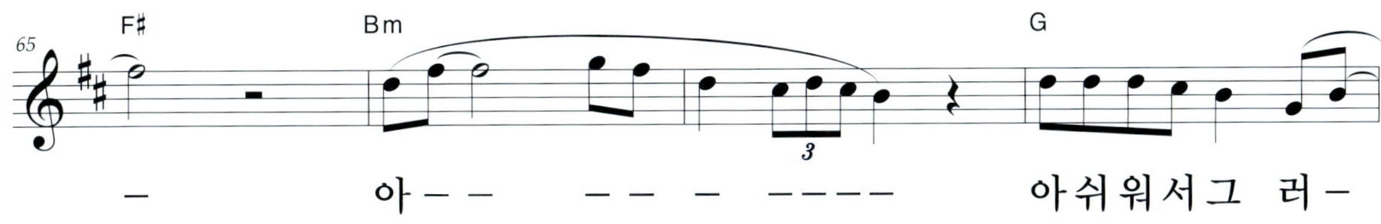

③ 70마디로 가세요

계단말고 엘리베이터

작사 : 박진복
작곡 : 정성헌

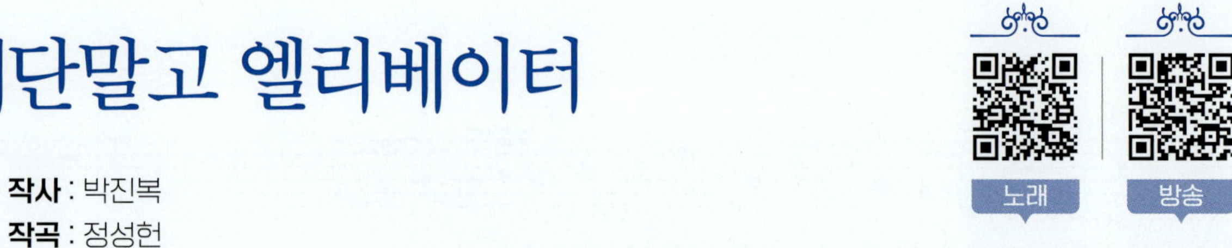

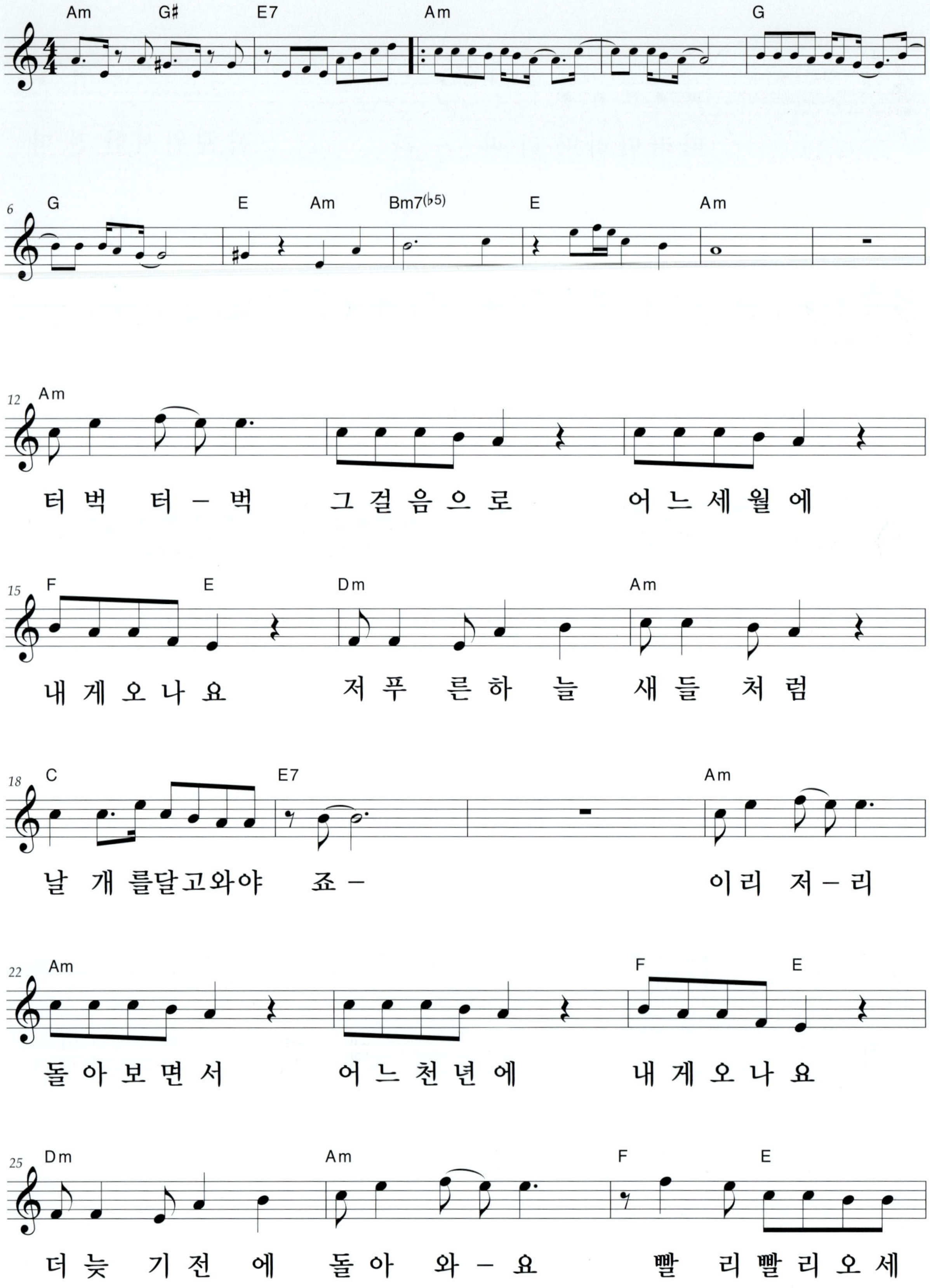

34

요 - - 사랑아 - - 멀 어 진 나 의

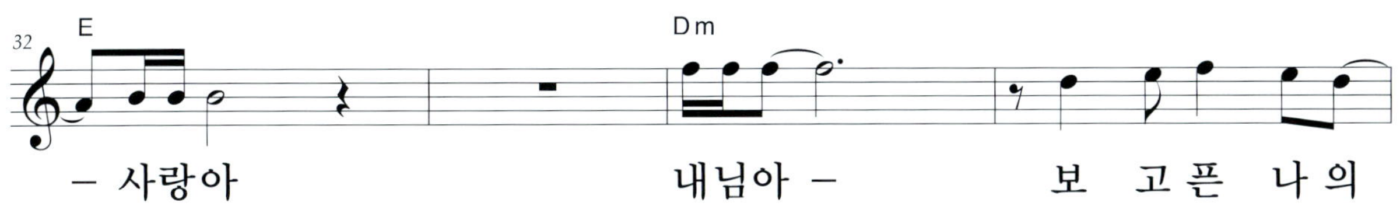

- 사 랑 아 내 님 아 - 보 고 픈 나 의

- 사 람 아 어 허 야 내 가 내 가 간 다

그 리 운 내 님 곁 - 으 로 - - 늦 - 기 전 에

더 늦 기 전 에 계 단 말 고 엘 리 - 베 이

① 3마디로 가세요
터 계 단 말 고

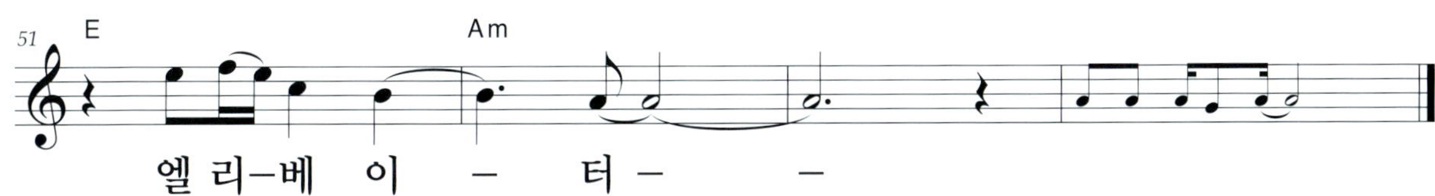

엘 리 - 베 이 - 터 - -

이제 나만 믿어요

◆ **작사** : 김이나
◆ **작곡** : 조영수

어   그 대 눈 속 에 비 친   내 모 습

이 제 는 내 게 서   그 댈 비 춰 줄 게 ― ― ―   굳 은 비 가 오

면   세 상 가 장 큰   그 대 우 산 ― 이 될

게   그 댄 편 히 걸 어 가 요   걷 다 가 지 치

② 33마디로 가세요
면   내 가 그 대 를 안 고 어 디 ― 든 갈

1. C♯m
게   이 제 나 만 ―   믿 어 요

Bsus4   B   E   F#
나만두고가던   나만스쳐간행

B   D#   EM7   C#7/F
운   이모여   그대가되어서   내게와준거

① 17마디로 가세요

F#sus4   2.C#m   E/F#
야   굳은비가오게   –이제나만–믿어

B   F#   A#
요   –   나의마–지막   주인

Bsus4   B   D#7
공이되어   –   다신   누구앞에서도그대는고개숙

G#m   B/F#   C#m7
이지마요––   내가보지못했던   홀로

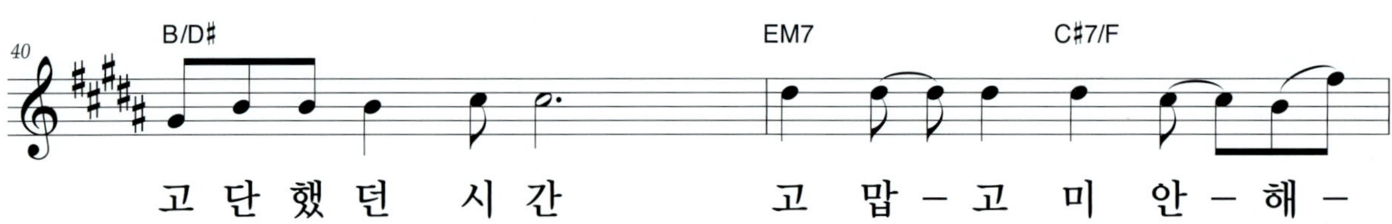

B/D#   EM7   C#7/F
고단했던   시간   고맙–고미안–해–

E/F#   F/G   G7
요 － 사랑해 요 － 이세상

C   Dm7
은   우리를 두고 오랜장 난 － 을 했

F   G7   C   F/G
고   우린속 지않은거 야   이제울 지마

C   B♭/D   C7/E   F   A7   /C#
요   좋을땐 밤새 도록맘 껏 － 웃어

Dm7   F/G   Am   C/G
요   전부그대 － 꺼니 까

F   C/E   Dm   F/G
rit.
그 대 는걱 정 － 말아 요   이제나 만 －

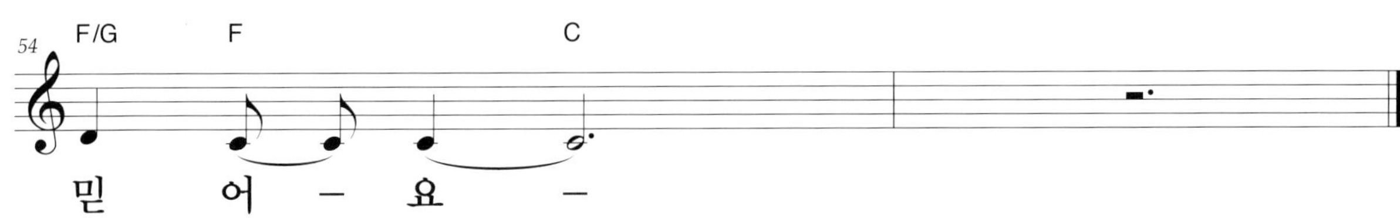
F/G   F   C
믿 어 － 요 －

HERO

작사 : 손창학
작곡 : 김시온 외 1명

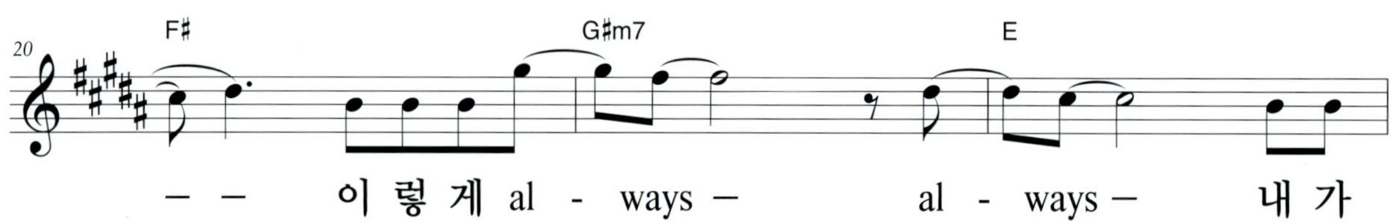

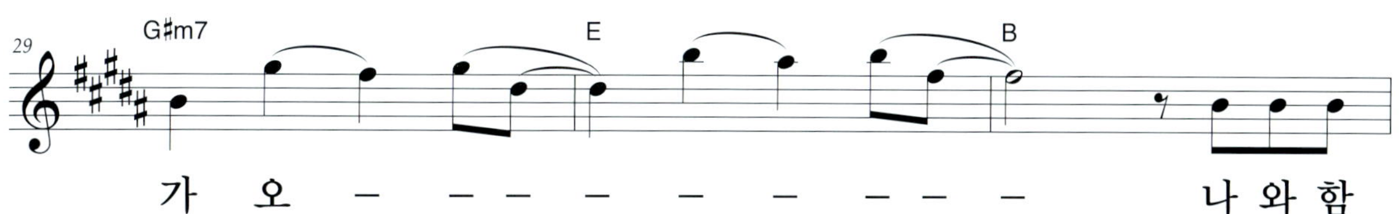

G#m7
E
B
가 오 — — — — — — — — — — 나 와 함

② 53마디로 가세요

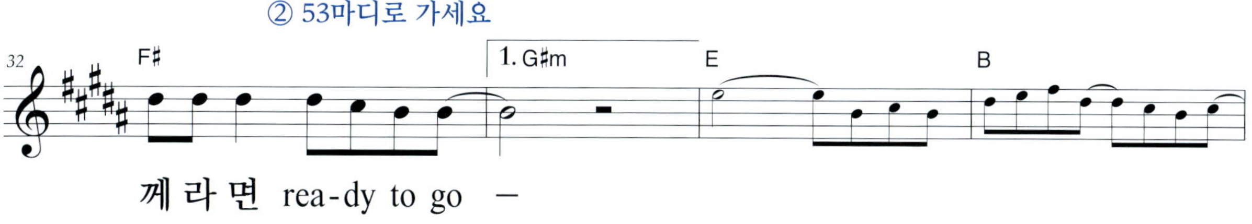

F#
1. G#m
E
B
께 라 면 rea-dy to go —

F#
G#m
E
B
창 밖 으 로 비 쳐 오 는 — 태 양

F#
G#m
E
— 시 시 각 각 바 뀌 는 구 름 의

B
F#
G#m
— 모 양 — 공 기 를 가 — 르 며 와 닿 – 는

E
B
F#
— 바 람 의 향 – 기 가 느 껴 – 지 니 — — 이 렇 게 al -

G#m7
E
B
- ways — al - ways — 내 가 너 를 지 켜 줄 – 테 니

① 25마디로 가세요

나를믿고 Let's go go right a-way right a-way

When we go go go far a-way — far a-way

참 다 행 이 — 지 나 — 의 옆 이

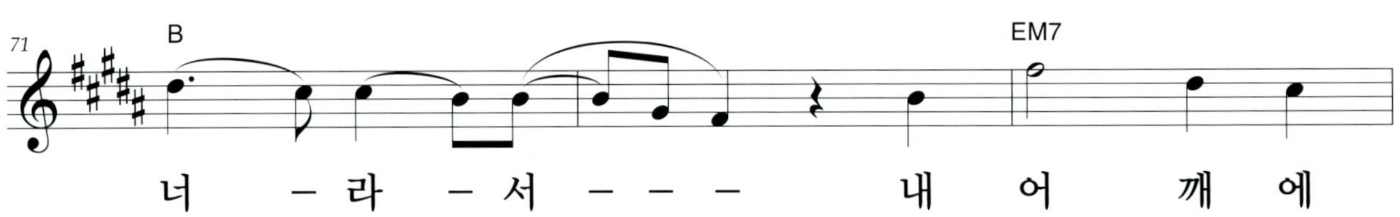
너 — 라 — 서 — — — 내 어 깨 에

기 대 어 손 — 을 — 꼭 — 잡 고 같

이 어 — 디 — 로 — 든 — 가 — 자 — —

F#
G#m7
E
나를믿고 가 오

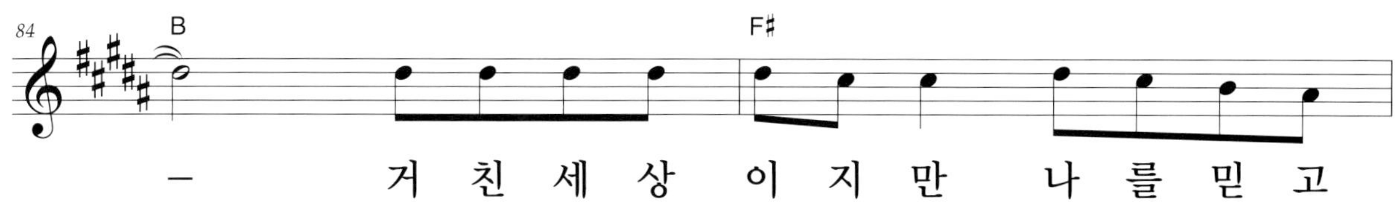

B
F#
거 친 세 상 이 지 만 나 를 믿 고

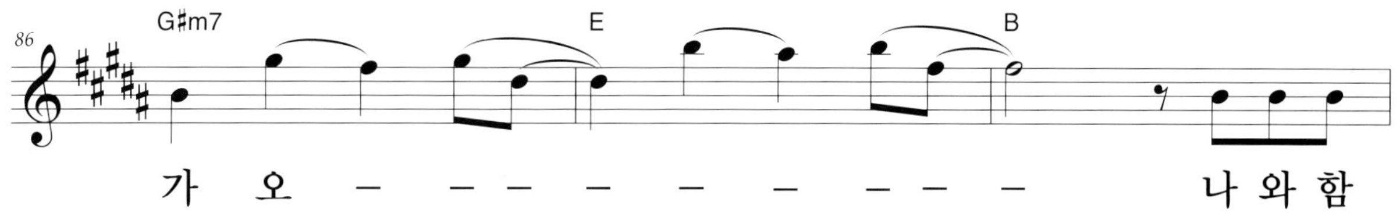

G#m7
E
B
가 오
나 와 함

F#
G#m
E
께 라 면 rea-dy to go Let's go go right a-way

B
F#
G#m7
right a-way When we go go

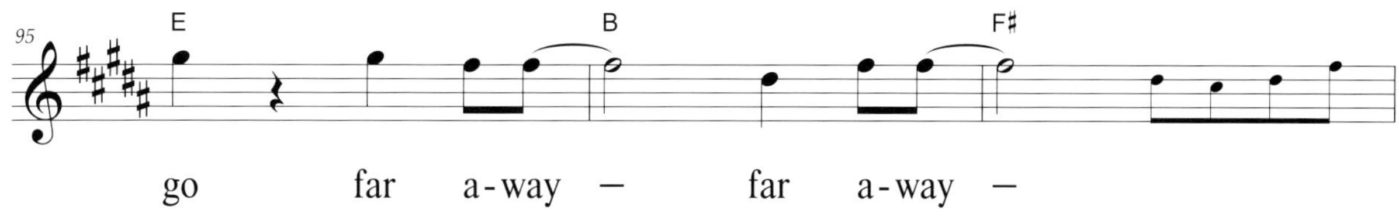

E
B
F#
go far a-way far a-way

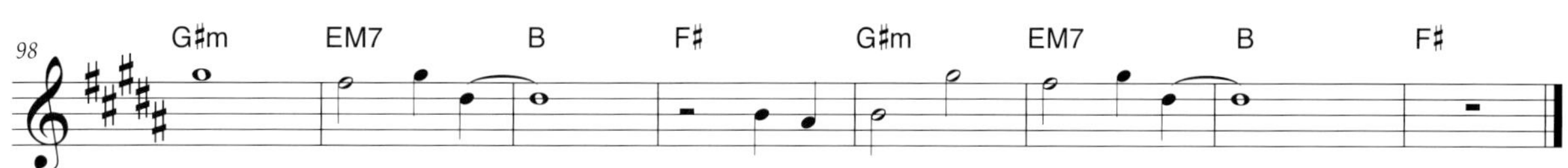

G#m   EM7   B   F#   G#m   EM7   B   F#

별빛 같은 나의 사랑아

작사 : 설운도
작곡 : 설운도

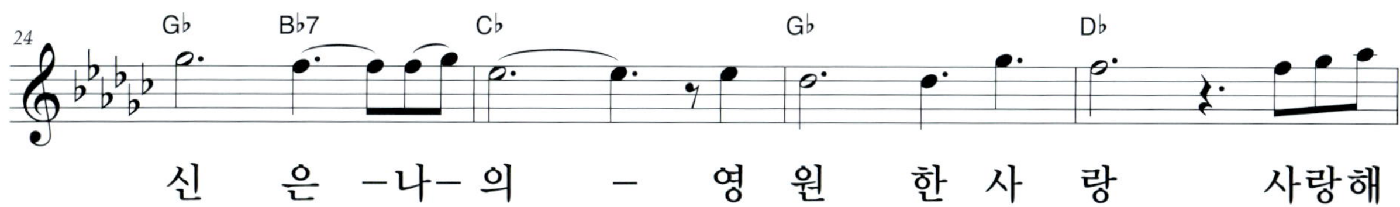

④ 44마디로 가세요

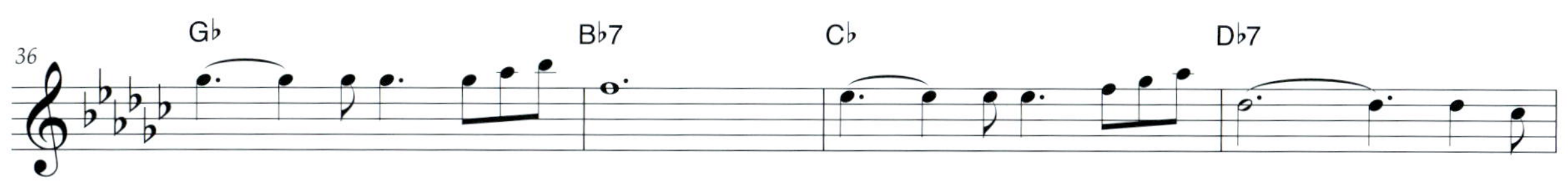

③ 20마디로 가세요

사랑은 늘 도망가

◆ 작사 : 강태규
◆ 작곡 : 홍진영

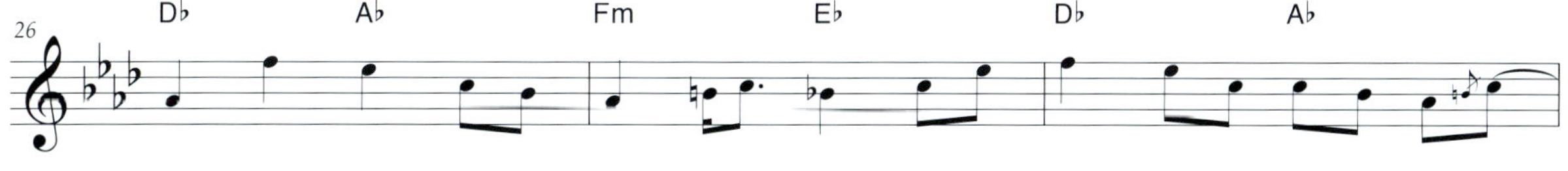

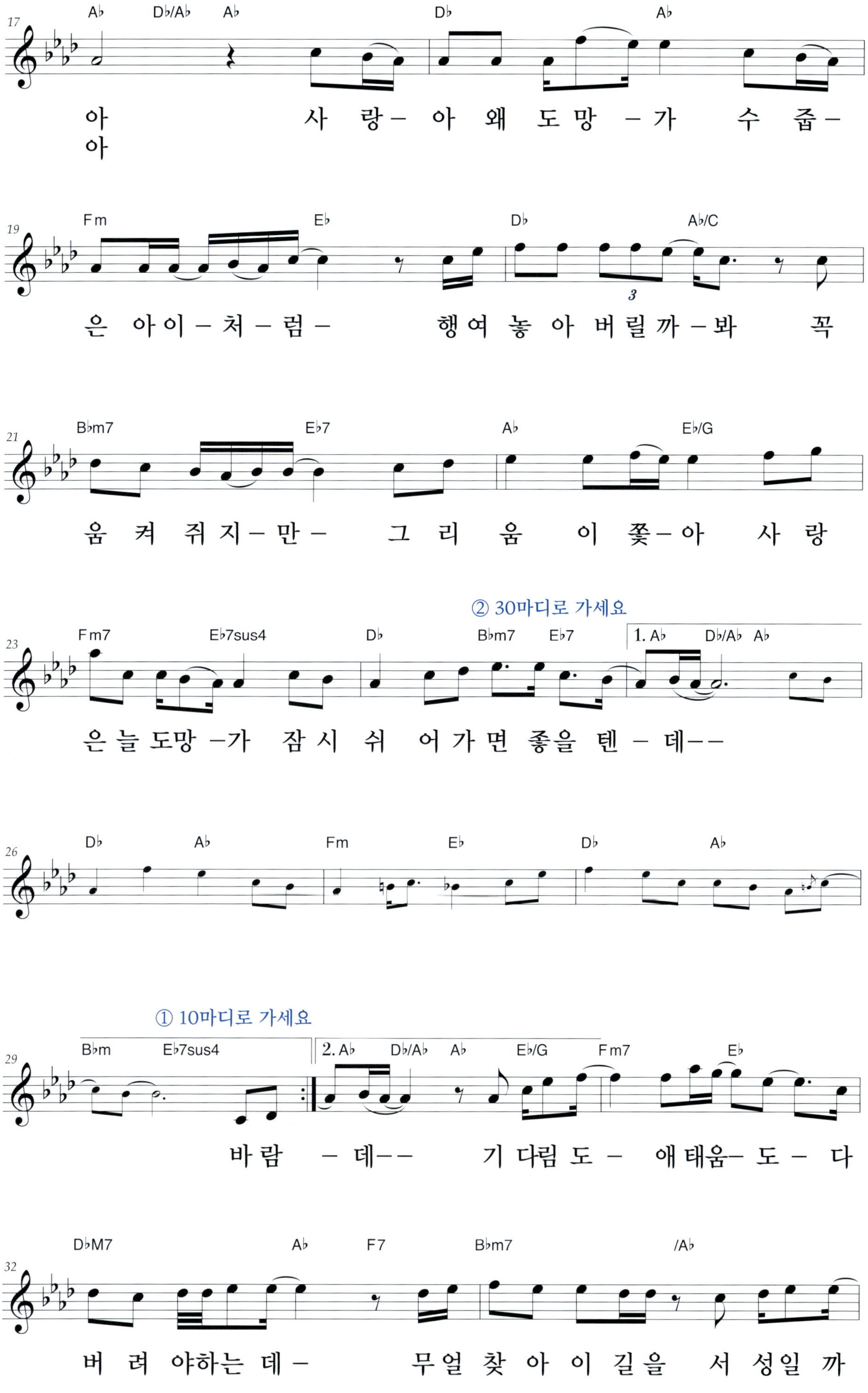

Ab Db/Ab Ab Db Ab
아 사 랑– 아 왜 도 망 –가 수 줍–
아
Fm Eb Db Ab/C
은 아 이 – 처 – 럼 – 행 여 놓 아 버 릴 까 –봐 꼭
Bbm7 Eb7 Ab Eb/G
움 켜 쥐 지 – 만 – 그 리 움 이 쫓 – 아 사 랑
② 30마디로 가세요
Fm7 Eb7sus4 Db Bbm7 Eb7 1. Ab Db/Ab Ab
은 늘 도 망 –가 잠 시 쉬 어 가 면 좋 을 텐 – 데––
Db Ab Fm Eb Db Ab
① 10마디로 가세요
Bbm Eb7sus4 2. Ab Db/Ab Ab Eb/G Fm7 Eb
바 람 – 데–– 기 다 림 도 – 애 태 움– 도 – 다
DbM7 Ab F7 Bbm7 /Ab
버 려 야하는 데 – 무 얼 찾 아 이 길 을 서 성 일 까

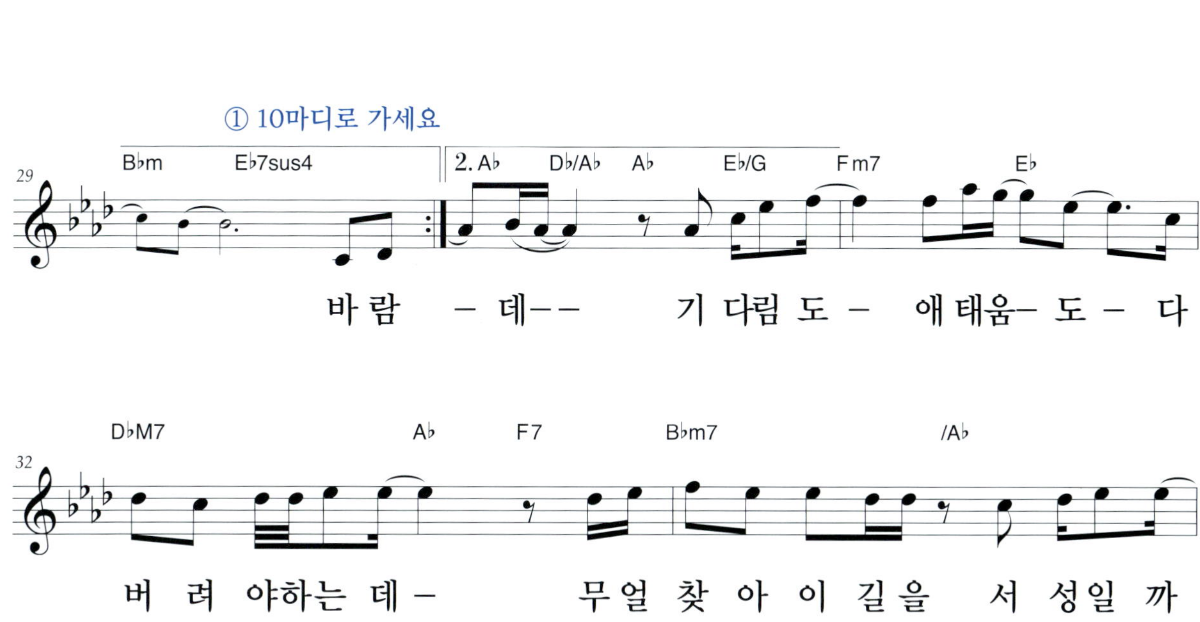

무 얼 찾 - - 아 - - 여 - 기 - 있나 -

사 랑 - 아 왜 도 망 - 가 수 줍 -

은 아 이 - 처 - 럼 - 행 여 놓 아 버 릴 까 - 봐 꼭

움 켜 쥐 지 - 만 - 그 리 움 이 쫓 - 아 사 랑

은 늘 도 망 - 가 잠 시 쉬 어 가 면 좋 을 텐 - 데 - - 잠 시

쉬 어 가 면 좋 을 - 텐 - - 데 - -

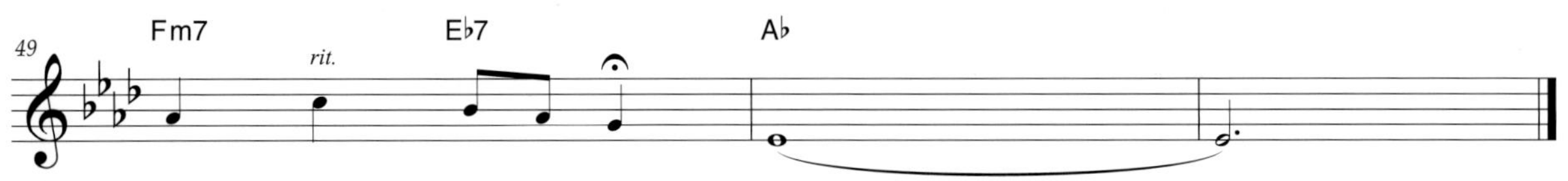

다시 만날 수 있을까

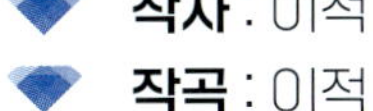

◆ **작사** : 이적
◆ **작곡** : 이적

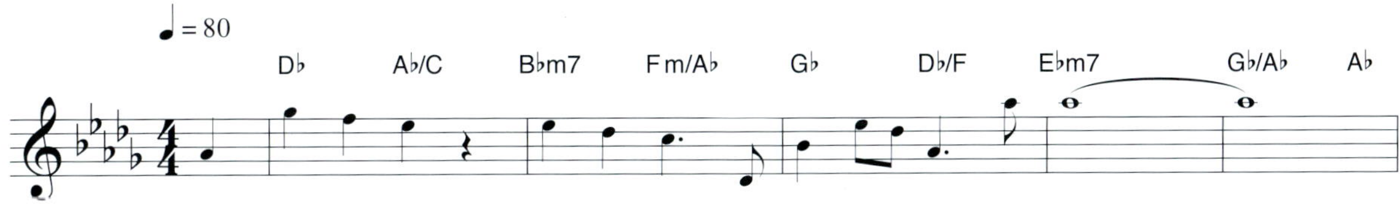

지못-해서- 순간순간 -을 - 울었
시찾-아갈- 뜨거운꿈 -만 - 꾸었
-다 - 후회로 가득- 한한- 숨자--락이
-다 - 둘이함 께했- 던순- 간순--간이
- - - 시린 바 람처- 럼가- 습치- 는날
- - - 시린 폭 포처- 럼쏟- 아지- 는날
- 그 언 - 젠가 -
우리만 날수 있을까 - 다시만 날수
있 을 까 - 그리좋 던예 전처럼 그 때처럼 되 돌아
갈 수있- 을 까 다시우 리가 만나면 - 무 엇을

② 34마디로 가세요
④ 39마디로 가세요
① 7마디로 가세요
③ 20마디로 가세요
D.S. al Coda
해 야만-할 까- 서로를 품 에안- 고서- 하염없이
- -눈 물 만 흘려- 볼까 -
만 흘 려- 볼 까
- 그리운 마 음이- 서럽게흘- - 러 넘
처 너에 게닿-을 때 까

무지개

◆ 작사 : 김시온 외 1명
◆ 작곡 : 김시온 외 1명

A♭M7
Cm7
쉬 지 않 고 달 — 려 왔 — 던 길 — 에 서 — 나 와
괜 찮 다 며 그 — 댈 안 — 아 줄 사 람 — 바 로

Fm
D♭
함 께 쉬 어 가 — 요 — 그 냥
그 대 곁 에 있 — 죠 — 까 만

B♭m7
A♭/C
Edim7
Fm
아 무 런 준 비 도 — 없 이 — — 떠 나 볼 — 까 요 — 평 범
— 선 글 라 스 하 나 챙 겨 서 — — 떠 나 볼 — 까 요 —

B♭7
E♭sus4
해 도 — 좋 으 니 까 — — — — 우 리

A♭
C7
Fm7
A♭/E♭
함 께 가 요 Du Du Du — Du Du — 행 복

D♭
A♭/C
B♭7
E♭sus4
가 득 담 은 배 낭 하 나 — 메 고 서 답 답 했

A♭
C7
Fm
E♭m7
A♭
던 일 상 과 도 심 을 — 벗 어 — 나 —

② 29마디로 가세요

Du Du Du-Du Du- Du Du-Du 떠 나볼-래요 -

① 5마디로 가세요

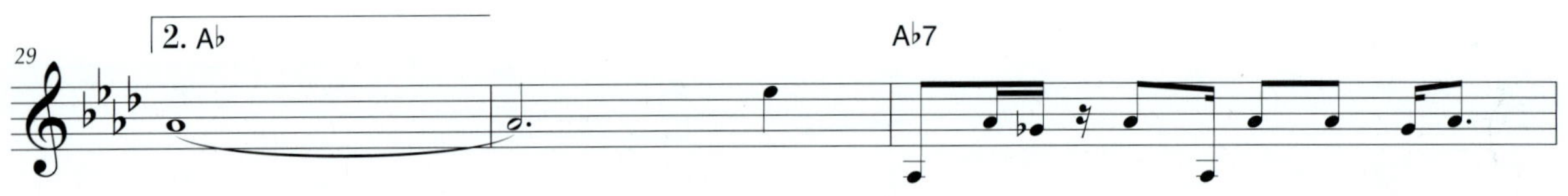

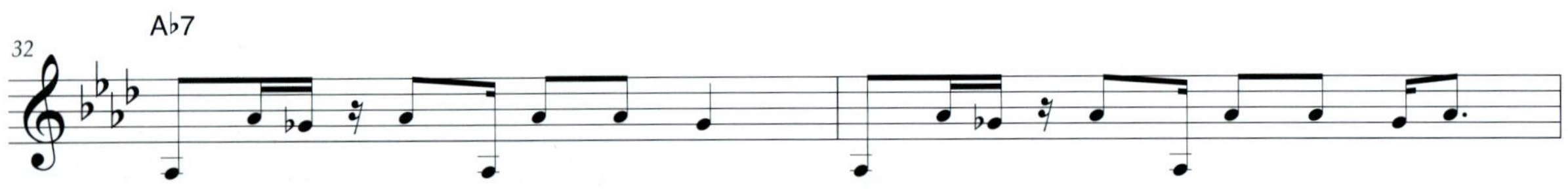

빠 라 빠 라 빠 라 빠 라 빠 빠 빠 빠 라 빠 빠 빠 바 빠

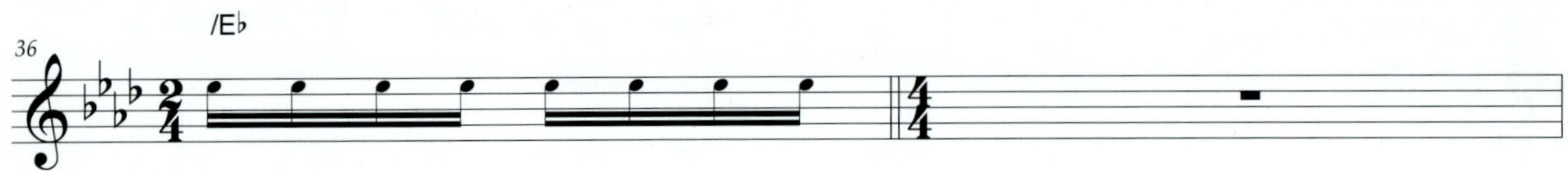

N.C.
Eb
Ab7
C7
우 리 함 께 가 요
함 께 가 요
Fm7
Ab/Eb
Db
Ab/C
Du Du Du — Du Du —
Du Du Du — Du Du —
행 복 가 득 담 은
Bb7
Ebsus4
Ab
C7
배낭하나—메고 서 답 답 했 던 일 상 과
Fm
Ebm7
Ab
DbM7
Ab/C
④ 47마디로 가세요
도 심을—벗 어 — 나 —
Du Du Du — Du Du — Du Du — Du
Du Du Du — Du Du — Du Du — Du
③ 39마디로 가세요
1. Bbm7
Ebsus4
Ab
2. Bbm7
Ebsus4
Ab
떠 나볼—래요 — 우 리 떠 나볼—래요 —
DbM7
Ab/C
Bbm7
Ebsus4
Ab
Du DuDu Du Du DuDu Du 떠 나볼—래요 —
DbM7
Ab/C
Bbm7
Ebsus4
Ab
Du DuDu—Du Du— DuDu—Du 지 금떠—나 요 —

손이 참 곱던 그대

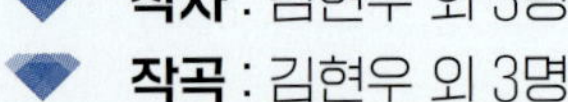

◆ **작사** : 김현우 외 3명
◆ **작곡** : 김현우 외 3명

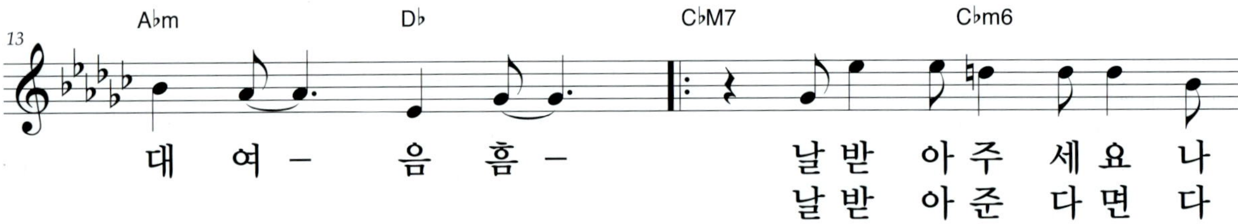

Abm   Db7   Gb   Ebm7   Abm   Db7
그 대 만 – –   저 푸 른 하 늘 보 다 그 대 만 –
그 대 만 – –   저 우 주 별 빛 보 다 그 대 만 –
② 30마디로 가세요
Gb   Bb7   CbM7   F/C
사 랑 해 너 무 사 랑 해 세 상 그 무 엇 보 다 밝 게 날 비 – 추
1. Gb/Db   Db
④ 32마디로 가세요
네   음 흠 그 대 여 – 음 흠 –
① 14마디로 가세요
Gb   Ebm7   Abm   Db7   Gb   Ebm7   Abm   Db7
2. Gb/Db   Db
③ 18마디로 가세요
네   음 흠 그 대 여 – 유 후 –
D.S. al Coda
Gb   Ebm7
Abm   Gb   Ebm7   Abm   Db7   GbM7   Ebm7
손 이 – 참 곱 던 그 대   내 맘 깊 – 숙 이
Abm   Db7   Gb   Ebm7   Abm   Db
나 그 대 의 그 미 소 에 –   음 흠

우리들의 블루스

◆ **작사** : 지훈
◆ **작곡** : 최인환 외 1명

② 30마디로 가세요

B♭m   G♭m   D♭   F 7   B♭m   G♭
알 게 되겠 － 죠   그 땐웃－ 을 수 있죠－ 나 약 속할－ 게요－

1.D♭   F 7   B♭m   G♭m   D♭   A♭/C
그 땐미－ 소 짓 겠죠－ 작 은 행복－ 까 지   모 두

① 10마디로 가세요

B♭m7   G♭   2.A♭   B♭m   G♭   D♭   A♭/C
외   폭 풍 속에－ 혼 자남 － 아헤－ 매도－   오 －

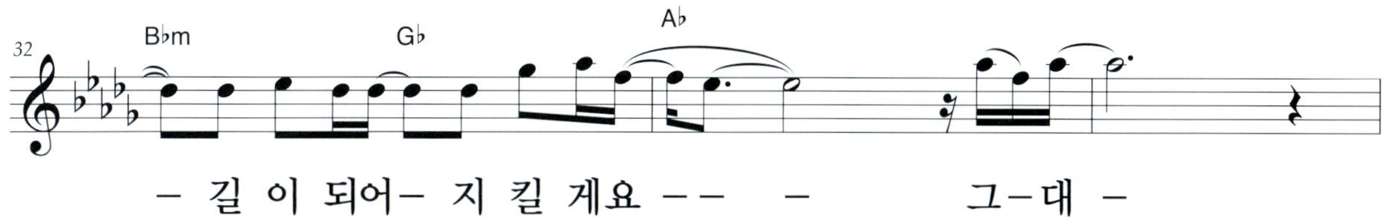
B♭m   G♭   A♭
－ 길 이 되어－ 지 킬 게요 － － －   그－대 －

D♭   F 7   B♭m   G♭
그 댈위－ 해 노 래할－게 － 요 － 잊지 말아－요

D♭   F 7/C   F 7/A   B♭m   G♭
그 댈위－ 해 약 속할－게 － 요   어두 운길－을

D♭   F 7   B♭m   G♭m   D♭
밝 게－비 추 － 는－－ 그대의빛－ 이 －   될 게요

아버지

작사 : 우지민
작곡 : 우지민

♩ = 70

- 며 - - - 그냥 곁 에 만 있 어 주 세요 - - -

활 짝 웃 는 모습이 - 어 린 애 같 - 아 보여도 - 아 프다

- 말 도 못 하는 - - 사람 이 제 는 내 가 지 켜 줄

게 어 린 아이로 - 돌 아 가 버 - 린 사랑

② 50마디로 가세요

하 는내 아 버지

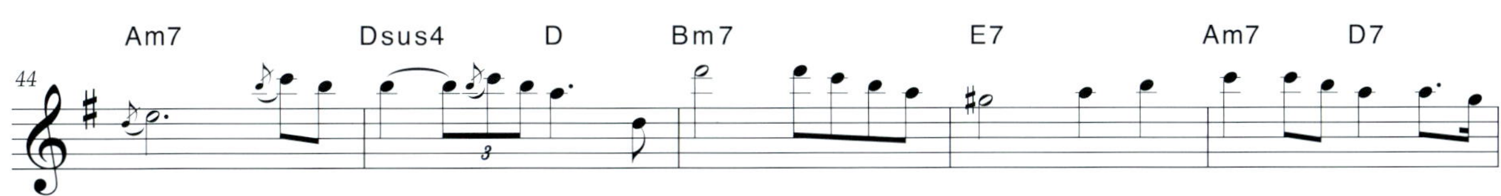

① 26마디로 가세요

오 래 지 사랑 해 요내 아 버지

A bientot

◆ **작사** : gong
◆ **작곡** : gong

G   Am7
함에깔려겨우살고있잖아   기억은 잔인하고후유증은지독 해   겨우잠을

F   C
이뤄도꿈자리는뒤숭숭 해   마음의 반을도려내버리고난후에   너라는

G
감 옥 에 서 풀 려 날 수 있 었 네   삼 십

Am
팔 도 탕 안 처 럼 포 근 한 그 날 의 온 도 는 아

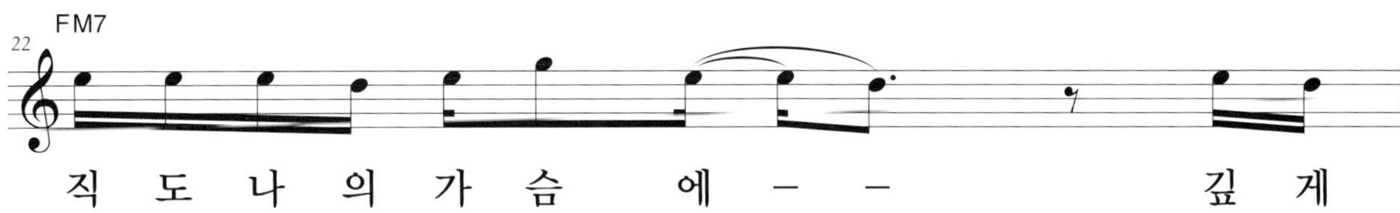

FM7
직 도 나 의 가 슴 에 — —   깊 게

C
뿌 리 내 려 뻗 어 미 련 이 란 놈 은 공 기 처 럼

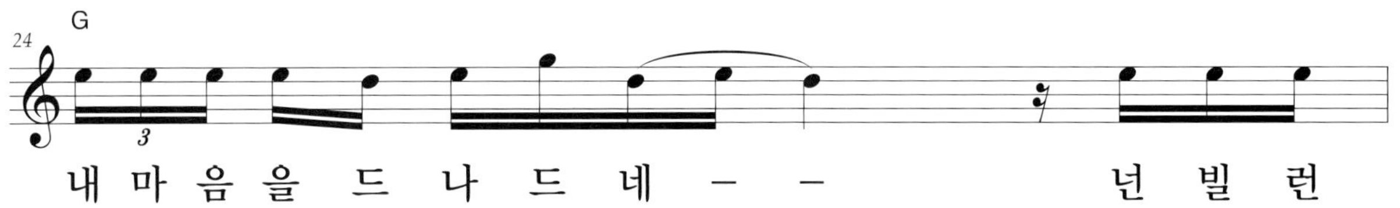

G
내 마 음 을 드 나 드 네 — —   넌 빌 런

Am7
이 자 하 나 님 이 야 셀 수 없 는 많 은 노 래 를 잉 태

F
C
하 고 부 숴 버 렸 네 － 널 향 해 나 는 기 도 해 널 향 해 나 는

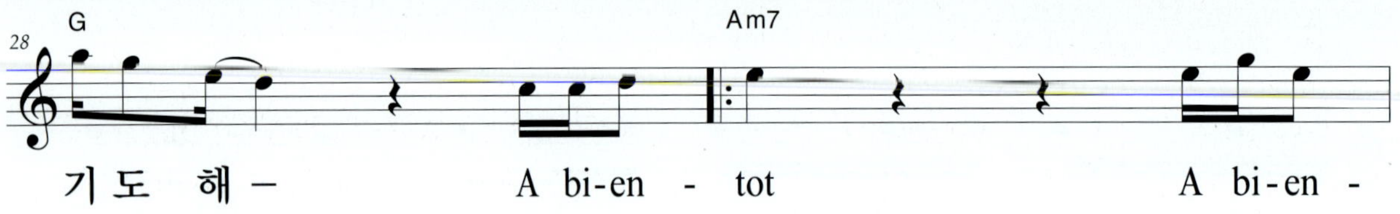

G
Am7
기 도 해 － A bi-en - tot A bi-en -

FM7
C
tot － 인 생 은 너 무 외 로 워 － 너 에 게 전 화 를

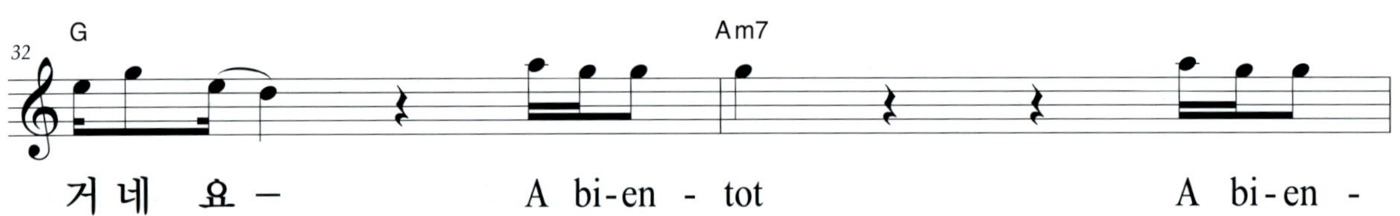

G
Am7
거 네 요 － A bi-en - tot A bi-en -

FM7
C
② 53마디로 가세요
tot － － － 인 생 은 너 무 외 로 워 － 너 에 게 전 화 를

1. G
거 네 요 － 이 럼 안 되 지 만 －
그 때

우 린 뜨 거 운 용 암 처 럼 사 랑 했 네 　 　 너 의

영 은 열 이 되 어 내 몸 에 있 네 　 　 가 열 된

너 의 온 기 가 아 직 도 식 질 않 네 　 늦 은 새 벽 눈 물 로 가 득 찬 내 　 베 개 ─ 사 진 에

찍 혀 있 던 우 리 들 의 손 가 락 　 추 억 이 되 어 흘 러 내 리 는 그 손 가 락 　 우 리 의

추 억 들 이 나 는 너 무 좋 았 지 　 라 디 오 에 서 소 개 된 사 연 들 　 처 럼
난 요 새

Young Tung 　 Pick Up The Phone 　 꽂 혀 있 어 　 너 는 어 떤

노 래 를 듣 는 지 궁 금 해 아 직 도 힙 합 을 듣 고 있 어 　 힙 합 을

들 고 있 다 면 언 젠 가 이 노 래 도 들 을 수 있 을 까 넌

나 에 게 음 악 그 이 상 의 존 재 였 어 – 서 로 를

이 해 하 는 법 몰 랐 었 던 우 리 들 서 툴

때 문 에 상 처 를 주 고 받 곤 했 잖 아 함 께

나 눈 감 정 들 너 무 달 달 했 기 에 다 시

① 29마디로 가세요

예 전 으 로 발 걸 음 을 돌 려 보 려 해 도
A bi - en -

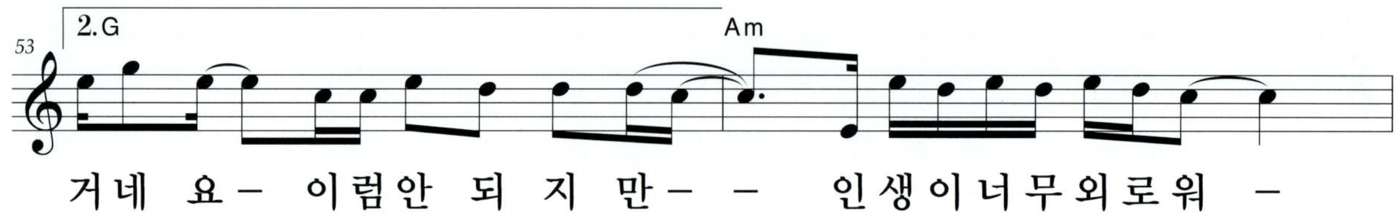

거 네 요 – 이 럼 안 되 지 만 – – 인 생 이 너 무 외 로 워 –

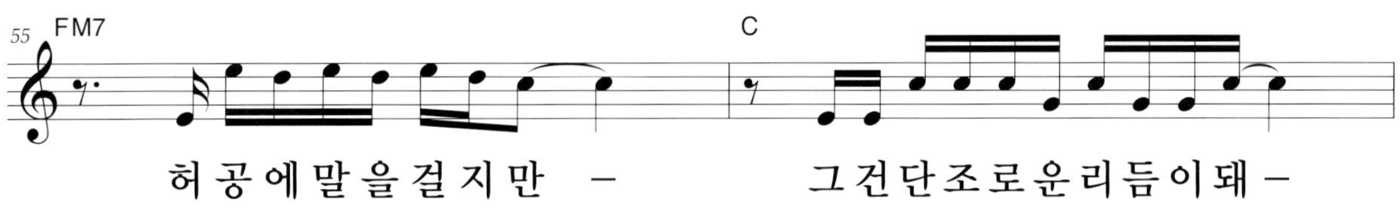
FM7
C
허공에 말을 걸지만 –
그건단조로운리듬이돼 –

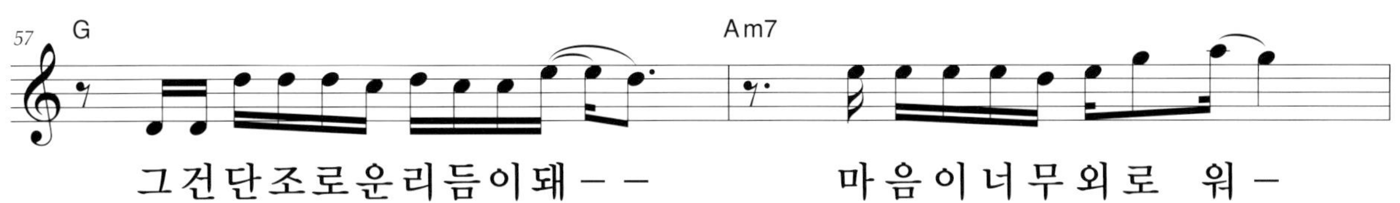
G
Am7
그건단조로로운리듬이돼 – –
마음이너무외로 워 –

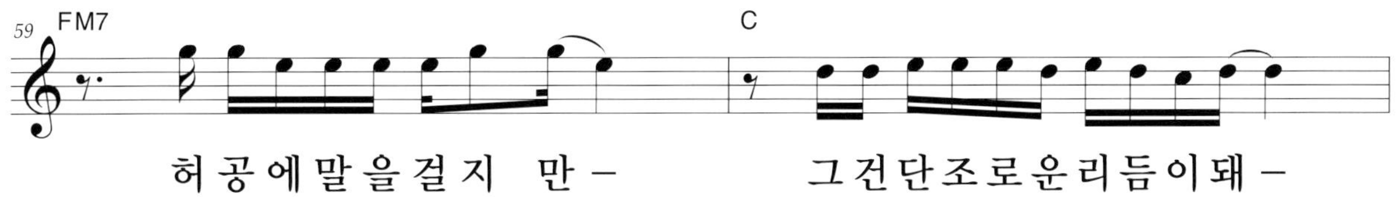
FM7
C
허공에말을걸지 만 –
그건단조로운리듬이돼 –

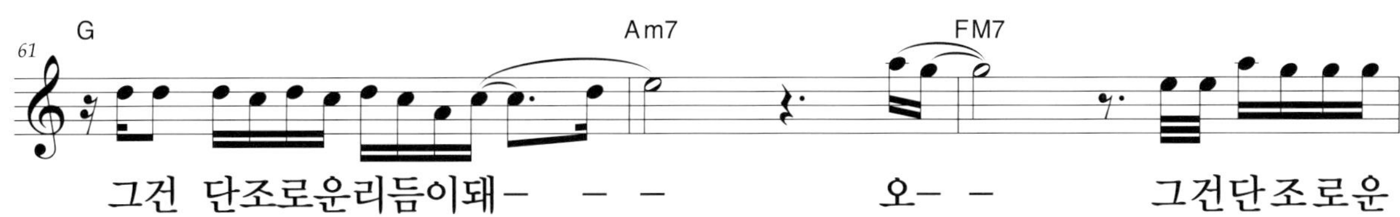
G
Am7
FM7
그건 단조로운리듬이돼 – – –
오 – –
그건단조로운

C
G
리듬 이 –
그건단 조로운 리 듬이되고있네 – –
A bi-en -

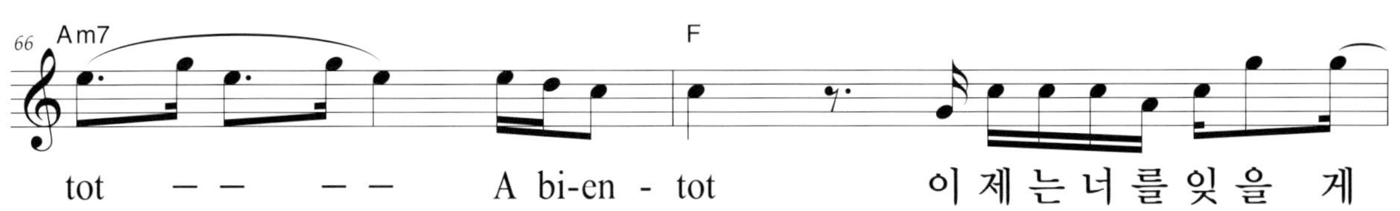
Am7
F
tot – – – –
A bi-en - tot
이제는너를잊을 게

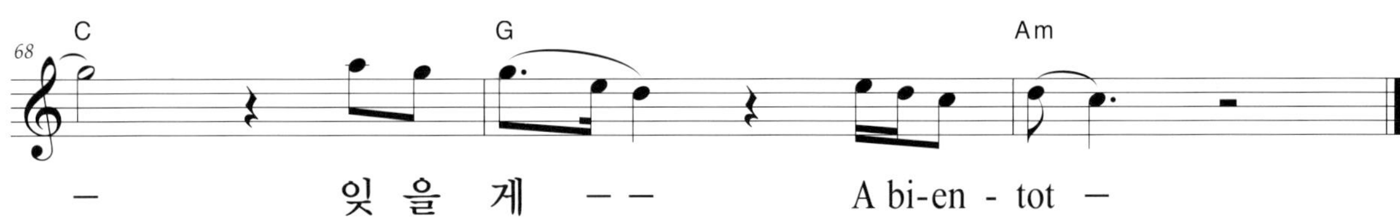
C
G
Am
–
잊 을 게 – –
A bi-en - tot –

사랑역

작사 : 박정란
작곡 : 박용진

음원
무대

돌 고 - 돌 아

사 랑 - 역   다 시 한 번 내 - 렸 - 네

아 픔 만 두 고   떠 나 가 는   저 기 차 는 말 이 없 는
상 처 만 두 고

- 데   이 리 갈 까 -   저 리 갈 까
남 - 은 짐 -   구 겨 넣 고

몇 번 - 을 물 어 보 아 도   돌 아 온 대 답 은
돌 아 서 는 내 - 모 습 이   마 주 친 대 합 실

G#m7 C#m C#7 F#
멀 –어 지 는   멀어지는 기 적 소 리 – 뿐   아 아
창 –너 머 로   쓸   쓸 히웃음짓는 – 다

B G#m7 C#m F#
아 – – 사 랑 –역– 나 에 겐눈 –물 –

B ① 5마디로 가세요 F# B
–역   이 리갈 까– 저리갈까

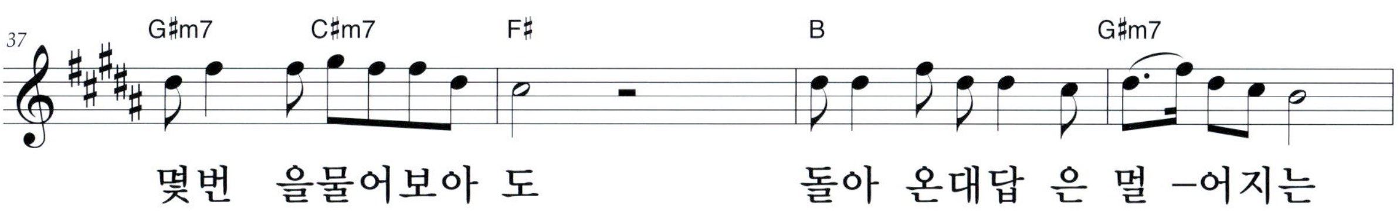
G#m7 C#m7 F# B G#m7
몇번 을물어보아 도   돌아 온대답 은 멀 –어지는

C#m C#7 F# B G#m
멀어지 는기 적 소 리 –뿐   아아 아 – – 사랑 역   나

C#m F# B C#m F#
에 겐눈 –물 – –역   나 에 겐눈 –물 –

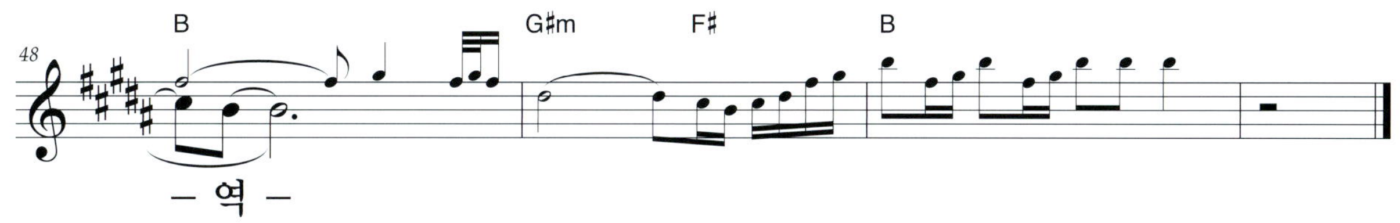
B G#m F# B
–역 –

보금자리

작사 : 박진복
작곡 : 박상철
음원

♩ = 130
Dm   Gm7   Dm   A7   Dm7

Dm   C Dm
그 대 -사랑이 -나였음-좋 겠 -다-

B♭   A7
아 무것 도- -필요 없-- 어 요

Gm7   B♭   A7
든든 한 품-에-안 겨 잠들고싶 어 -라--

A7   Dm
내 사 -랑의 보 금-자- -리-

A7   Dm   Gm
아 무것 도- 바 라지 않-- 아 - 요   당 신 만 있 으 면-

A7   Dm   B♭
- 돼 -   한 눈 팔 지 않 고-   사 랑 할 -래요

돈 도 필요없 어 백 도 필요없
어 당 신 만 있 으 면 - - 돼 -
① 1마디로 가세요
- 아 무 것 도 - 바 라 지 않 - - 아 - 요
당 신 만 있 으 면 - - 돼 - 한 눈 팔 지 않 고 -
사 랑 할 - 래요 - - 돈 도 필요없 어
백 도 필요없 어 당 신 만 있 으 - 면
② 53마디로 가세요
- 돼 - -

연애편지

작사 : 송봉주
작곡 : 송봉주

A   Aaug   1.D   A/C#   Bm   F#m/A
며   하얀 종 - 이에 -   하지 못한 말
는

G   D/F#   Em7   A   D   D
아 직 그 - 댄 내 고 운 -   사 랑 입 - 니 다 -

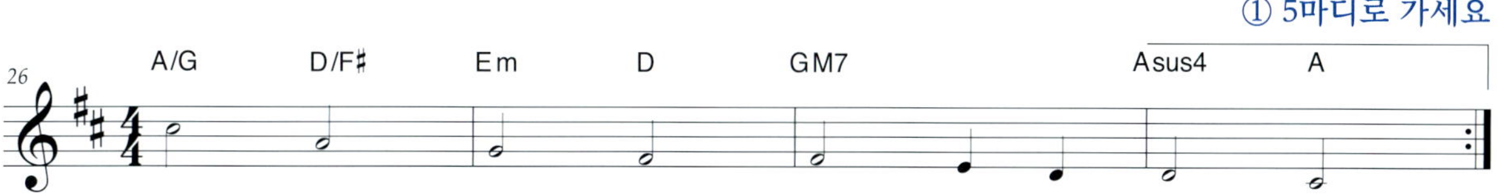
A/G   D/F#   Em   D   GM7   Asus4   A

2.D   A/C#   Bm   F#m/A   G   D/F#
아 스 라 - 이 먼 -   작 은 별 - 하 나 -   외로 이 - 홀 로남 아 -

Em7   A   D   A/C#   Bm   F#m/A
깜 빡 입 니 다 -   그 대 를 - 닮 은 -   작 은 별 - 하 나 -

G   D/F#   Em7   A   D   G   D/F#   rit.
외로 이 - 홀 로남 아 -   깜 빡 입 니 다 -   그 대 고 - 운 이 름 은 -

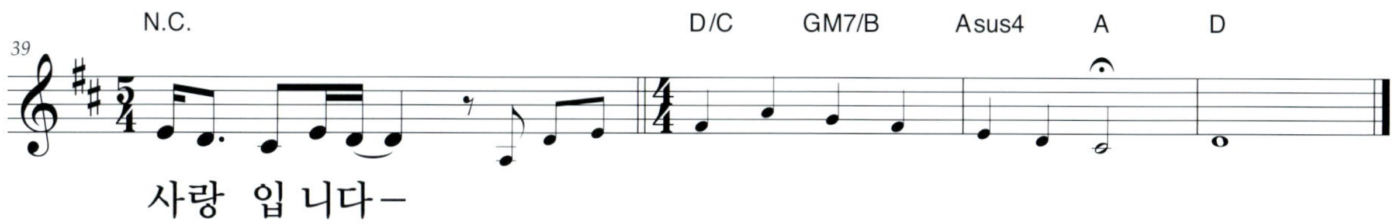
N.C.   D/C   GM7/B   Asus4   A   D
사 랑 입 니 다 -

사랑해요 그대를

◆ **작사** : 설운도
◆ **작곡** : 설운도

너 무나 따-뜻한 사 -람

한 번 도 잊 어 본 적 없 는-

내 - 마음속에 그-사람 - - --

나 그대 생- 각 만 해도 -

가 슴 이 뭉- 클해지 - 고

그 런당 신 내 곁 에 있-어-

나 는 행 복 한 사 람-

그 대는 나 - 만의 사랑 -

그 대 는 나만의 - 행 복

세 월 가도 영 - 원 히 - -

③ 50마디로 가세요
당 - 신은 - 나 만 의 - 사 랑 -

사 랑 해요 그 - 대를 -

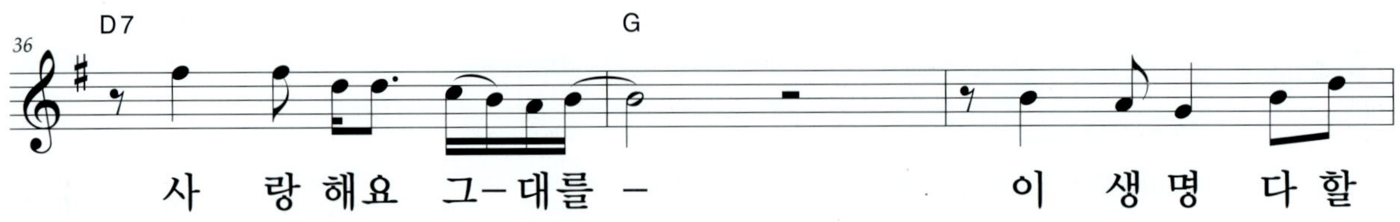

사 랑 해요 그 - 대를 - 이 생 명 다할

① 34마디로 가세요
때 까지 당 - 신은 - 내 사 랑

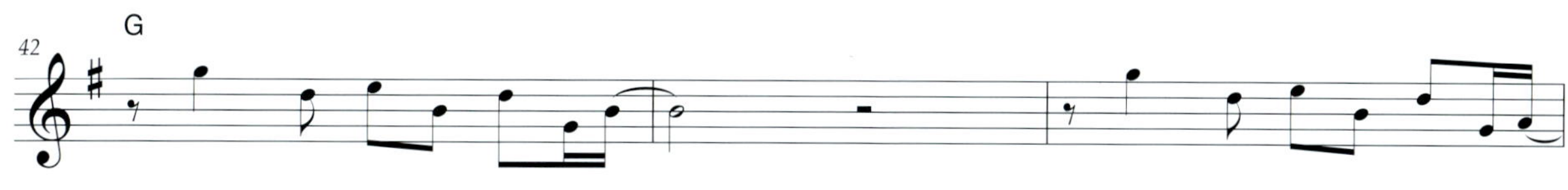

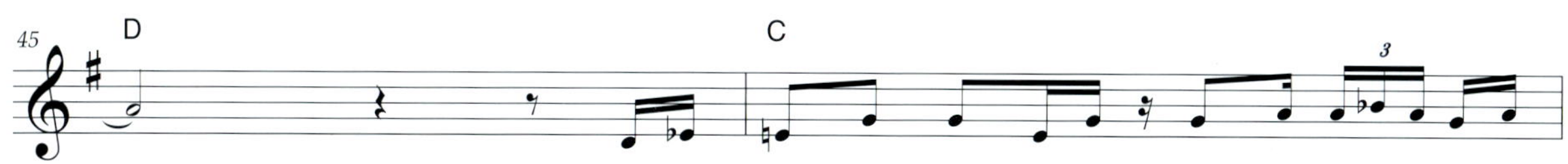

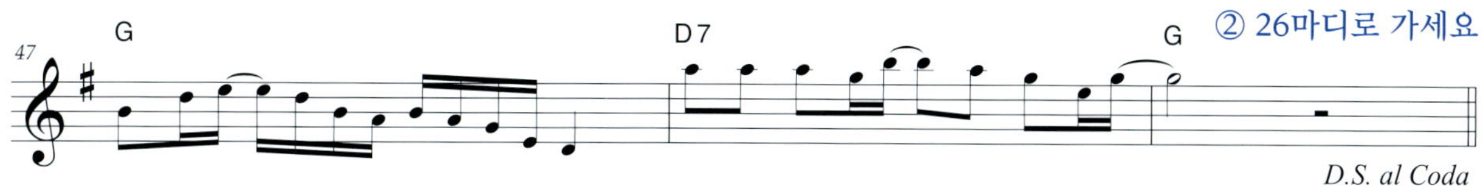
② 26마디로 가세요
D.S. al Coda

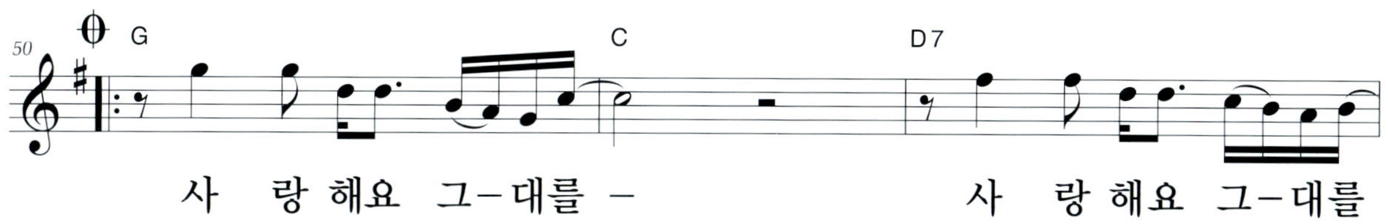
사 랑 해요 그-대를 -
사 랑 해요 그-대를

⑤ 58마디로 가세요
- 이 생 명 다할 때 까지

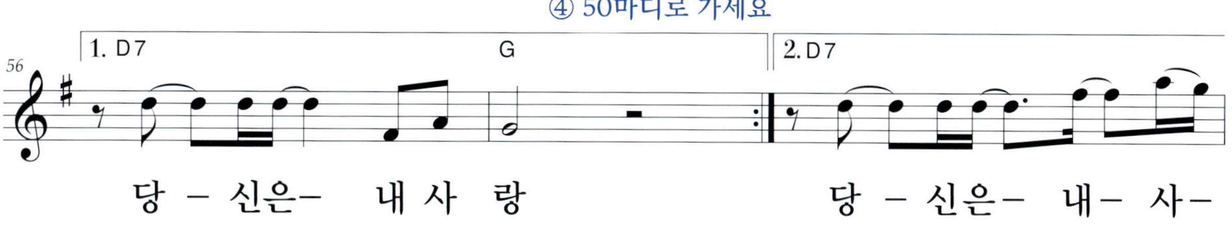
④ 50마디로 가세요
당 - 신은- 내 사 랑
당 - 신은- 내- 사-

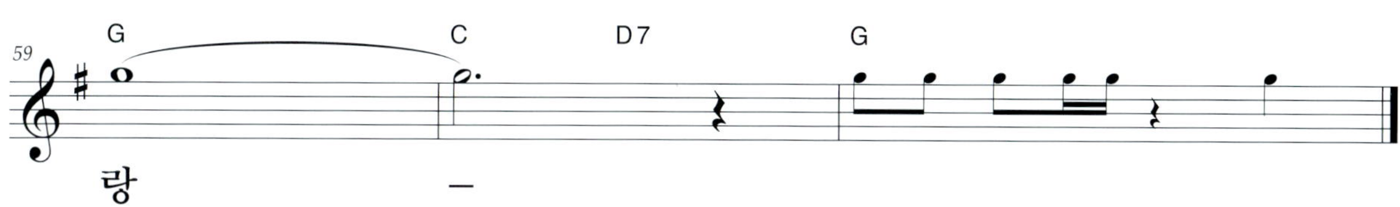
랑 -

인생찬가

작사 : 윤명선
작곡 : 윤명선 외 1명

♩=80

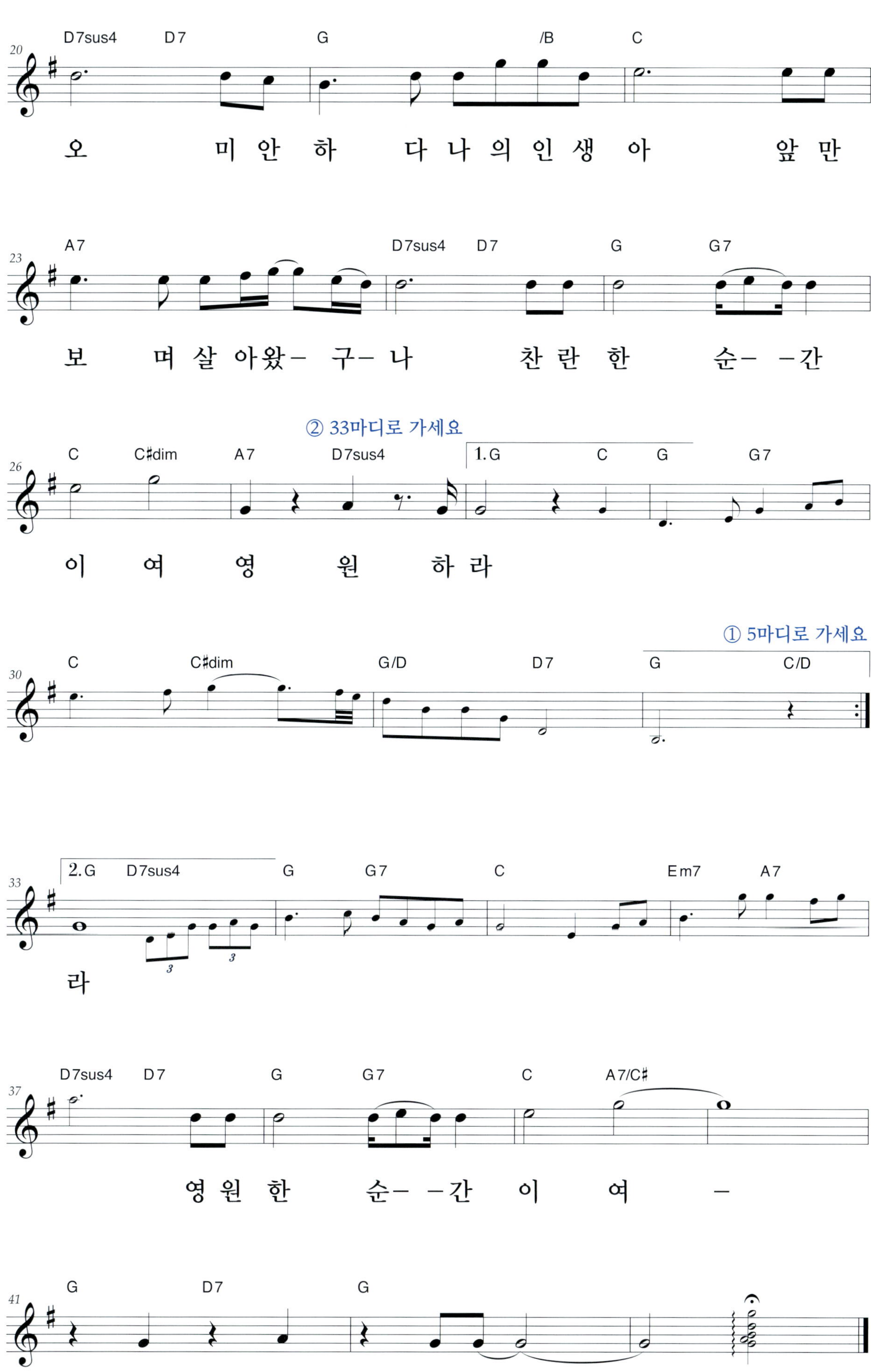

D7sus4 D7 G /B C
오 미 안 하 다 나 의 인 생 아 앞 만

A7 D7sus4 D7 G G7
보 며 살 아 왔 - 구 - 나 찬 란 한 순 - - 간

② 33마디로 가세요
C C#dim A7 D7sus4 1.G C G G7
이 여 영 원 하 라

① 5마디로 가세요
C C#dim G/D D7 G C/D

2.G D7sus4 G G7 C Em7 A7
라
3 3

D7sus4 D7 G G7 C A7/C#
영 원 한 순 - - 간 이 여 -

G D7 G
찬 란 하 라 - - -

Polaroid

◆ **작사** : Ji Soo Park
◆ **작곡** : Ji Soo Park 외 2명

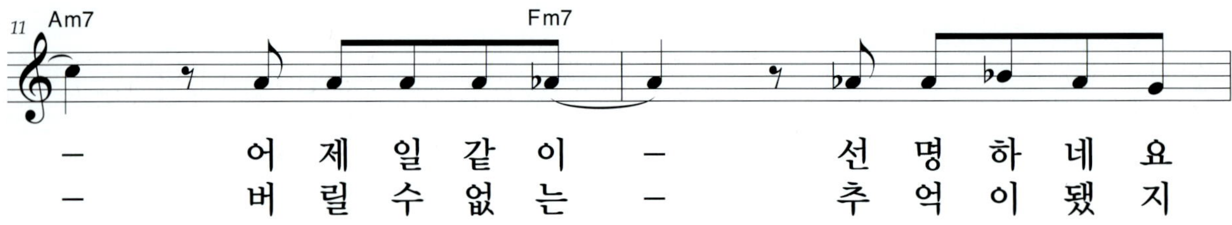

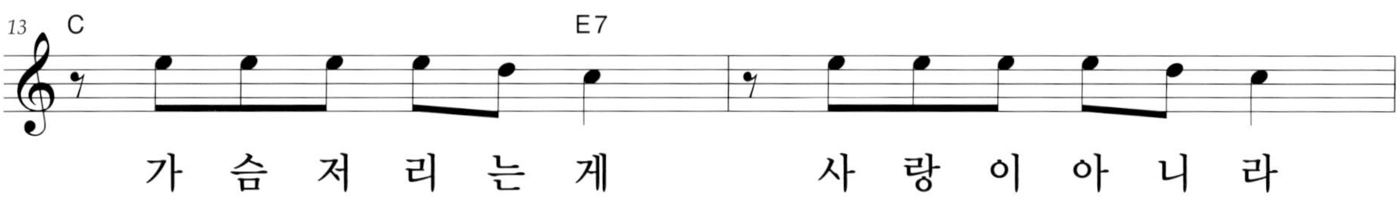
가 슴 저 리 는 게 사 랑 이 아 니 라

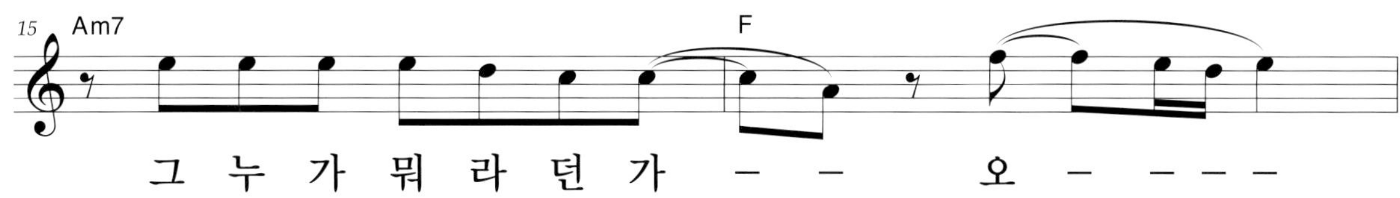
그 누 가 뭐 라 던 가 – – 오 – – – –

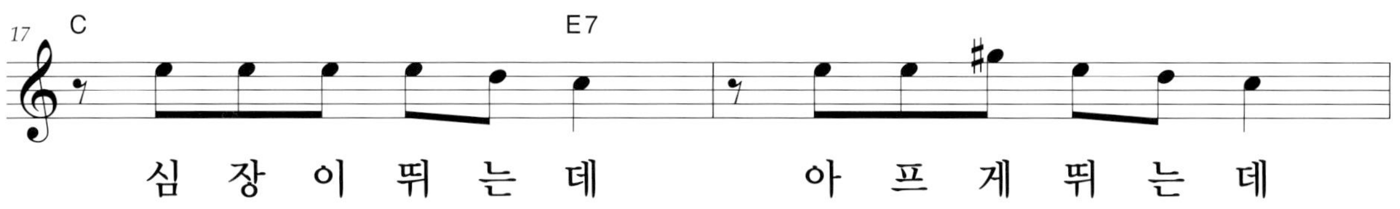
심 장 이 뛰 는 데 아 프 게 뛰 는 데

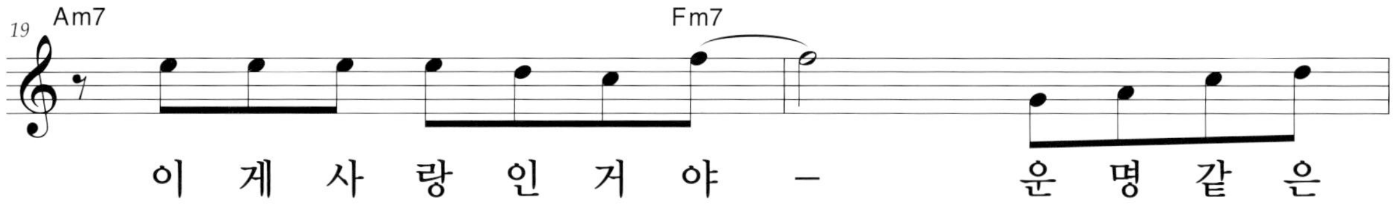
이 게 사 랑 인 거 야 – 운 명 같 은

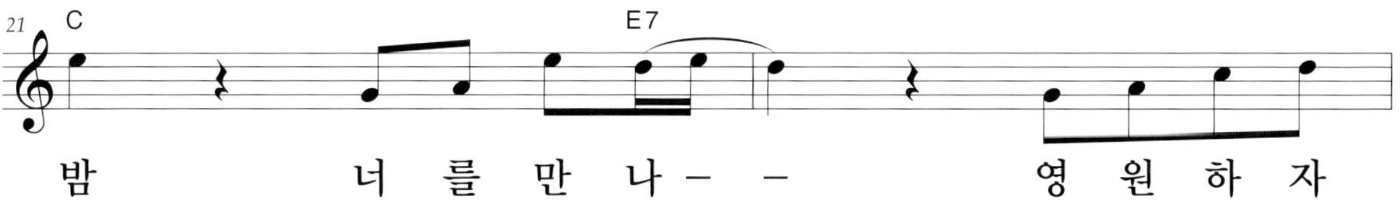
밤 너 를 만 나 – – 영 원 하 자

고 외 쳤 던 그 밤 – – 네 가 날 잊 어

– 도 난 – 널 꺼 – 내 볼 테 – 니 까

① 5마디로 가세요

Am7
Fm7
언 - 제 나 - - - - - -

C
E7
우 - - - - - 예 - - -

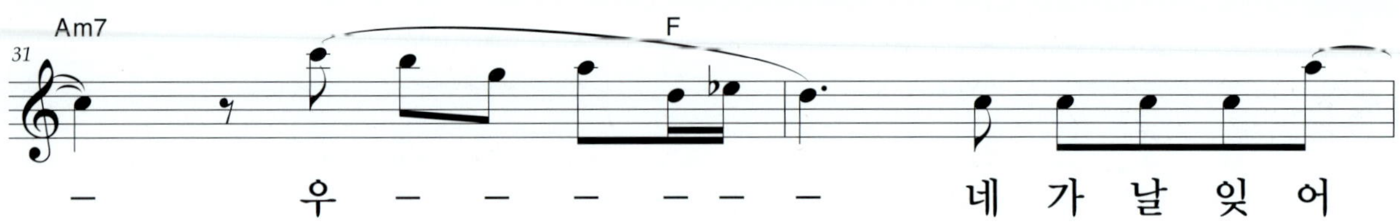
Am7
F
- 우 - - - - - 네 가 날 잊 어

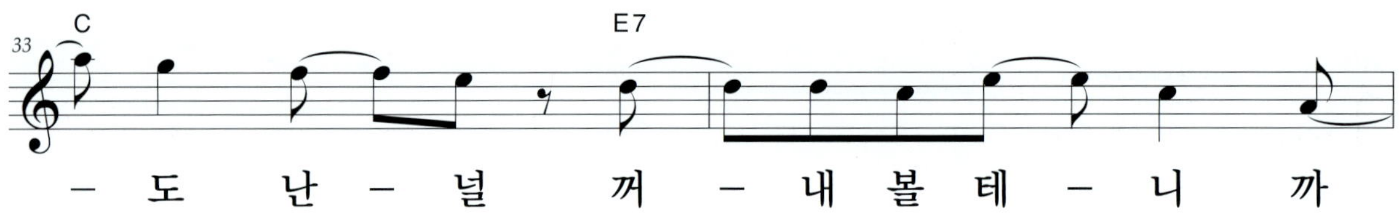
C
E7
- 도 난 - 널 꺼 - 내 볼 테 - 니 까

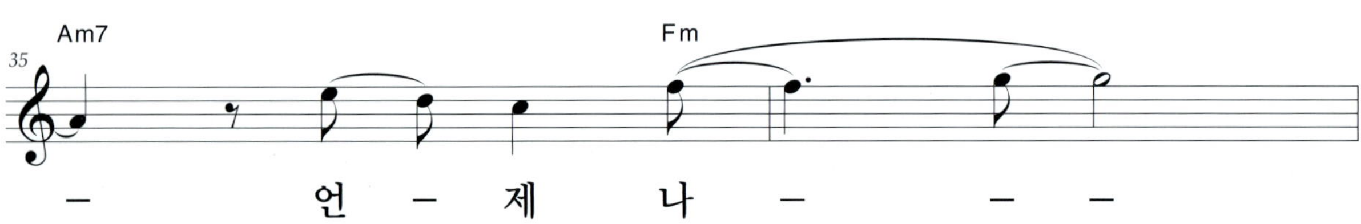
Am7
Fm
- 언 - 제 나 - - - -

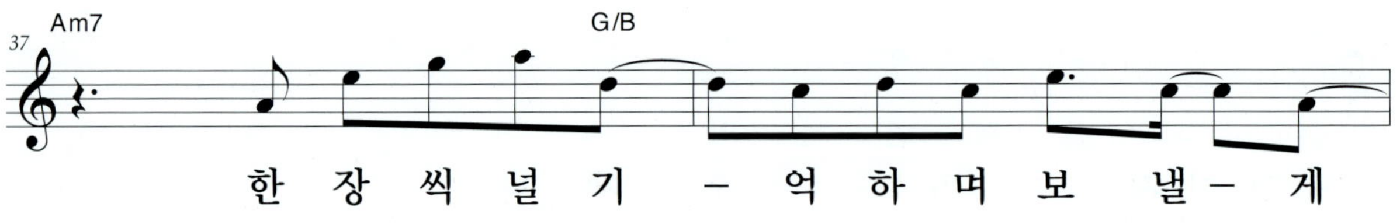
Am7
G/B
한 장 씩 널 기 - 억 하 며 보 낼 - 게

F
Fm7
Am7
G/B
- 우 리 모 든 순 간 - 가 슴 떨 리 던 날 - 모 든 날 이 따

42 G/B   F
- 스 하 게 감 싸 - 준 -   널 사 랑 했 다 -   운 명 같 은

45 C   E7   Am   F
밤   너 를 만 나 - -   셀 - 수 없 이 - - 많 은 날 함 께 했 지

48 F   C   E7
- 사 랑 했 어 요   아 주 많 이 - -   사 - 진 첩 속

51 Am   FM7   C   E7
- 의 그 - 대 여 - - - - - - - - - -

54 E7   Am   F   C   E7
-              영 원 히 기 - 억 할 - 게 시

58 E7   Am   F   Fm7
- 간 이 지 - 나 도 - 언 - 제 나 - - - - - - -

61 C   E7   Am7   Fm7
-              오 - - - -   음 - - -

London Boy

작사 : 임영웅 외 1명
작곡 : 임영웅 외 1명
MV
무대

♩ = 133
DM7
꿈 에그리던그곳 난

DM7
GM7
여기있어 – 저 푸른바다위로 널 닮 은 하 늘 – I'm in Lon-

Bm7
A
- don oh – I'm in Lon - don yeah – – – – 드

DM7
GM7
넓은공원안에 널 담은향기 – 가 는모든곳마다 난

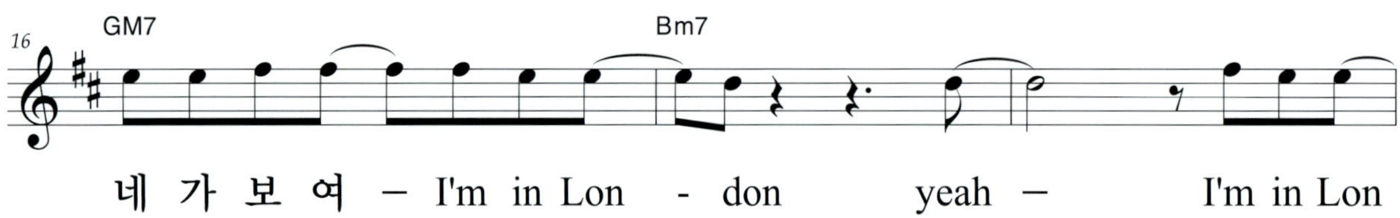

GM7
Bm7
네 가 보 여 – I'm in Lon - don yeah – I'm in Lon

A7
Bm
A
G
- don oh – 나지막 한 소 – 리 –가 들 려와 –

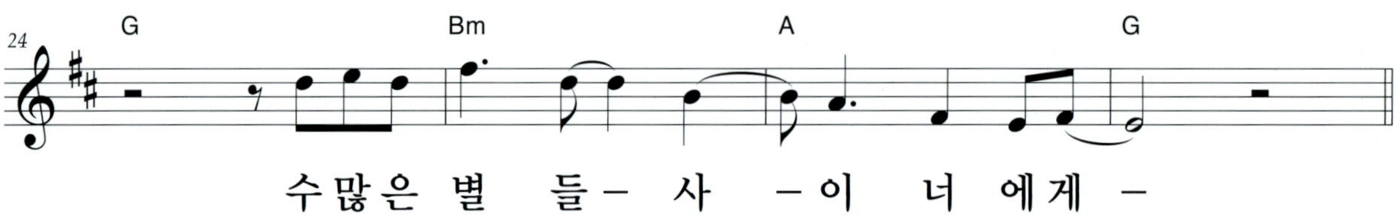

G
Bm
A
G
수많은 별 들– 사 –이 너 에게 –

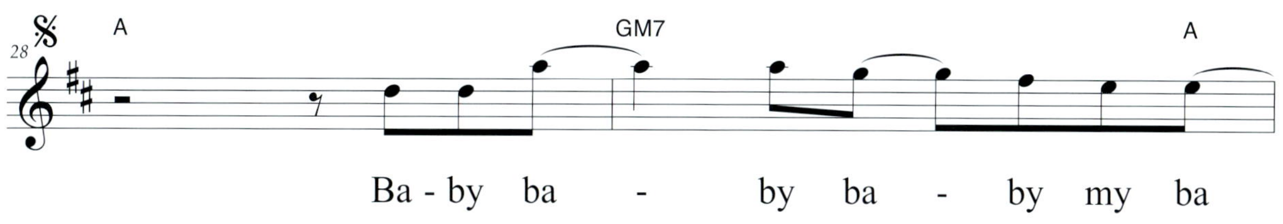

A
GM7
A
Ba - by ba - by ba - by my ba

A
Bm7
Am7
D7
- by 세상누 - 구보 - 다 널 - 사랑해 모든힘

GM7
D/F#
Em7
A
D
- 다해 - 너를불 - 러 Hold me tight - baby you're - my eve

D
GM7
A
- ry - thing 널만나 - 고난 - 변했 - 어 세상누

Bm7
Am7
D7
GM7
D/F#
- 구보 - 다 널 - 사랑해 모든힘 - 다해 - 너를불

④ 78마디로 가세요   ② 69마디로 가세요
D/F#
Em7
A
D
1.
- 러 I'm in Lon - don Lon - don Boy - Oh -

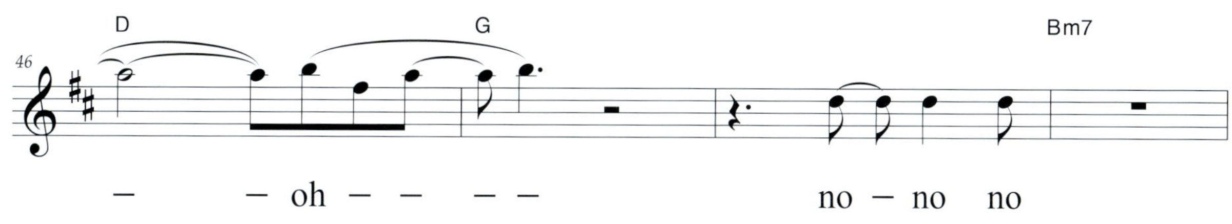

D
G
Bm7
- - oh - - - - no - no no

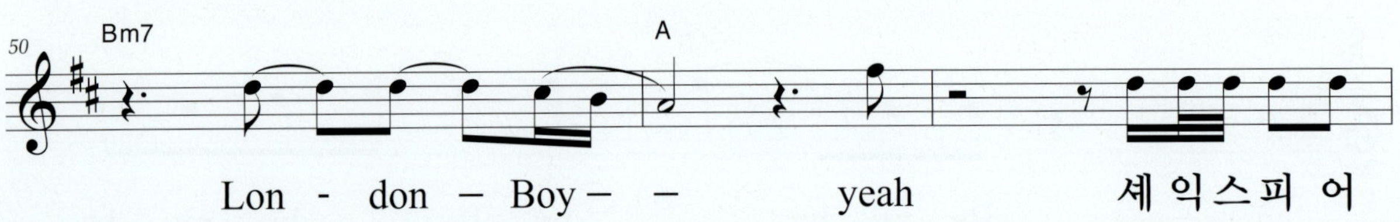

Bm7
A
Lon - don - Boy - - yeah   세 익 스 피 어

D
GM7
처 칠 비 틀즈 숀 코 네 - 리   해 리 포 터

GM7
Bm7
데 이 비 드 베 - 컴   모 든 게 있 - 어   Ba-by

A
D
You are my Lon - don Girl -   행 복 은 너 와 함 께 즐

D
GM7
기 는 거 야 내 모 든 걸 다 줘 도 아 깝 지 않 아 너 는 내

① 21마디로 가세요
Bm7
A7
- 게   Oh -   그 런 사 - 람   Oh -   나 지 막

2. C
G
D
널 만 나 고 내 - 가 변 - 했 다 - - -

73
C
Asus4
Oh — — — — I'm Lon-don Boy — —

③ 28마디로 가세요

77
A
D.S. al Coda
—
78
D
GM7
— La la la — la la — la — la

80
A
Bm7
Am7
D7
— la La la la — la la — la — la — la — la La la la

83
GM7
D/F#
Em7
A
D
— la la — la — la — la I'm in Lon - don Lon - don Boy

86
D
GM7
A
— La la la — la la — la — la — la La la la

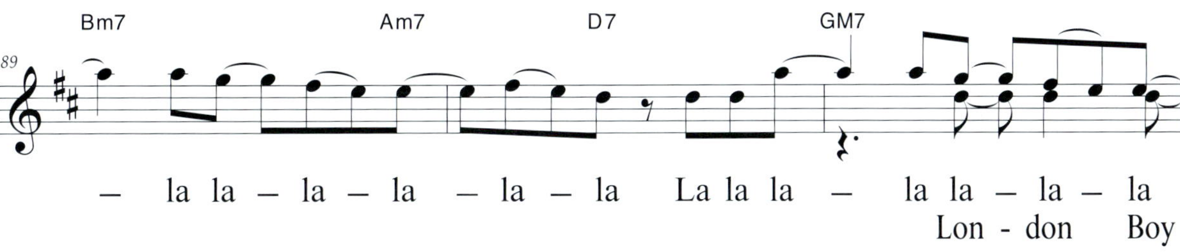

89
Bm7
Am7
D7
GM7
— la la — la — la — la — la La la la — la la — la — la
Lon - don Boy

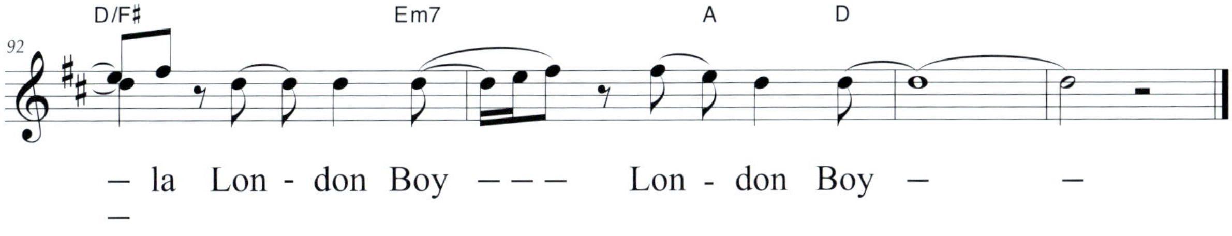

92
D/F#
Em7
A
D
— la Lon - don Boy — — — Lon - don Boy — —
—

모래 알갱이

- **작사** : 임영웅 외 2명
- **작곡** : 임영웅 외 2명

에 실려— 홀 연 히 따 라 걸 어 가 요 그 대 파 도 가 치—거든

— 저 파 도 에— 홀 연 히 흘 러 가 ——리 — 그

래 요 그 대 여 내 맘 에 — 언 제 라 도 그 런 발 자 국—을

내 —어 줘 요 그 렇 게 — 편 한 숨 을 쉬—듯 이 — 언 제 든

② 41마디로 가세요
내 곁에— 쉬 어 가 — 요

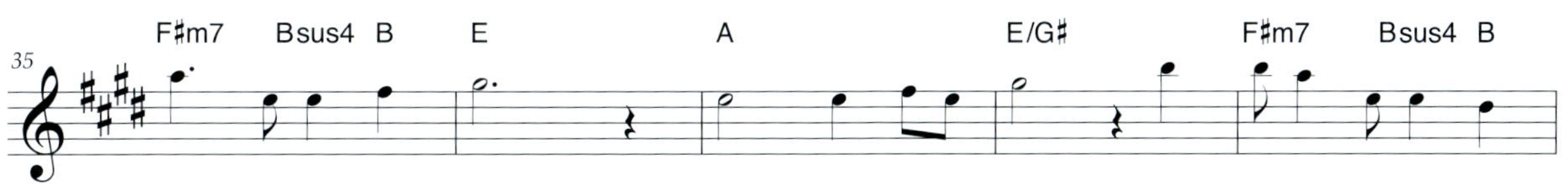

① 17마디로 가세요
그 요 언 제 든 내 맘 에— 쉬 어 가 — 요

Do or Die

◆ **작사** : 임영웅 외 1명
◆ **작곡** : Jimmy Burney 외 1명

열정을채-워줄게 날따라함-께하게 Let's Go - - - -

Go - - - Ba - by - 나만믿고따라 와 따라와 너를위해난 노래

할 거 야 - - 심장소리난리 나 난리나 Put your

hands up - in - the air - Just raise your hands미쳐이 순-간

- To - night It's Do or Die To - night It's Do or Die 세 상

을 뒤흔들어-봐 - 뛰어-봐 - Move your bo - dy like It's Do or

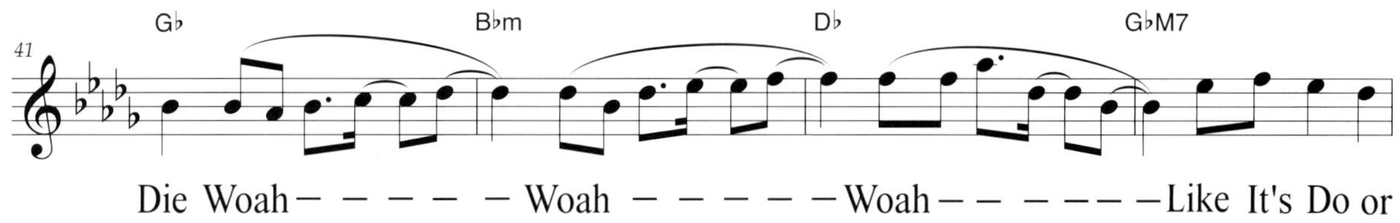
Die Woah - - - - - Woah - - - - - Woah - - - - - Like It's Do or

④ 65마디로 가세요　② 57마디로 가세요

Gb
Bbm
Db
Die Woah ————— Woah ————— Woah ———— Like is Do or

1. Gb
Bbm
Db
Die
나 사 하나 빠 진 것 처럼막　향 기 에취해버린것 처럼 now
오직너만의영 웅이되어

GbM7
Bbm
모든걱 정을다 막아줄게　오늘밤 우린 Par-ty Time 분위기를전부휘어잡아

① 25마디로 가세요
Db
2. GbM7
맘 이시키는 그 대로춤 춰　Die가슴 벅 찬 ―

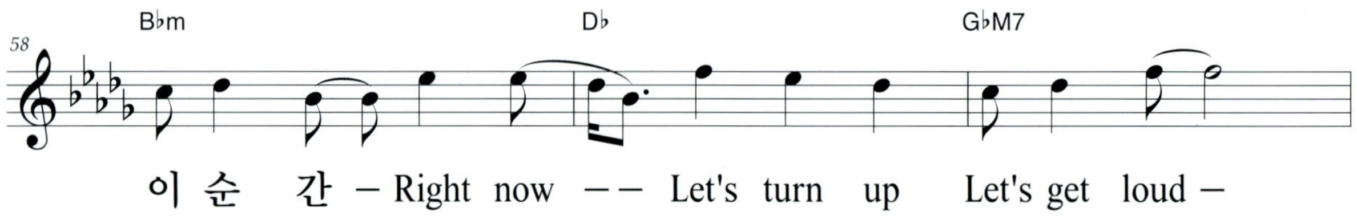
Bbm
Db
GbM7
이 순 간 ― Right now ―― Let's turn up　Let's get loud ―

GbM7
Bbm7
Db
기 억 해 오 늘 너와 나 ― You and I ―― Let's ― get loud

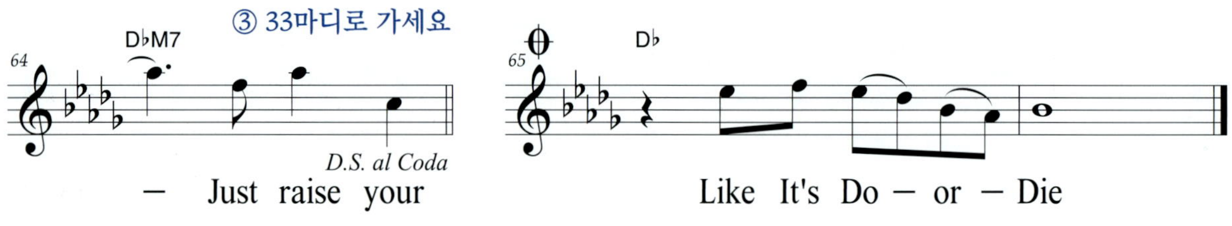
③ 33마디로 가세요
DbM7
Db
D.S. al Coda
― Just raise your
Like It's Do ― or ― Die

온기

◆ **작사** : 임영웅 외 1명
◆ **작곡** : 임영웅 외 2명

싫 은곳－은어－디였－는 지
세상 이 지독－하게 　그댈
어둡 고 깊은－곳에 　웅크
러 앉은 그댈－ 난 떠 나지 않겠 어 요 　아무리
혼 자둘 때엔－ 단 하 나만 기억 해 요
② 29마디로 가세요
먼 － 길을 떠났 어 도 아무리 긴 － 시간 이흘 러
도 이길끝 에 떠오르는 태양을 만 날－때까지
난 곁에있 겠 어 요
① 11마디로 가세요
힘겨 먼 － 길을 떠났－어 도 　아무리
긴 － 시간 이흘－러 도 이길끝 에 떠오르는 태양을

만 날 – 때 까지 난 곁에있어 요 – –

I will be with you 혼자 인것 – 같 아 – – I can be your only

one 그어둠속 – 에 단 한번 의용 기 단한사람의온기 Wan-na be

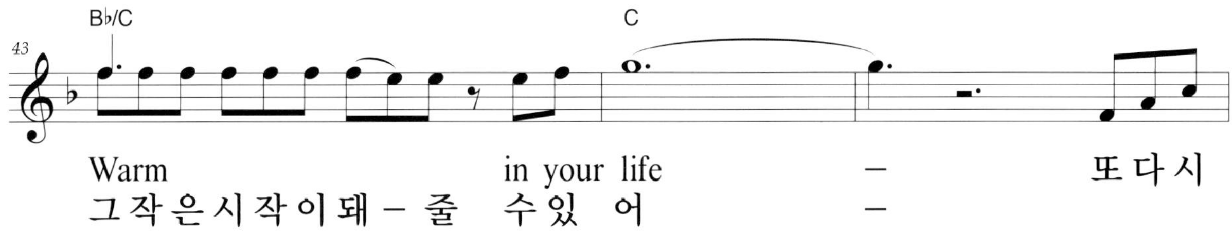
Warm in your life – 또 다 시
그작은시작이돼 – 줄 수있 어 –

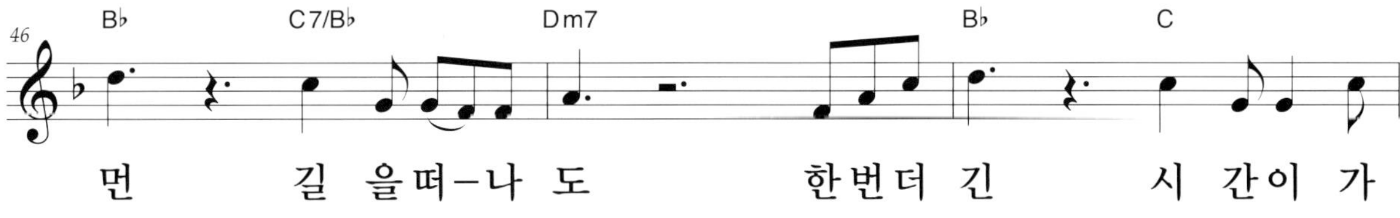
먼 길 을떠 – 나 도 한번더 긴 시 간이 가

도 이길끝 에 떠오르는 태양을 만 날 – 때까지

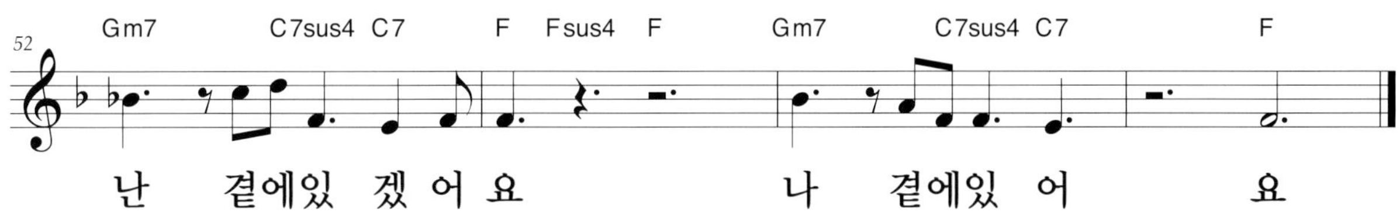
난 곁에있 겠 어 요 나 곁에있 어 요

Home

◆ **작사** : 임영웅 외 2명
◆ **작곡** : X-CHILD1 외 1명

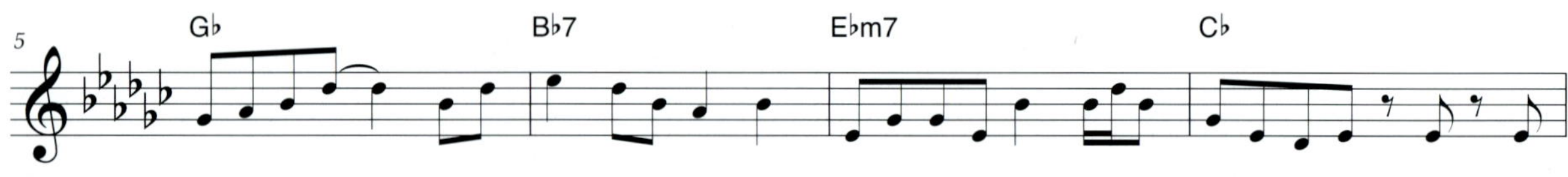

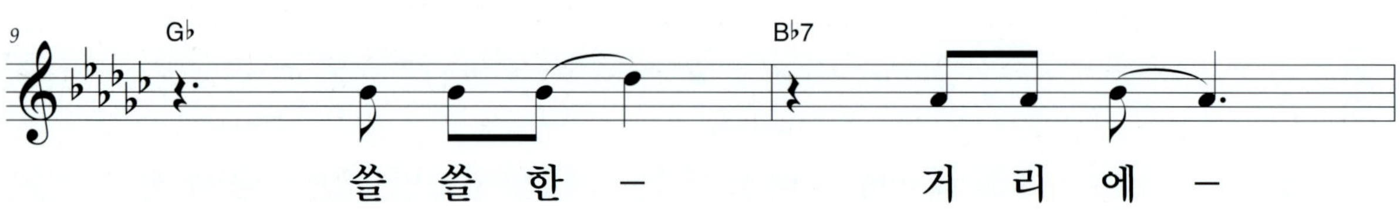

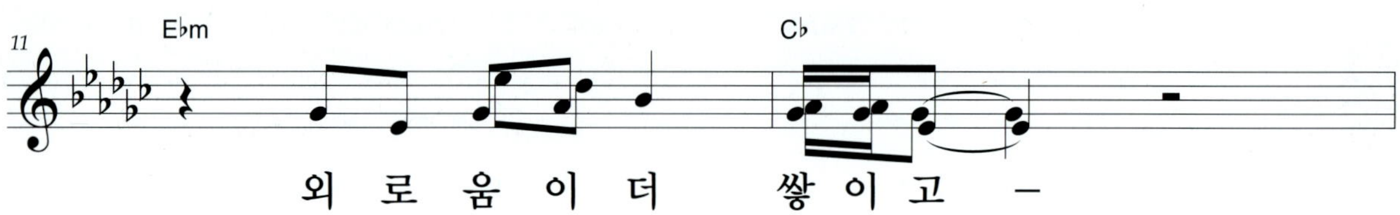

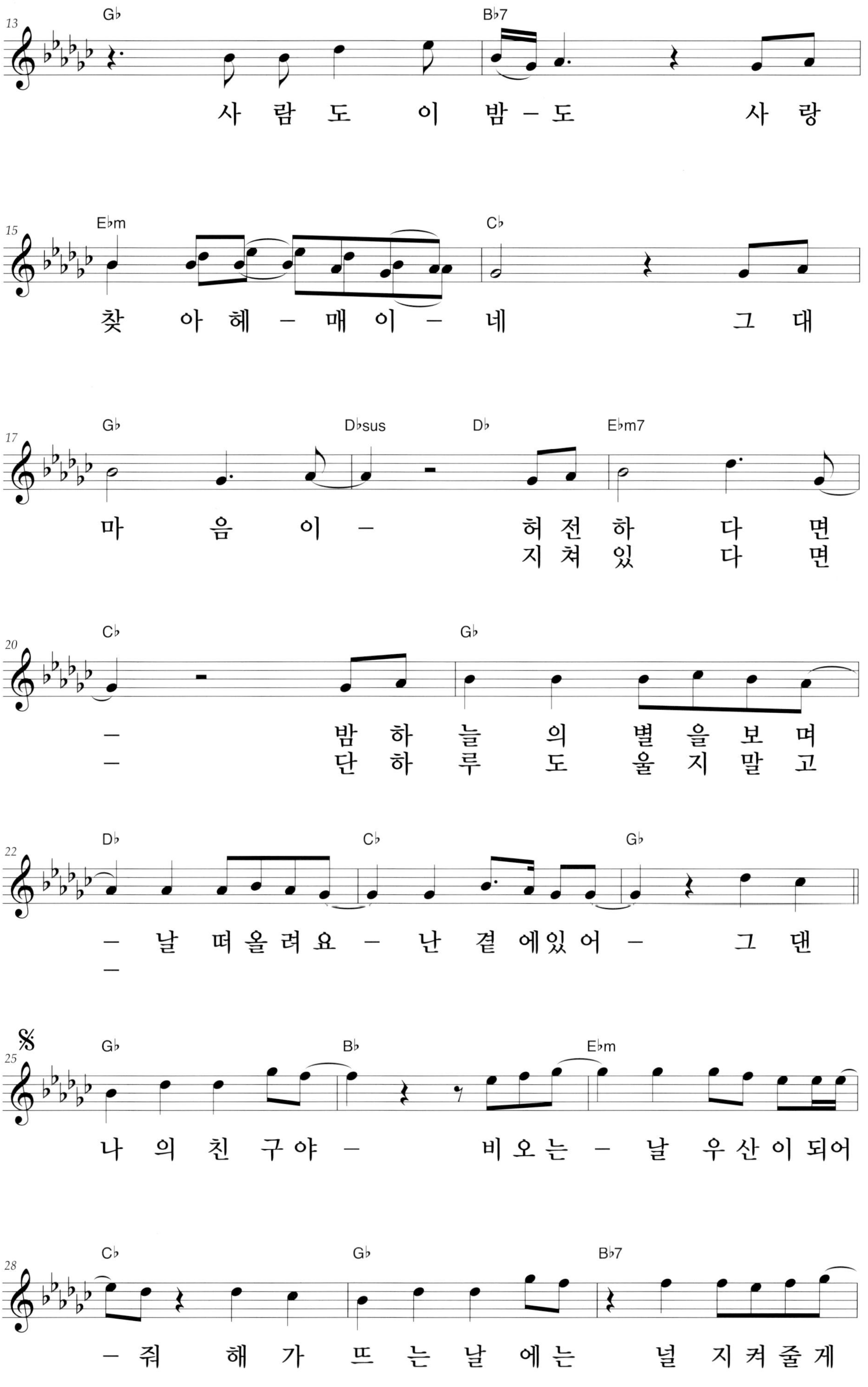

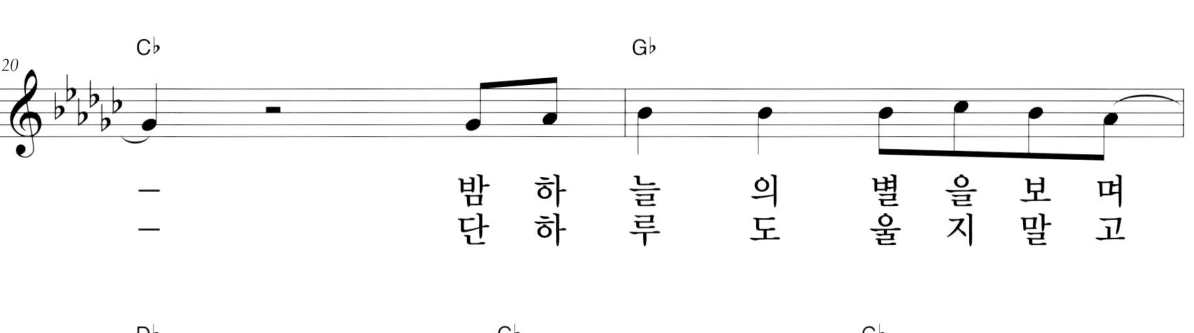

13
G♭ B♭7
사 람 도 이 밤 – 도 사 랑
15
E♭m C♭
찾 아 헤 – 매 이 – 네 그 대
17
G♭ D♭sus D♭ E♭m7
마 음 이 – 허 전 하 다 면
지 쳐 있 다 면
20
C♭ G♭
– 밤 하 늘 의 별 을 보 며
– 단 하 루 도 울 지 말 고
22
D♭ C♭ G♭
– 날 떠 올 려 요 – 난 곁 에 있 어 – 그 댄
–
25
G♭ B♭ E♭m
나 의 친 구 야 – 비 오 는 – 날 우 산 이 되어
28
C♭ G♭ B♭7
– 줘 해 가 뜨 는 날 에 는 널 지 켜 줄 게

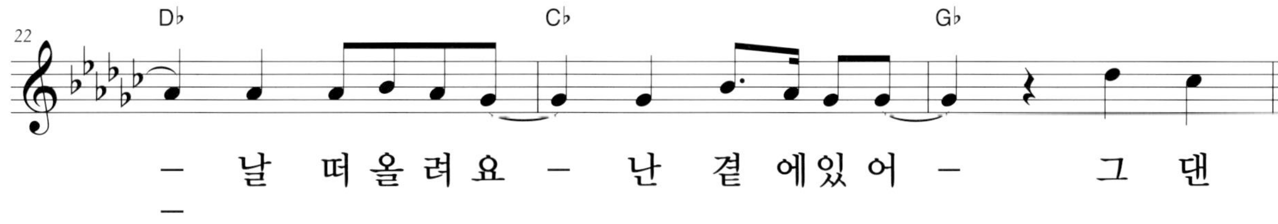

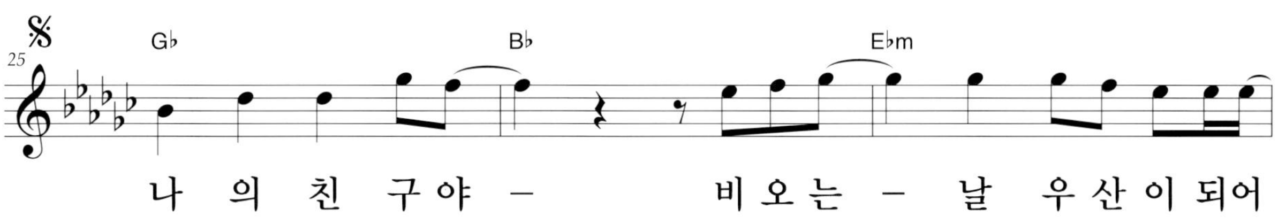

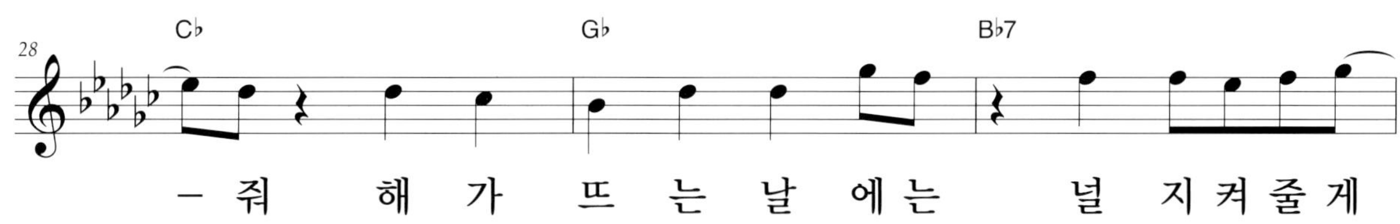

E♭m7
C♭
G♭
When I Go Shin - ing Star

B♭7
E♭m
C♭
And I Go Don't stop — ba - by 평 생

③ 60마디로 가세요
G♭
B♭
너 와 — 함 께 하 — 리

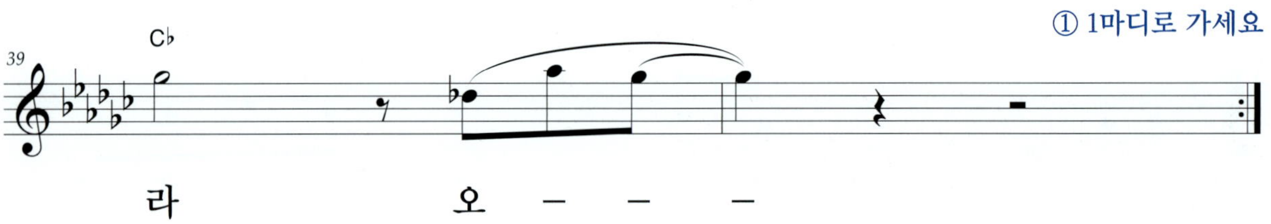
① 1마디로 가세요
C♭
라 오 — — —

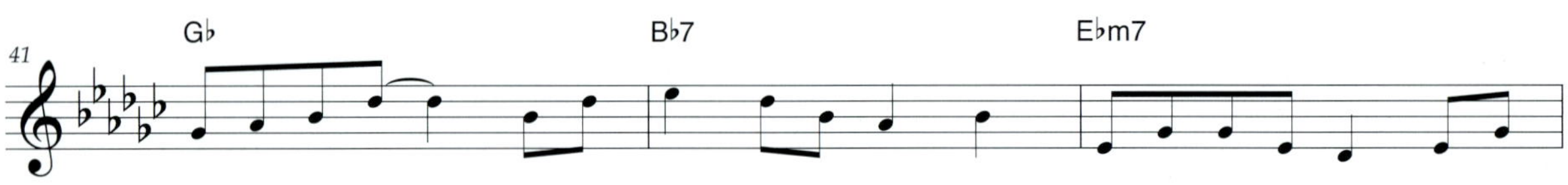
G♭
B♭7
E♭m7

C♭
G♭
B♭7

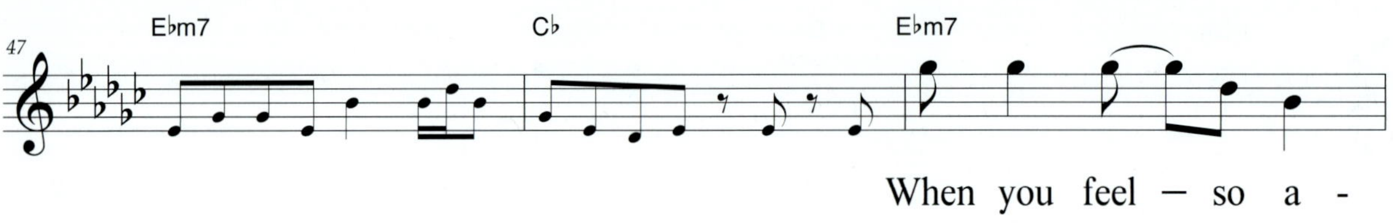
E♭m7
C♭
E♭m7
When you feel — so a -

98

Bbm
Cb
Bm6
lone   Re - mem - ber that I'm - - - wi-th - you   너 와 함

Gb
Db/F
Ebm
Ab7
- 께 라 - 면 어 - 디 든 - 내 가 갈 - 게 -

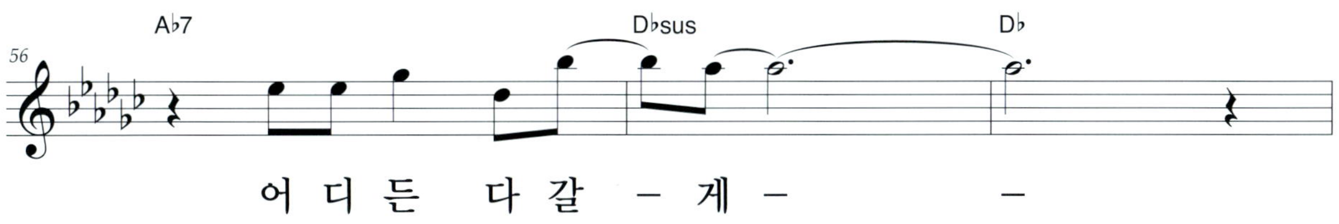
Ab7
Dbsus
Db
어 디 든 다 갈 - 게 - -

Db
② 25마디로 가세요
Cb
D.S. al Coda
그 댄   라 -

Gb
Bb7
Ebm7

Cb
Gb
Bb7

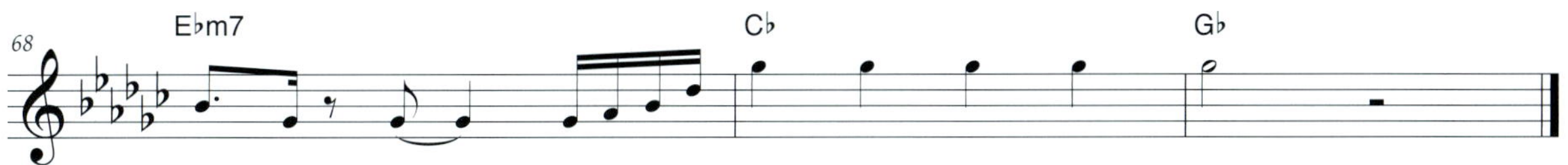
Ebm7
Cb
Gb

Chapter 2

영웅의 도전

승리를 향한 여정, 그 뜨거운 순간들

미스터 트롯

미스터 트롯의 맛

바램

▼ **작사** : 김종환
▼ **작곡** : 김종환

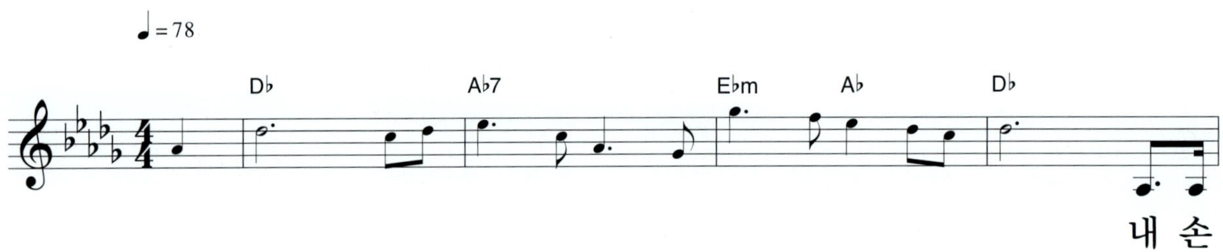

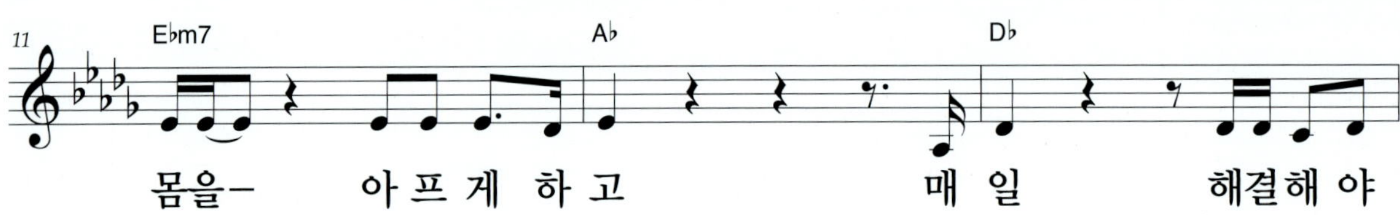

하 는 일 때문에   내시 간 도   없 이 살 다가 -   평

생   바 쁘게- 걸 어 왔 으 니   다 리 도   아 픕 니

다   내가 힘 들고-   외 로 워   질 때 내

애 길 조금만 들어준-다 - 면   어 느 날 갑 자기-   세월

의 한 복 판에-   덩-그 러 니 혼 자있 진않 겠 - 죠   큰

것 도 아 니 고-   아 주 작 은 한 마디-   지 친 나 를 안 아 주-면

서   사 랑 한 다   정 말 - 사랑 한 다는- 그말

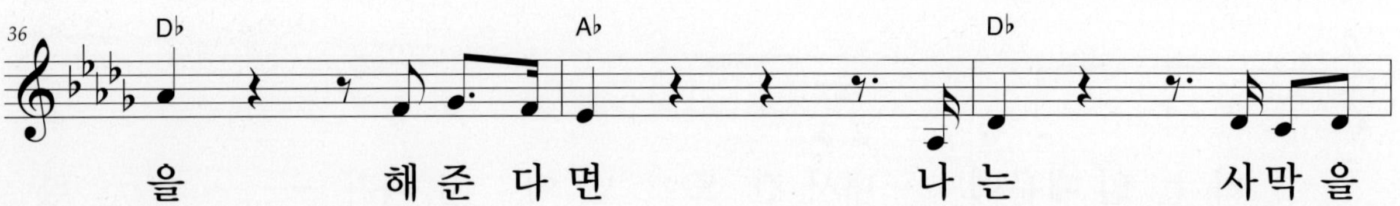
을   해 준 다 면   나 는   사 막 을

걷 는 다 해 도   꽃 길 이 라 – 생 각 할 겁 니 다   우

린   늙 어 가 는 것 이 아 니 라   조 금 씩   익 어 가 는 겁 니

다   우 린   늙 어 가 는 것 이 아 니 라   조 금

씩   익 어 가 는 겁 니 다   저 높 은

곳 에 –   함 께 가 – 야 할   사 람 –

그 대 뿐   입 니 – – – 다 –

댄싱퀸

◆ 작사 : 서비
◆ 작곡 : 서비

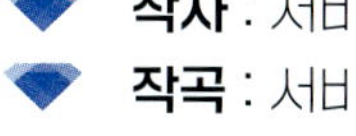

Dm
Am
춤을춤시다　　　밤이새도록
춤을춤시다　　　밤이 - 새도록

B
② 62마디로 가세요
E
그 - 대의날이　랍니다 -

Am
E
Am
댄스댄스댄스 춤 - 을춥시다　댄스댄스댄스 리 - 듬에맞춰

Am
Dm
C
E
댄스댄스댄스 내 - 게오세요 그대 오늘의섹시한 여 자 오댄싱

Am
E
Am
퀸

Am
E
x3
Am
E

Am
Dm
어려워마 세요　　창피해마 세요　　두려워마 세요

① 19마디로 가세요
61 Dm
D.S. al Coda
62 E
다
Am

67 Am
E
Am
댄스댄스댄스 춤 - 을춤시다 댄스댄스댄스 리 - 듬에맞춰

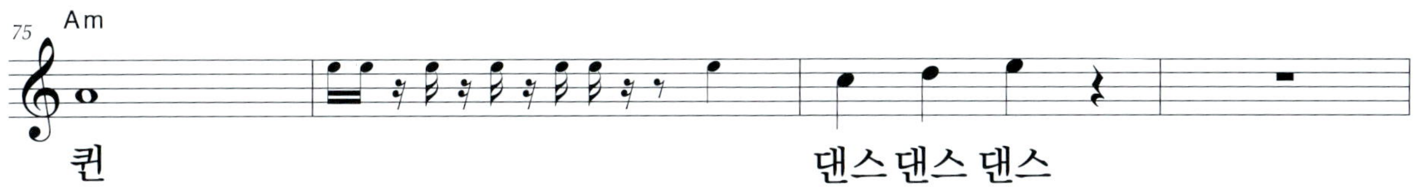

71 Am
Dm
C
E
댄스댄스댄스 내 - 게오세요 그대 오늘의섹시한 여 자 오댄싱

75 Am
퀸
댄스댄스 댄스

79 E
Am
Dm
C
댄스댄스댄스 댄스댄스댄스 내 - 게오세요 그대 오늘의섹시한

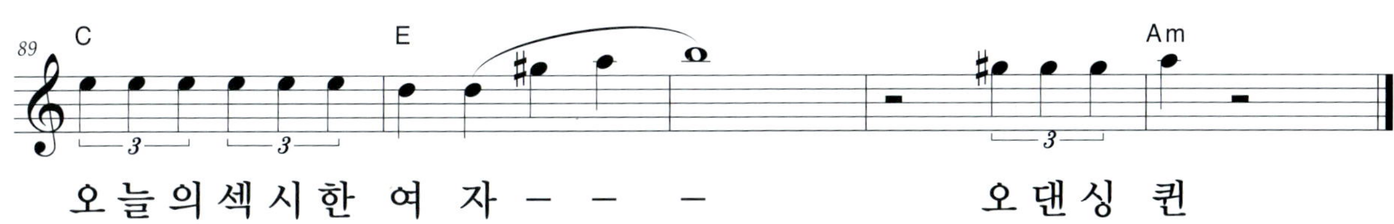

84 E
Am
C
E
여 자 오댄싱 퀸 그대 오늘의섹시한 여 자 그대

89 C
E
Am
오 늘의섹시한 여 자 - - - 오댄싱 퀸

일편단심 민들레야

◆ **작사** : 이주현
◆ **작곡** : 조용필

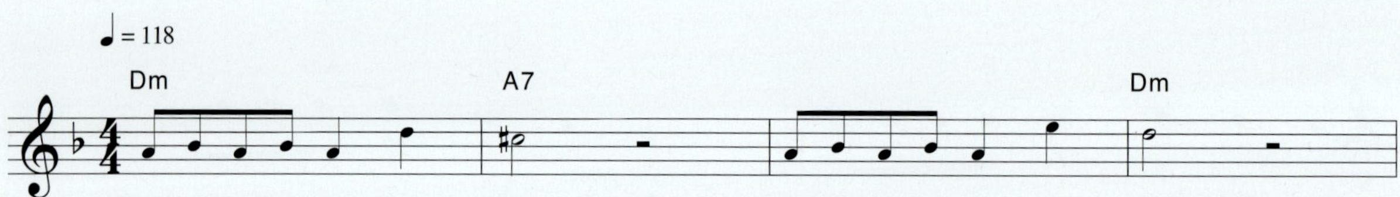

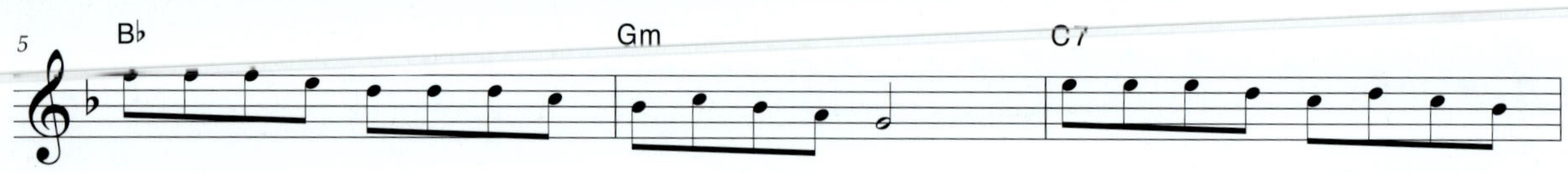

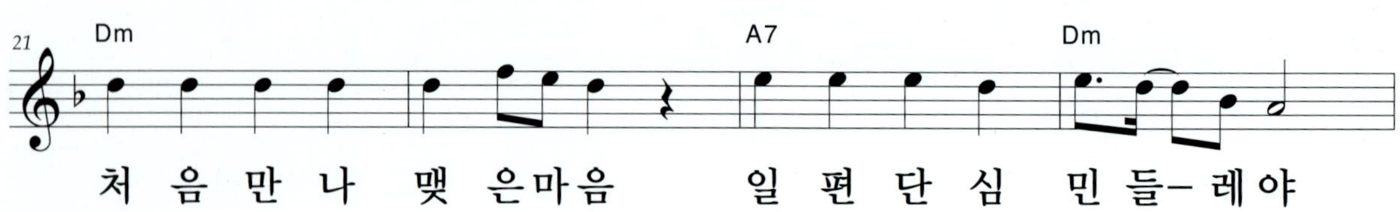

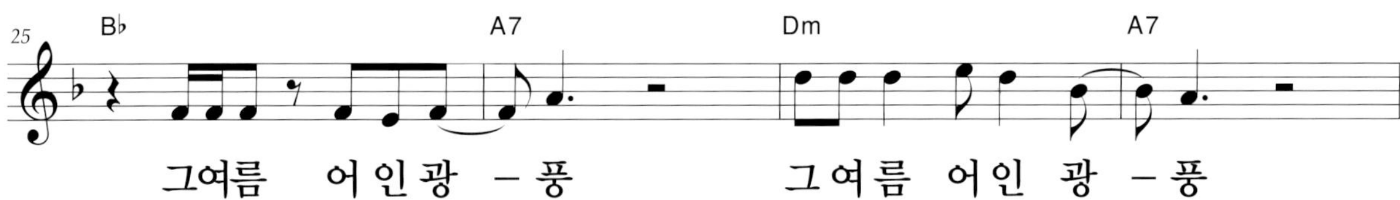
그여름 어인광 －풍 그여름 어인 광 －풍

낙엽 지듯 － 가 － － 시 었 네

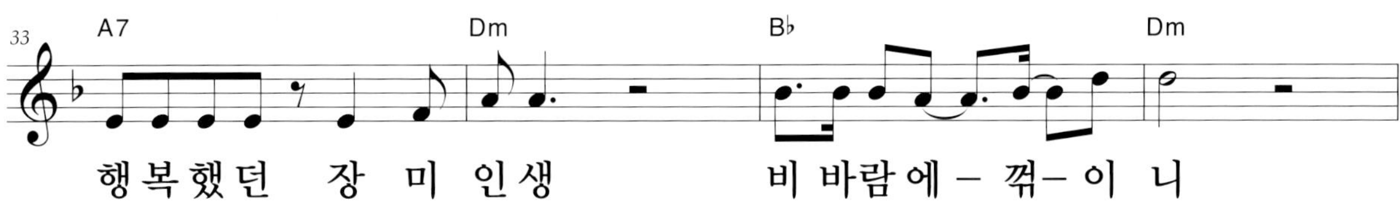
행 복 했 던 장 미 인 생 비 바람에 － 꺾 － 이 니

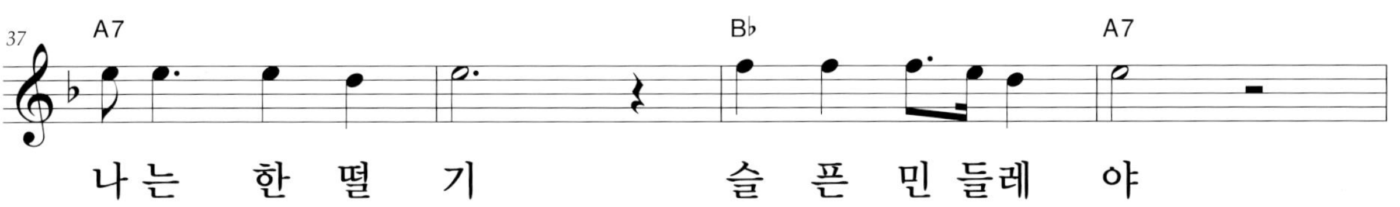
나 는 한 떨 기 슬 픈 민 들 레 야

긴 세 월 을 하 루 같 이 하 늘 만 쳐 다 보 니 그 이 의 목 소 리 는

어 디 에 서 들 을 까 일 편 단 － 심 민 들 － 레 는

일 편 － 단 － 심 민 들 － 레 는 떠 나 지 －

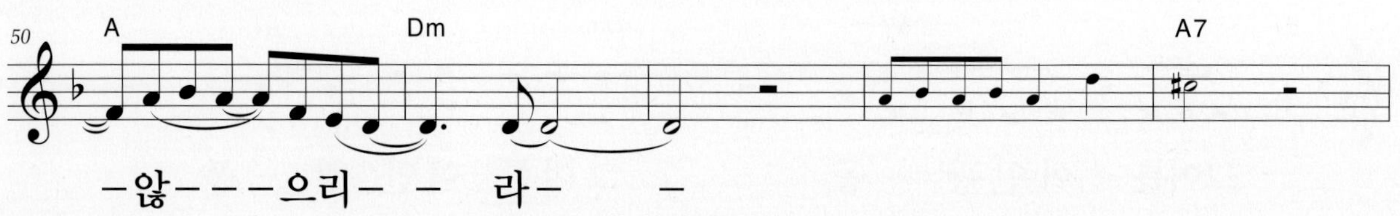
-않---으리- - 라- -

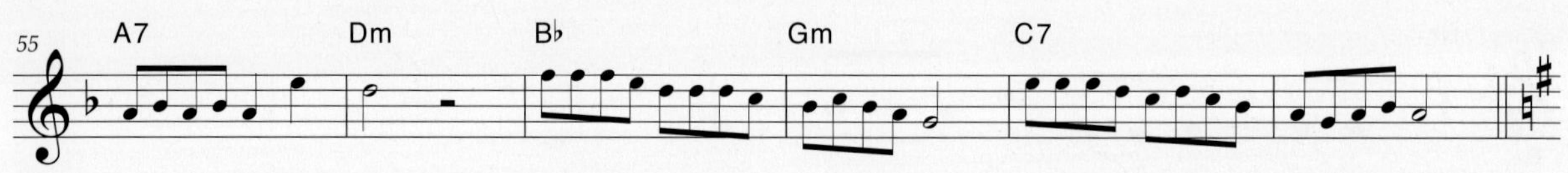

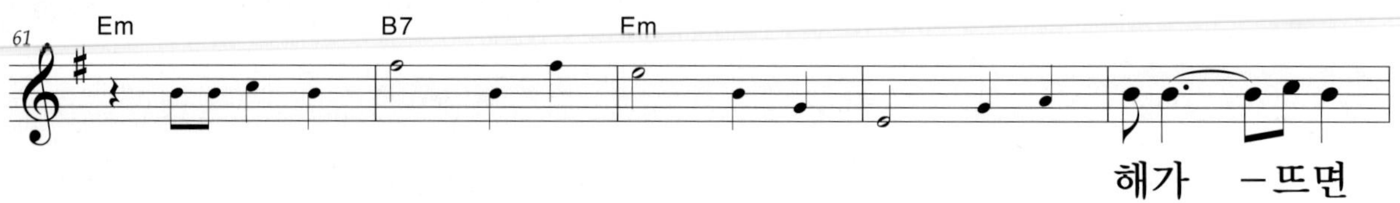
해가 -뜨면

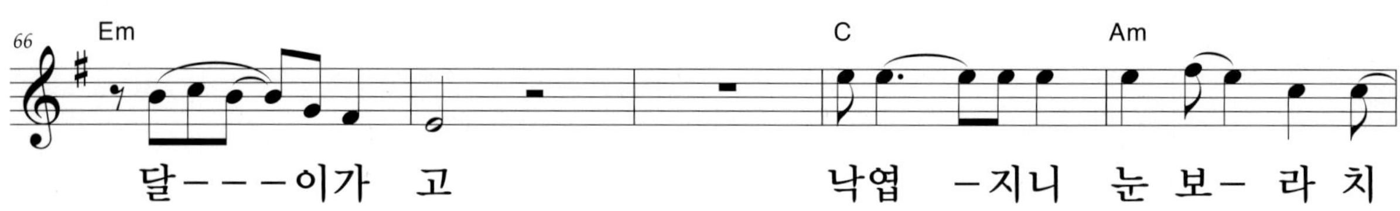
달---이가 고   낙엽 -지니 눈 보- 라 치

-네-   기 다 리고 기 다-리는 일 편 단-심

민 들-레야   가시밭길 산을 -넘고   가 시밭길 산을

-넘 고-   강을건 너- -찾-- 아왔 소

행복했던 장미 인 생 비 바람에 꺾 이 니

나는 – 한 떨 기 슬 픈–민 들–레 야– – –

긴 세월을 하루 같 이 하늘 만 쳐 다보니 그 이의 목 소 리는

어디 에 서 들을 까 일 편 단 심 민 들 – 레는

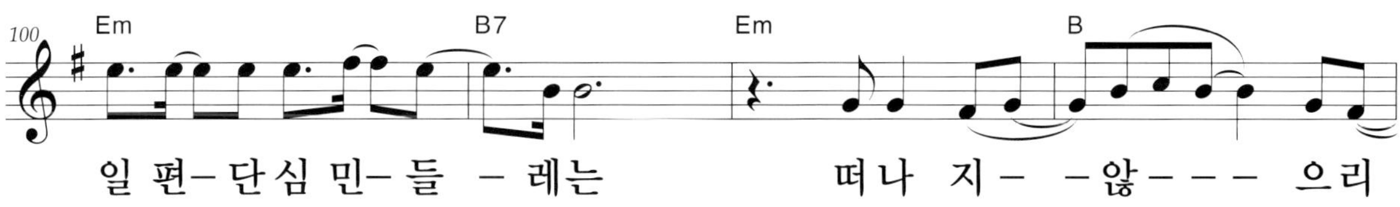
일 편–단 심 민– 들 – 레는 떠나 지– –않– – –으리

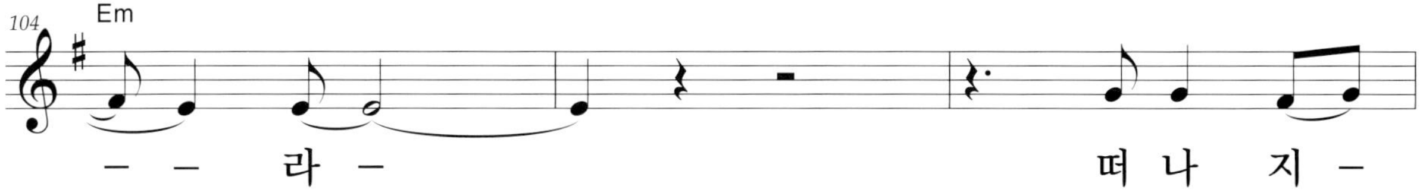
– – 라 – 떠나 지 –

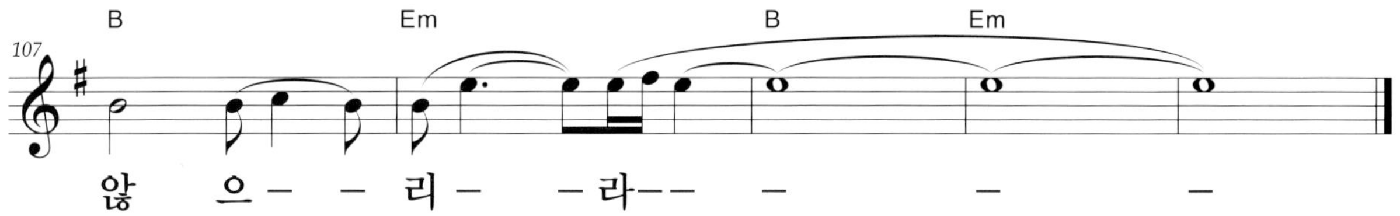
않 으 – 리 – –라– – – – –

십분내로

◆ **작사** : 이병오
◆ **작곡** : 이호섭

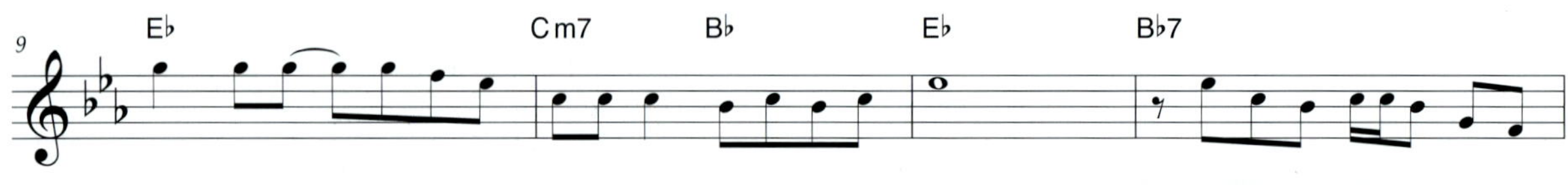

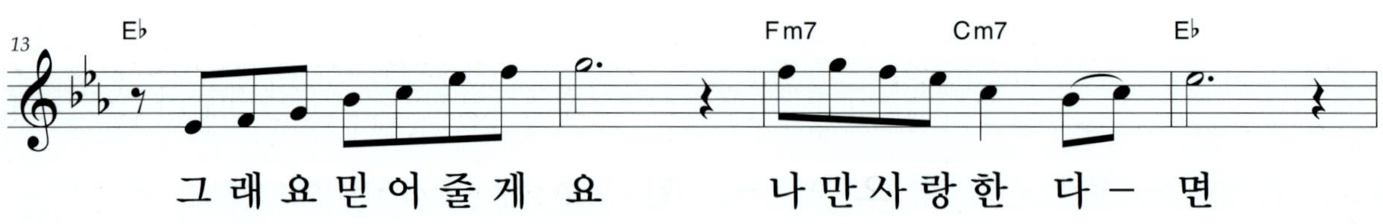

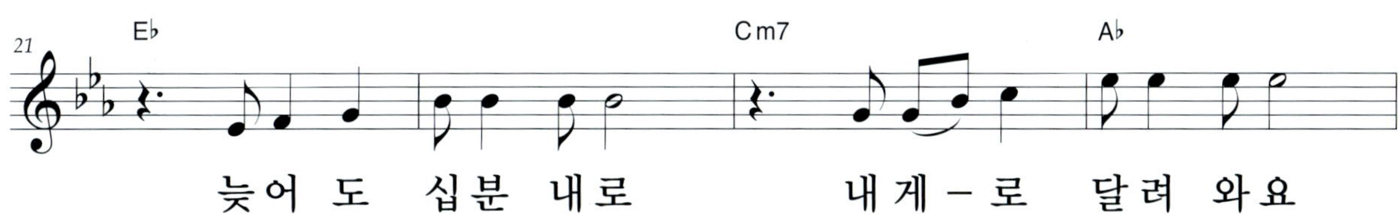

늦어 도 십분 내로   내게 – 로 달려 와요

꾸물대지말고 핑 – 계대지말고   옆길로새지도말 – 고 –

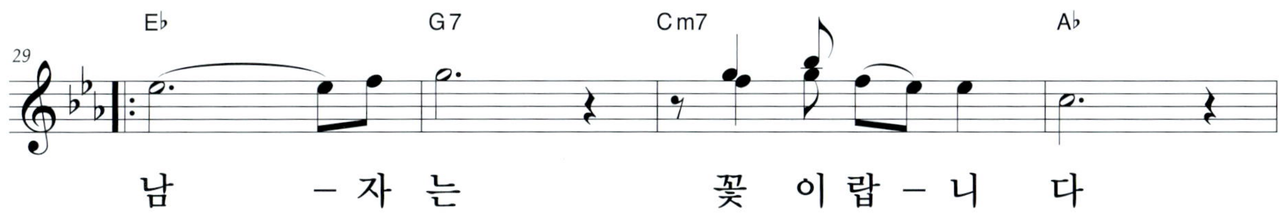

남   – 자 는   꽃 이랍 – 니 다

혼   자 – 두지 – 말아 – – 요 –

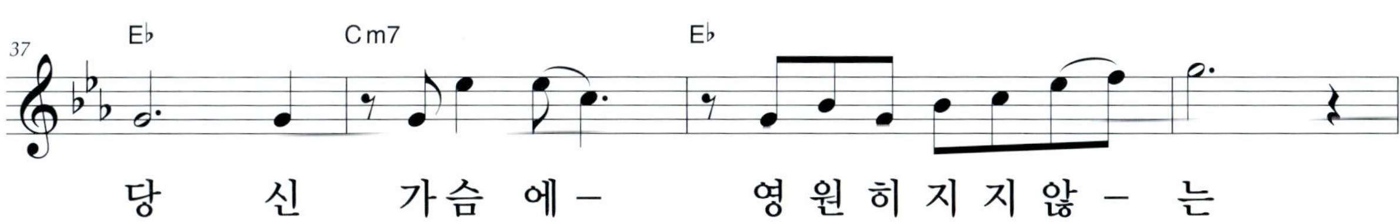

당   신   가슴 에 –   영 원 히 지 지 않 – 는

① 29마디로 가세요
꽃 이 될 – – 래요   십 분 내로 – –

꽃 이 될 – – 래요   십 분내로 – – – –

어느 60대 노부부 이야기

작사 : 김목경
작곡 : 김목경

은 - 그렇 게-흘 러   황혼 에   기 우-는 데

큰 딸아이 결혼 식 날   흘리 던눈물방울 이   이제

는   모 - 두말 라   여보-그눈물을 기억- 하오 -

세월 은 - 그렇 게- 흘

러   여기 까 지 왔-는 데 - - -   인생

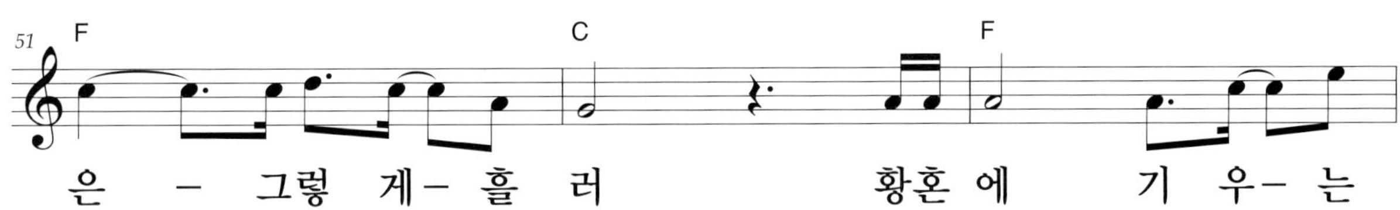
은 - 그렇 게-흘 러   황혼 에   기 우- 는

데   세월 은   그렇 게 흘-러   여기

까   지 왔-는 데 - - -   인생 은   그렇 게 흘-

러   황혼에   기 우 는 데 - - - -

다시못올   그먼 길을   어

찌   혼자가 려   하오   여기 날   홀 로

두고   여보왜 한 마디말   이 없 소

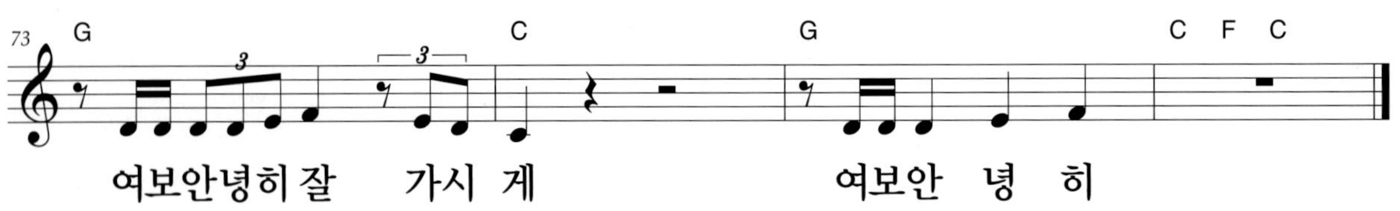
여보안녕히 잘   가시 게   여보안 녕 히

보라빛 엽서

- **작사** : 김연일
- **작곡** : 설운도

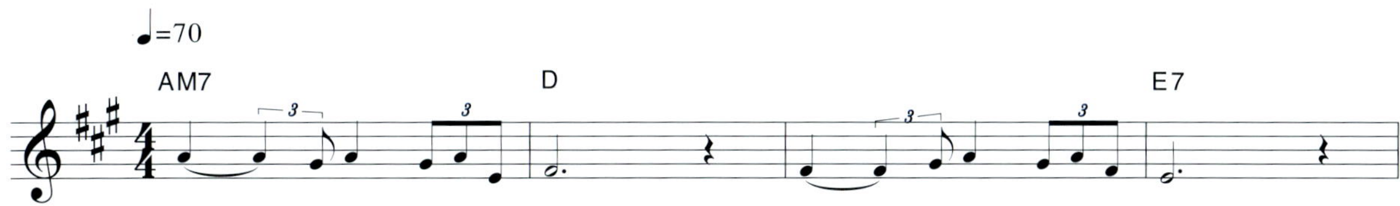

D   A   E7
떠 나 - 버린   당 신 - 마음   붙 잡 - 을수 - 없

A   D   E7
네   오 - 늘도 가버린   당 - 신의   생각

A   D
엔   눈 - 물로 써 - 내려 간

② 45마디로 가세요
A   E7   1. A
얼 - 룩진일 - 기 -장엔 -   다시 못 - 올 - 그대 모

D   E7   A
습   기 다 리 는 사 연 -

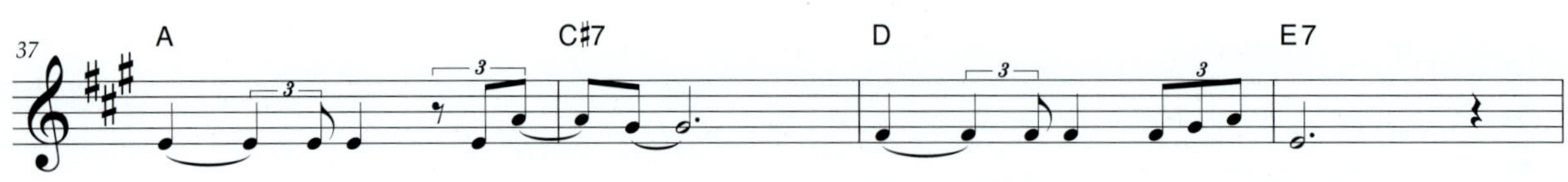
A   C#7   D   E7

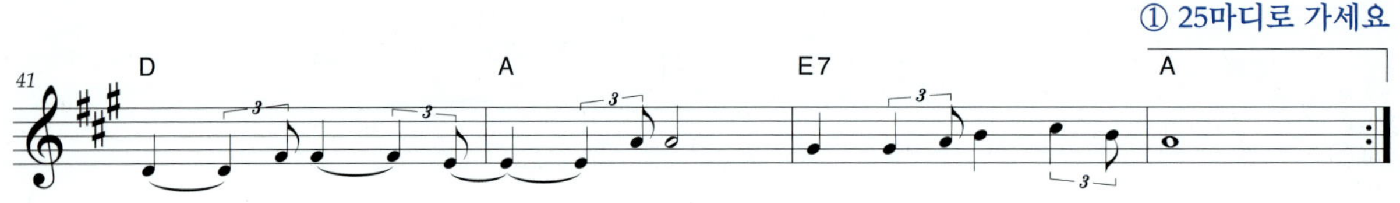
① 25마디로 가세요
D   A   E7   A

118

2. A
D
E7
A
못 － 올－ 그대모 습　　기－다 리 는사 연

A
D
E7
오 － 늘도　가버 린　　당 － 신 의　생각

A
D
에　　　눈 － 물 로 써－내 려 간

A
E7
A
얼 － 룩진일 － 기장엔－　다시못 － － 올－ 그대모

D
E7
A
습　　기 － 다 리 는　사 연 －　　다시

A
D
D/E
E7
못 － 올 그 대 모 습　　기－다 리 －는

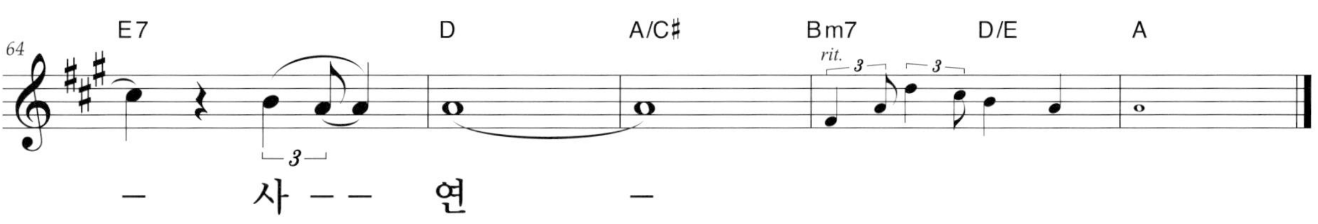
E7
D
A/C♯
Bm7
D/E
A
rit.
－ 사 － － 연　　　 －

울면서 후회하네

◆ **작사** : 안치행
◆ **작곡** : 안치행

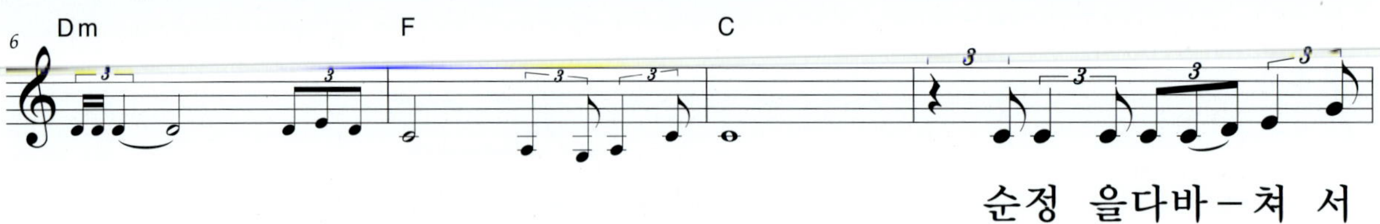

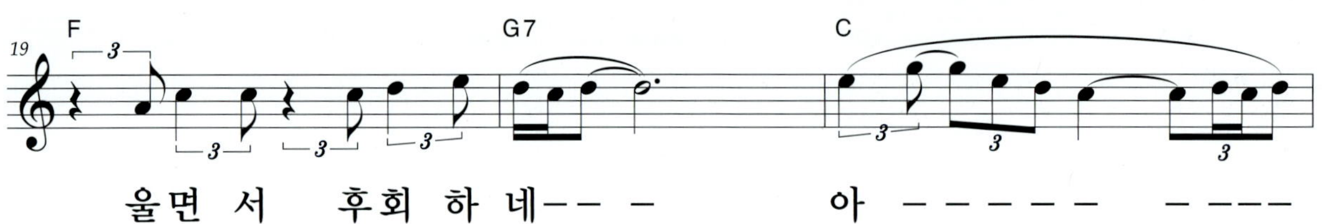

스쳐만지나갈걸   그냥 그대 로있--을 걸   당 신

앞 - 에머뭇거린   내가미-워서   울 - 면서 후회 하

네 - -

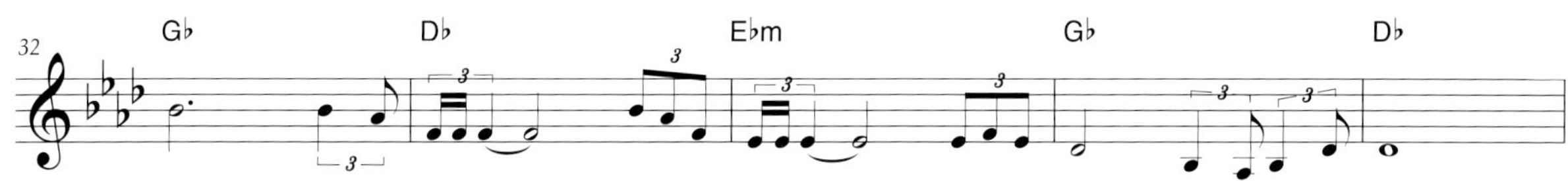

이마 음다 바쳐 서   믿-었던그 -사 람 사랑- 의상처만남기고- 떠

나갔-네-   슬픔 이이렇--게 도   아- 픈것 을-

왜- -몰 -랐 던 -가 -   상 처난내마음을 - -

달랠수도-없-으면 서-   울면 서 후회-하 네-- -

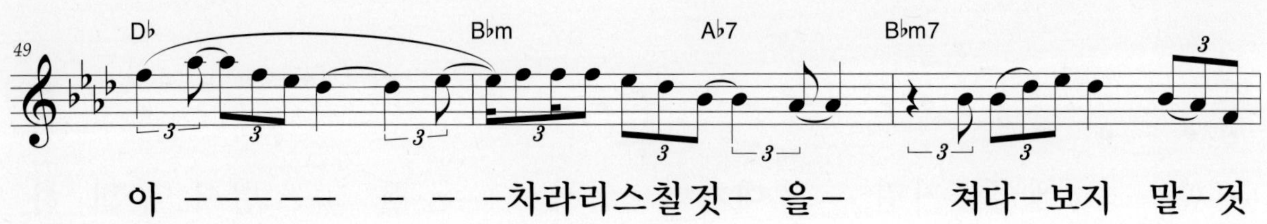

아----- - - -차라리스칠것- 을-   쳐다-보지 말-것

을   당 신 앞 - 에서성거린   내가 미-워서

울 - 면서 후회 -하네-   당 신 앞 - 에머뭇거린

내가미-워서   울 - 면서 후회 하 네

울 - 면서 후회 하 네   울 - 면서

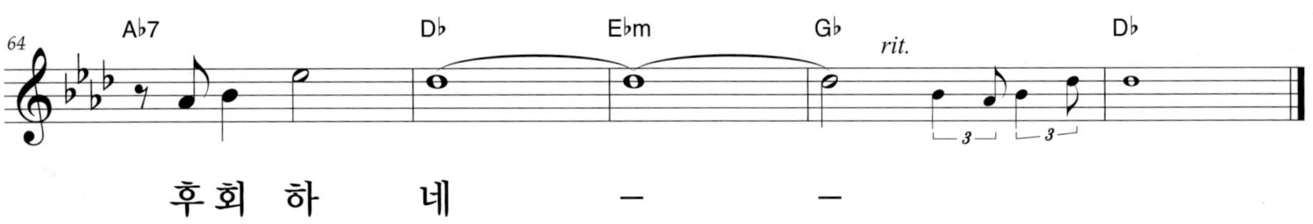

후회 하 네 - -

두 주먹

◆ **작사** : 윤태지
◆ **작곡** : 박현진

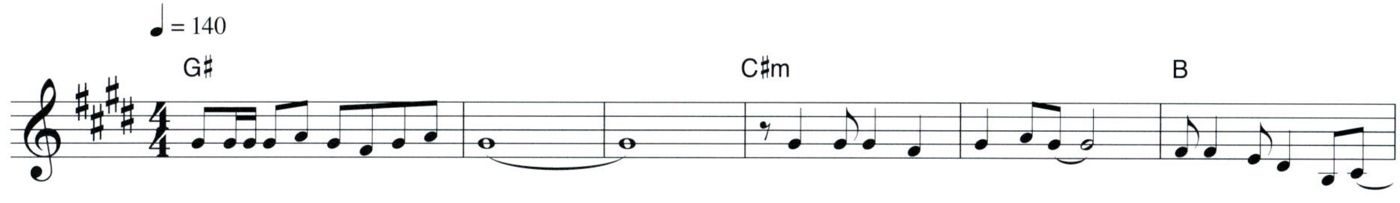

나 에게당 신은   숨 -을쉬는공 기--야
내 가매일 마 시는-   소 중한물이 야
내가슴에집을짓고사 - 는 당신
오 래도록내옆에있 - 어 주 세요
함 께 가 는길이 아 - 무리험 해도
내 가 당신 꼭 - 안고갈 게요
진 -짜진짜사-랑이 -

무 엇 인 가 를 - 당 신 손에 꼭 - 쥐 어주 고 싶
- 어 -
꼭 쥔 주 먹 을 내
- 밀 어 봐--요 - 두 주 먹 을 내가내가- 움
② 80마디로 가세요
- 켜쥐고갈 게요 -
① 17마디로 가세요
두 주 먹 을 내가내가- 꼭 안고갈 게요 -
두 주 먹 을 내가내가- 꼭 안고갈 게요 - 두 주먹

배신자

작사 : 이인섭
작곡 : 김광빈
음원
방송

♩ = 80
D

D   F#m   G
얄 밉 게   떠-난 - 님아 -

DM7   F#m   A7
얄 밉-게 - 떠 난-- 님아 -

Bm   G   Em7   A7
내 청-춘-- 내 순-정을 - 뺏어 버리고 -

D   Em   D
얄 밉 게   떠난 - 님-아 -

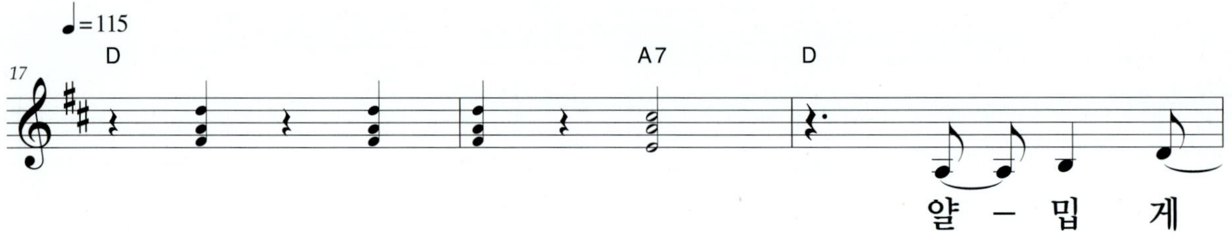

♩ = 115
D   A7   D
얄 - 밉 게

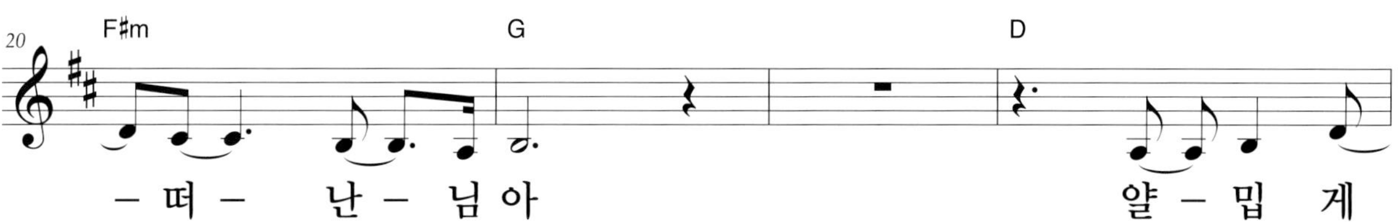

F#m   G   D
떠 난 님아   얄 밉게

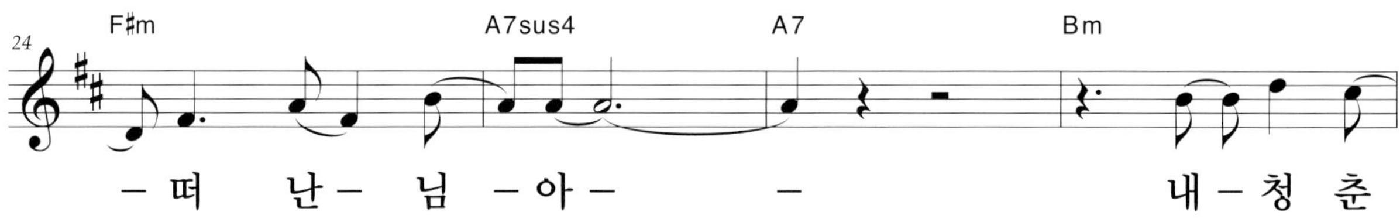

F#m   A7sus4   A7   Bm
떠 난 님 아   내 청춘

GM7   A7
내 순 정을   뺏 어 버 리고

D   A7   D
얄 밉 게 떠 난 님 아

A7   D   G
더 벅 머 리   사 나 이 에   상 처를

G   Bm   D
주 고   너 혼 자 미 련 없 이

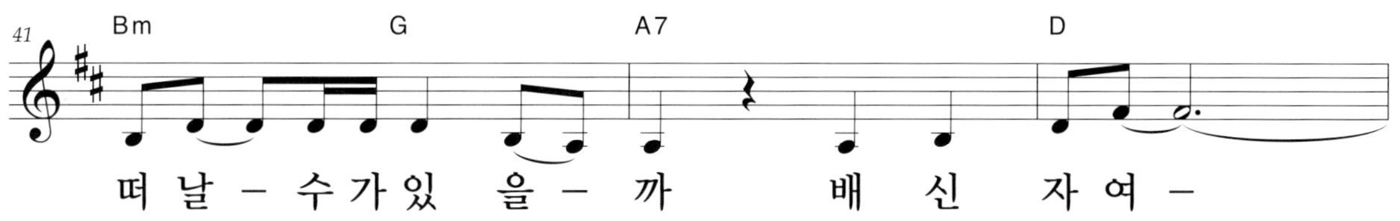

Bm   G   A7   D
떠 날 수가 있 을 까   배 신 자여

배 신 자 - - 여 - - - 사 랑 - 의

배 - - 신 자 - - 여

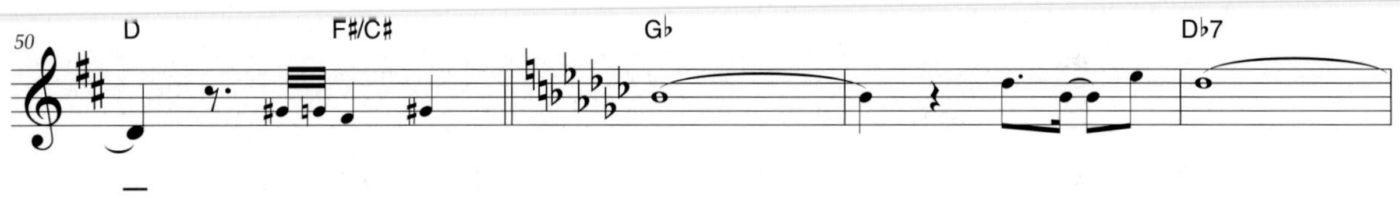
-

얄 - 밉 게 - 떠 - - 난 - 님아 - -

얄 - 밉 게 - 떠 난 - - 님 - 아 - -

내 - 청 춘 - 내 행 복을 - 짓 - 밟아놓 - 고 -

G♭   D♭7   G♭
얄 - 밉 게 - 떠 난 - 님 아

D♭7   G♭   B
더벅 머리   사나이 에   상 - 처를 주고 -

E♭m   G♭   E♭m   C♭   D♭7
너혼 자 미 련없 이 돌아서서가 는 - 가   배 신

G♭   D♭7
자 여 - - 배신 자 - 여 - - 사 랑 - 의

② 91마디로 가세요   ① 75마디로 가세요
G♭   D♭7   G♭   1. G♭
배 - - 신 자 - 여 -

2. G♭   D♭7   C♭
- 사 랑 - 의 배 - - 신 - 자 -

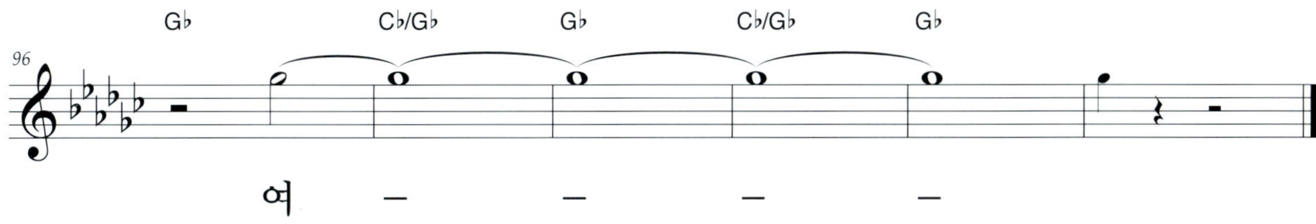

G♭   C♭/G♭   G♭   C♭/G♭   G♭
여 - - - -

영영

◆ **작사** : 나훈아
◆ **작곡** : 나훈아

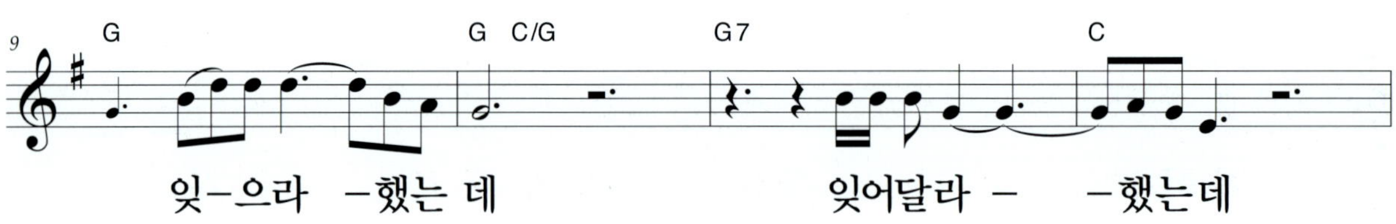

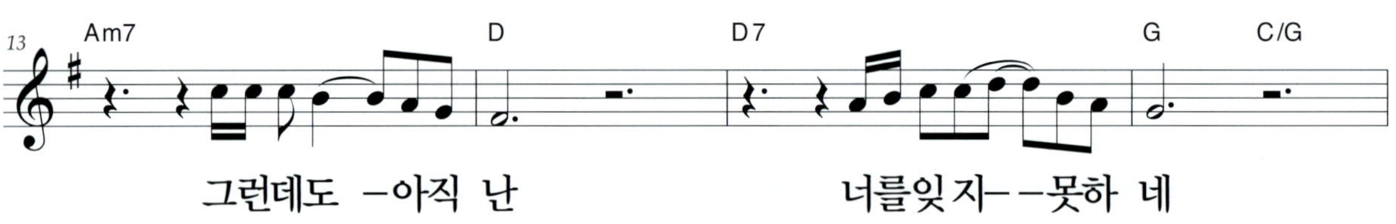

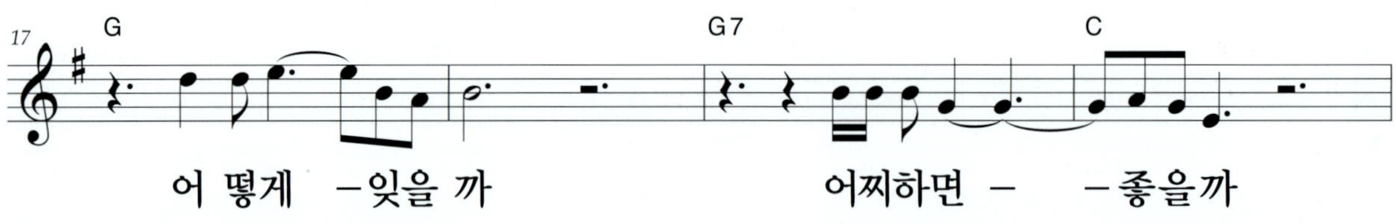

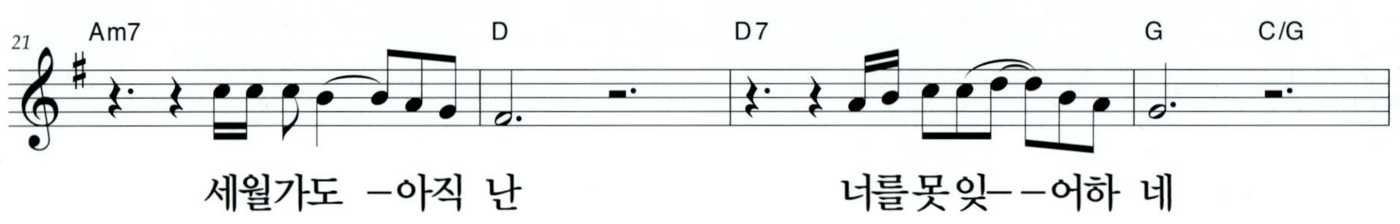

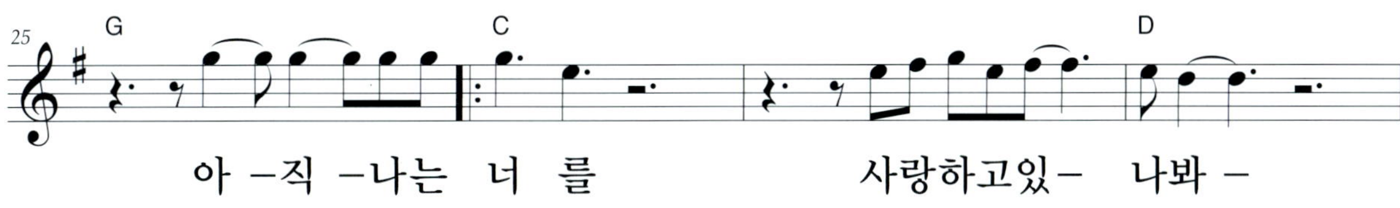

아 -직 -나는 너 를   사랑하고있 - 나봐 -

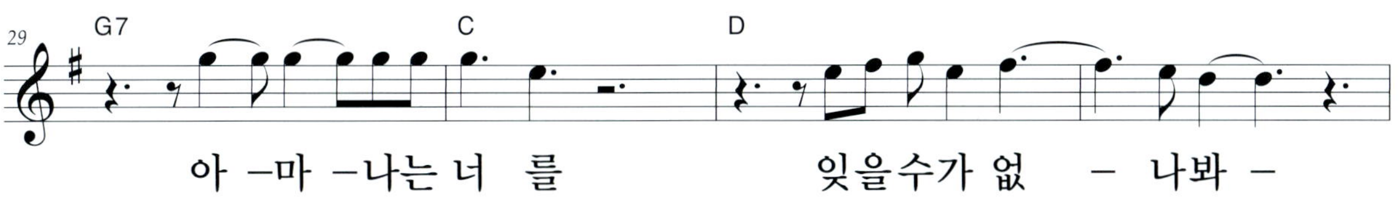

아 -마 -나는너 를   잊을수가없 - 나봐 -

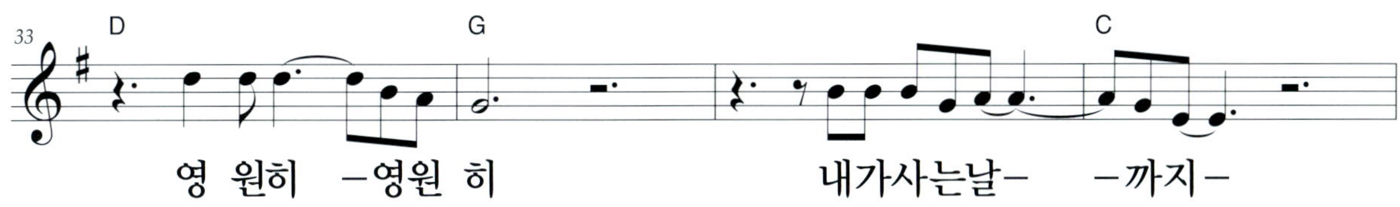

영 원히 -영원 히   내가사는날- -까지-

② 50마디로 가세요
아 니내가 - -죽어도   영영 -못잊- -을거야

1.

① 26마디로 가세요
아 -직 -나는

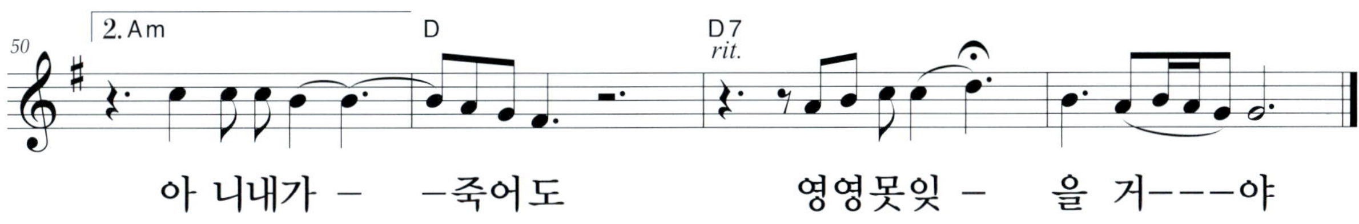

2.
rit.
아 니내가 - -죽어도   영영못잊 - 을 거---야

연모

작사 : 김병걸
작곡 : 이동훈

시 간 은 　 －우－리－편이 　 아니라－ 해도

이제와－ －왔 던－길을 　 바꿀－수있나－ 　 천 　 번이고－
이제와－ －가 는－길을 　 멈출－수있나－

만－－번－ 이고 　 내마 음 － 물어보－ 지만

당－신을 －떠나－－서는 　 나도없－ 다고 　 뜨거 운 가 슴이－말하
뜨거 운 눈 물이－말하

② 31마디로 가세요

1.
네
네

① 7마디로 가세요
2. F
뜨거 운 가 슴이－말 하

rit.
네

Chapter 3

사랑의 콜센타

사연 속에 담긴 영웅의 노래

사랑해 누나 곰배령
질풍가도 서울의 달
잊었니 붉은 입술
서른 즈음에 사랑이 이런 건가요
애상 버스 한대
어떤이의 꿈 한잔의 눈물
행운을 드립니다 가지마
효도합시다 죽는 시늉
다시 사랑한다면 애모
마법의 성 그런 사람 또 없습니다
날 울린 당신 빈지게
단 한사람 그 겨울의 찻집
난 정말 몰랐었네 잃어버린 30년
어느날 문득 이별
엄마의 노래 사랑
상사화 사랑은 연필로 쓰세요
가슴은 알죠 미운 사랑
사랑할 나이 그날들
빗속을 둘이서 Q
비상 울릉도 트위스트
나쁜남자 젊음의 노트
노래는 나의 인생 고향으로 가는 배
바보같지만 세월 베고 길게 누운 구름 한 조각
아로하

사랑해 누나

◆ **작사** : 김길래 외 1명
◆ **작곡** : 한정민

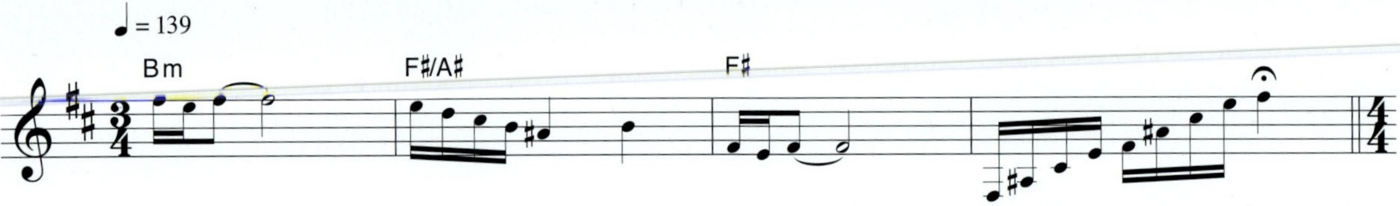

18
Bm
Em
여 자 라 – 지 예 쁘 면 다 그 래 –

21
F#7
Bm
번 덕 스 런 누 나 의 마 음 모 – 르 겠 어

24
Bm
G
3
– – – – 백 번 을 잘 해 주 고 – 한 번 을

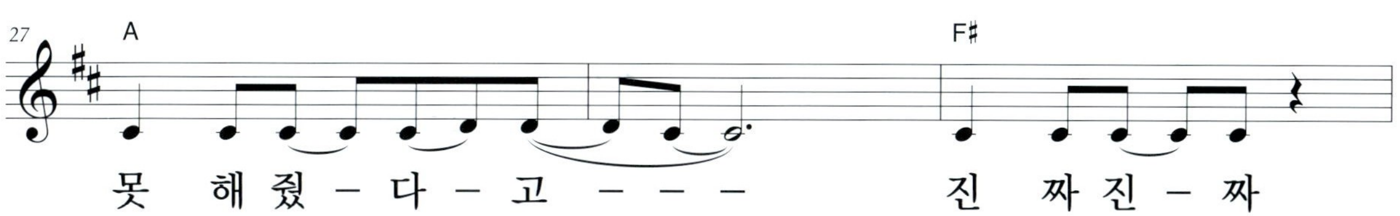
27
A
F#
못 해 줬 – 다 – 고 – – – 진 짜 진 – 짜

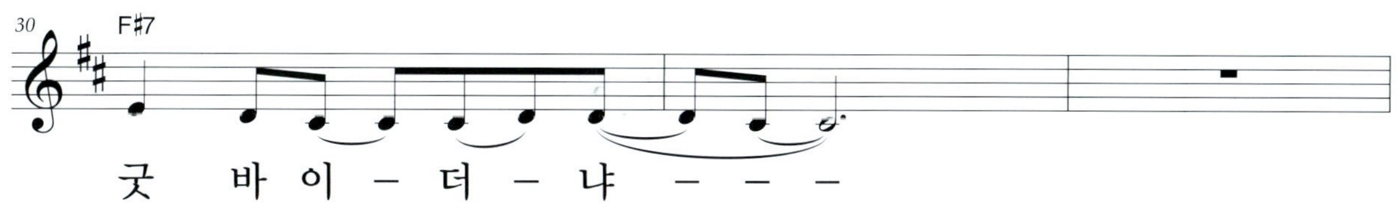
30
F#7
굿 바 이 – 더 – 냐 – – –

33
Bm
A
누 나 누 – 나 사 – 랑 해 누 나 한 번 만 안 아 줘 요

36
A
Em
– 한 번 만 안 아 줘 요 누 나 를 떠 나 라 는 – 말 빼 곤

다 해줄 게요 - - - 나 - 만 믿어요 잘

- 해줄게요 누나의 영원한기 - 사될 게요

② 57마디로 가세요
사 랑 해 누 나 한 번 만 안 아 줘 요 -

1. Bm

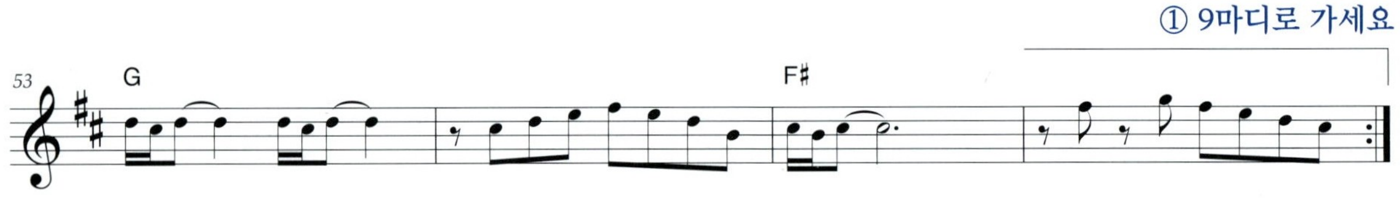

① 9마디로 가세요

2. F#
사 랑 해 누 나 한 번 만 안 아 줘 요 -

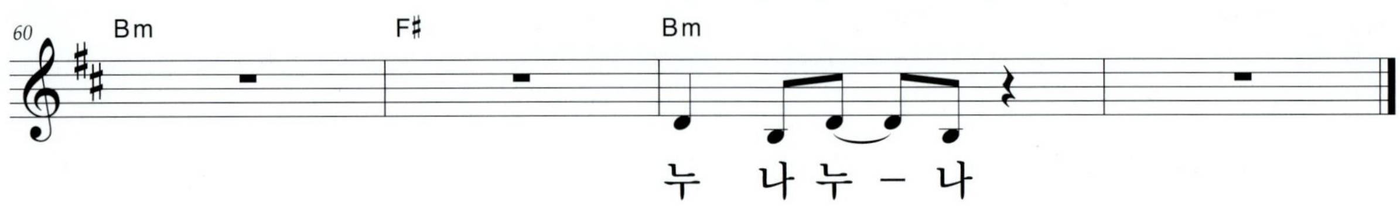

누 나 누 - 나

질풍가도

◆ **작사** : 신동식
◆ **작곡** : 박정식

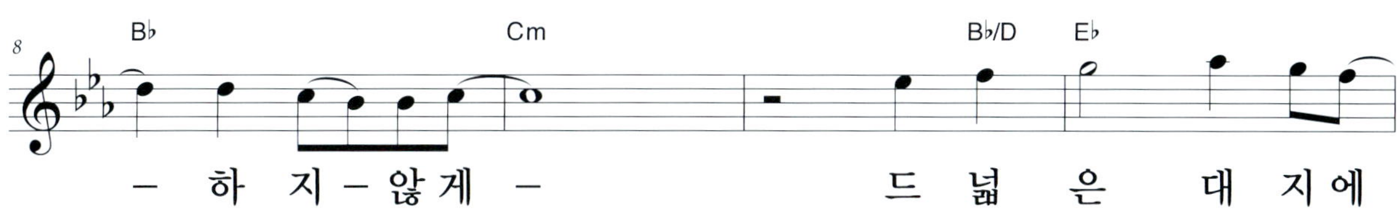

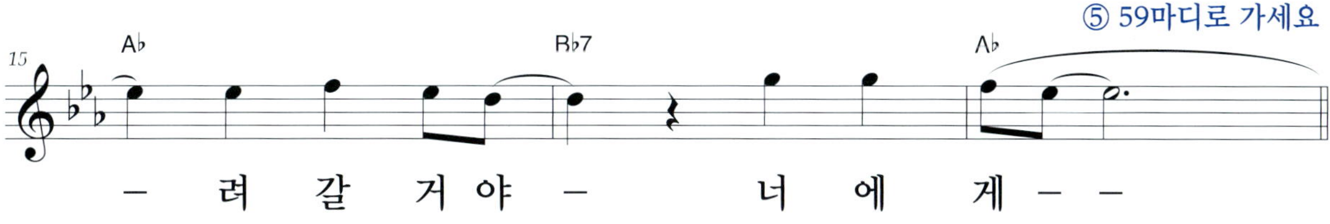

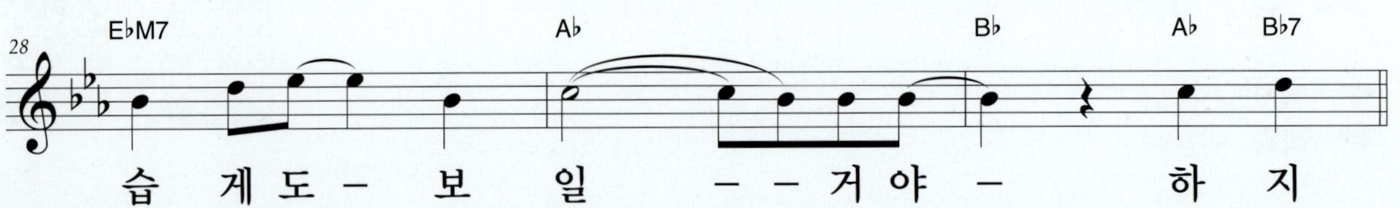

습 게 도 – 보 일 – – 거 야 – 하 지

만 – 내게주 – 어진 – 무 거 운 운 – 명에
에 – 도 전 하 – 는게 – 외 로 울 지 – 라도

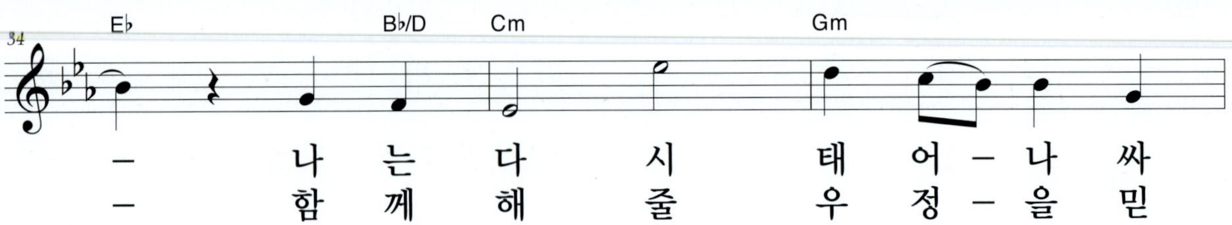

– 나 는 다 시 태 어 – 나 싸
– 함 께 해 줄 우 정 – 을 믿
① 3마디로 가세요
④ 3마디로 가세요

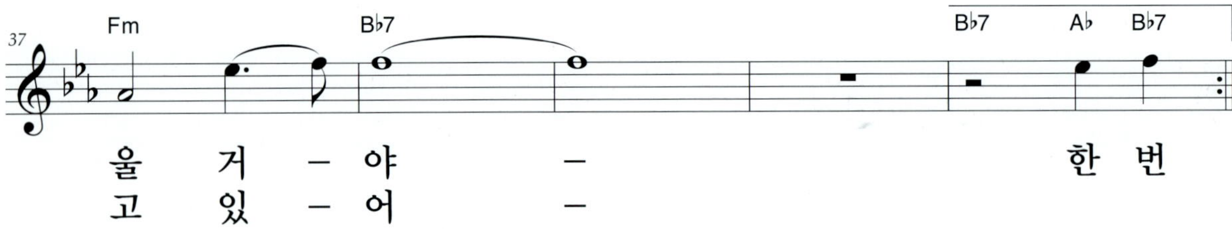

울 거 – 야 – 한 번
고 있 – 어 –

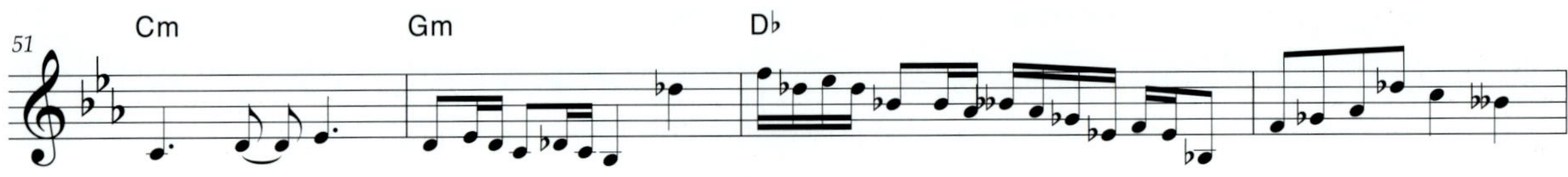

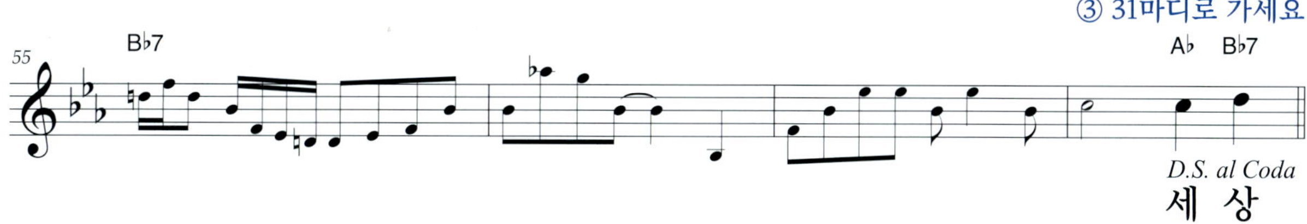
B♭7
A♭ B♭7
D.S. al Coda
세 상

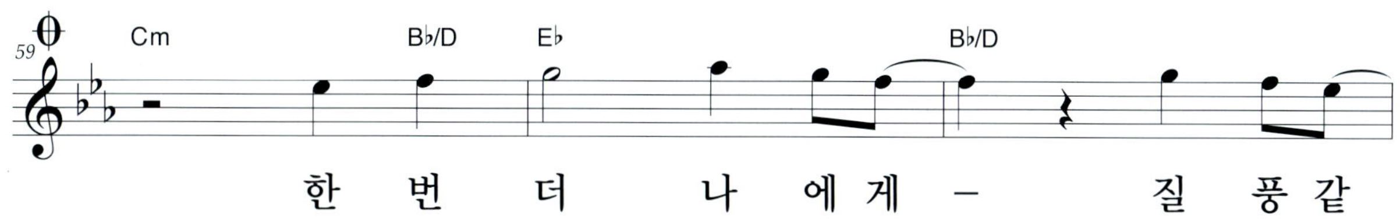
Cm
B♭/D
E♭
B♭/D
한 번 더 나 에게 — 질 풍 같

Cm
Gm
A♭
— 은 용 — 기를 — 거 친파 — 도 에 도굴

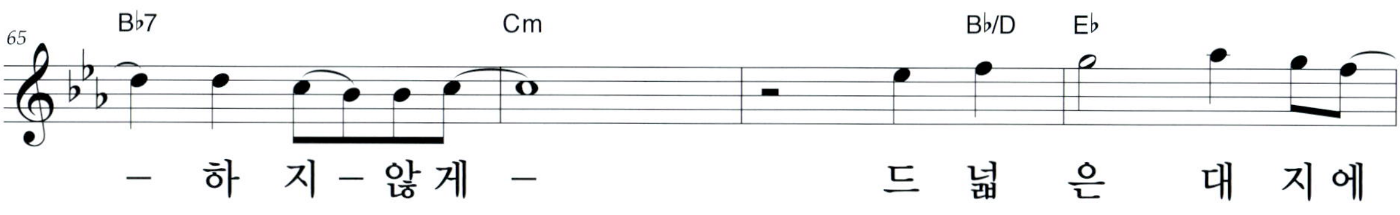
B♭7
Cm
B♭/D
E♭
— 하 지 — 않게 — 드 넓 은 대 지에

B♭/D
Cm
Gm
— 다 시새 — 길 희 — 망을 — 안 고달

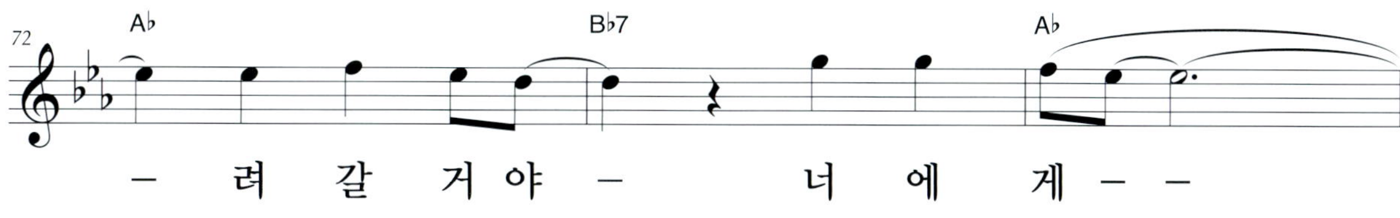
A♭
B♭7
A♭
— 려 갈 거 야 — 너 에 게 — —

A♭
E♭
— — 너 에 게

잊었니

◆ 작사 : 홍진영
◆ 작곡 : 홍진영

♩ = 90

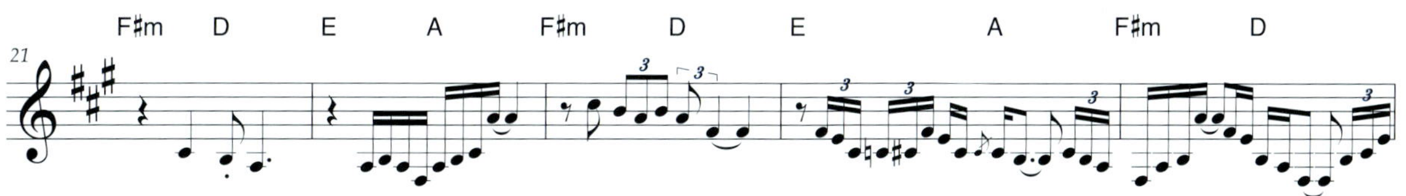

F#m D E A F#m D E A F#m D
21

② 9마디로 가세요

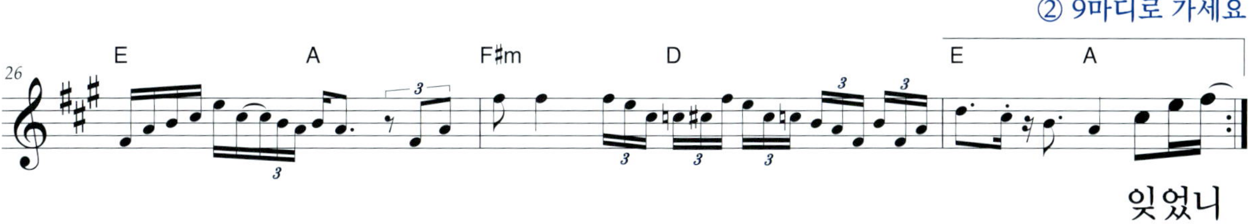

E A F#m D E A
26
잊었니

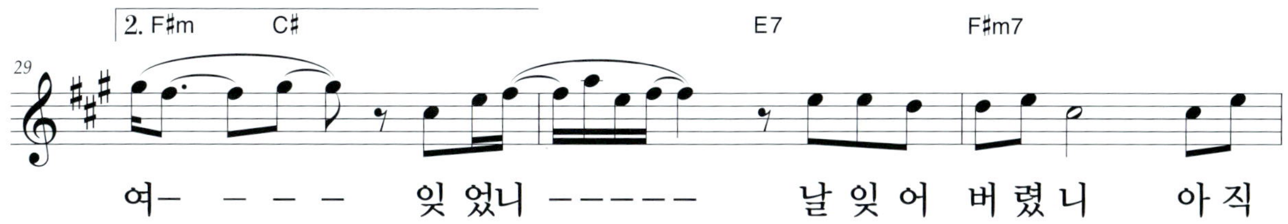

2. F#m C# E7 F#m7
29
여 - - - - 잊 었니 - - - - - 날 잊 어 버 렸니 아 직

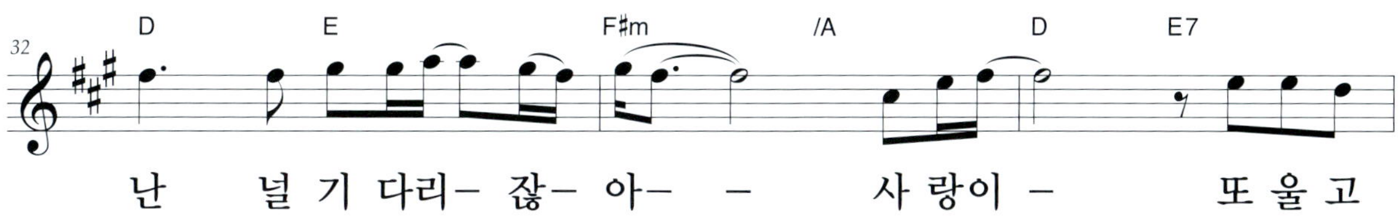

D E F#m /A D E7
32
난 널 기 다 리- 잖- 아- - 사 랑이 - 또 울고

F#m7 D E F#m C#
35
있 잖아- 가 슴엔 - - - 늘 눈 물이- 고- 여- - - -

F#m D E A F#m D
38
지 워도- 자 꾸 지 우려-해 도 그대얼 굴 이자-꾸

④ 38마디로 가세요

E A N.C.
41
떠 오르-- 네 요 그대얼 굴 이자-꾸 떠 오르-- 네 요

서른 즈음에

작사 : 강승원
작곡 : 강승원

어 디에 내가 떠나 보낸것– 도아 닌 데

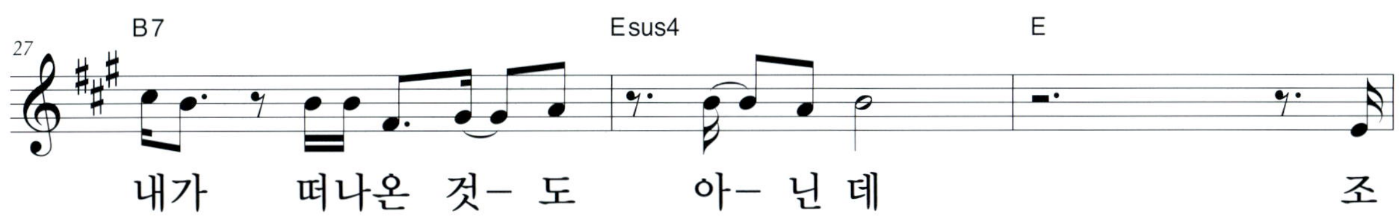
내가 떠나온 것– 도 아– 닌 데 조

금 씩 잊혀져– 간 다 머 물 러있– 는 사 랑인– 줄

알 았 는 데 또하 루 멀 어 져간 다 매 일

② 44마디로 가세요
이 별 하 며 살 고 있 구 나 매 일 이 별 하 며 살 고 있 구

① 13마디로 가세요
나 점

이 별 하 며 살 고 있 구 나 –

애상

음원
방송

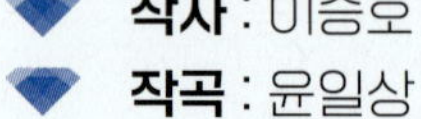

작사 : 이승호
작곡 : 윤일상

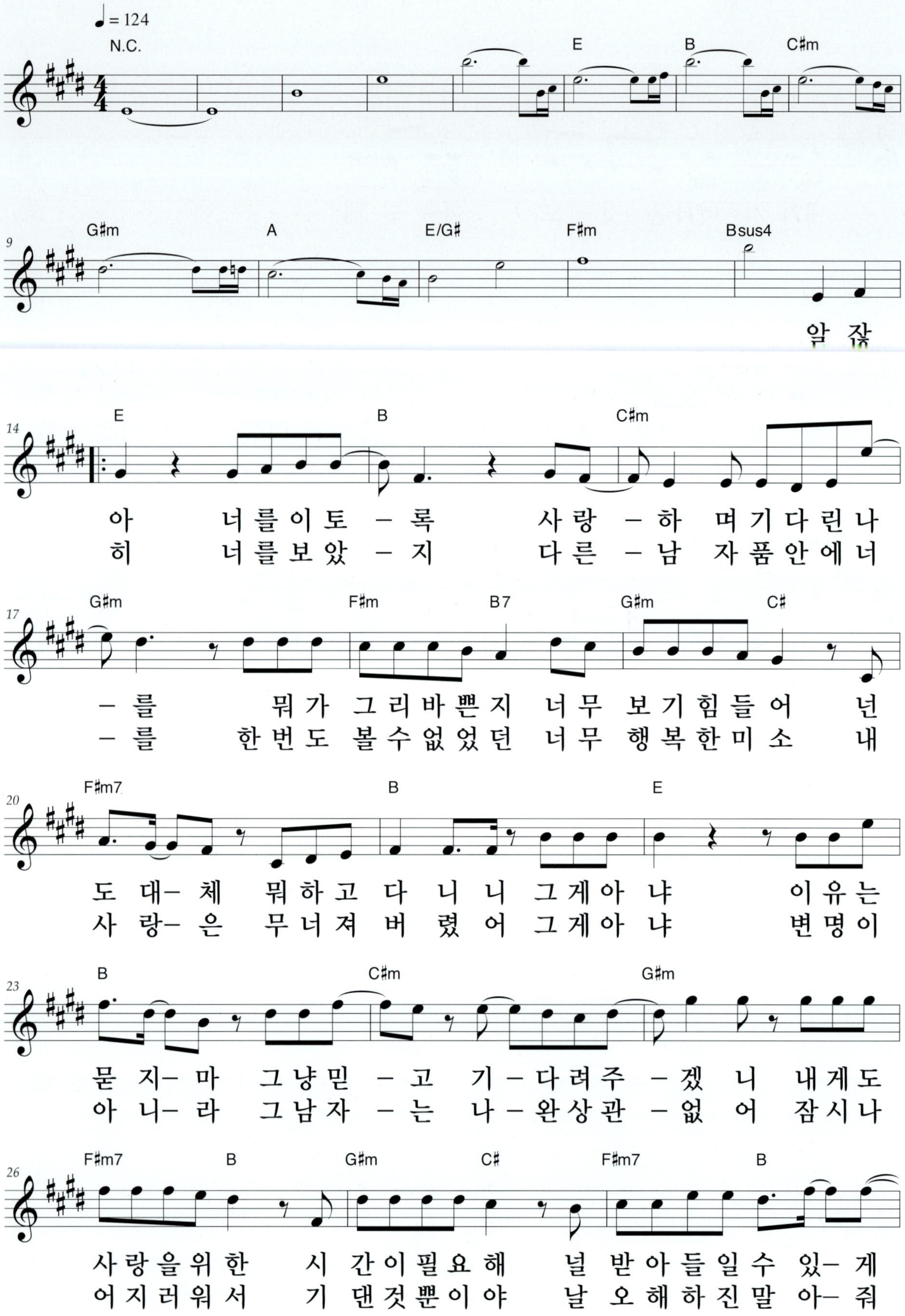

아   너를이토 - 록   사 랑 - 하 며 기 다 린 나
히   너를보았 - 지   다 른 - 남 자 품 안 에 너

- 를   뭐 가 그 리 바 쁜 지 너 무 보 기 힘 들 어   넌
- 를   한 번 도 볼 수 없 었 던 너 무 행 복 한 미 소   내

도 대 - 체 뭐 하 고 다 니 니 그 게 아 냐   이 유 는
사 랑 - 은 무 너 져 버 렸 어 그 게 아 냐   변 명 이

묻 지 - 마 그 냥 믿 - 고 기 - 다 려 주 - 겠 니 내게도
아 니 - 라 그 남 자 - 는 나 - 완 상 관 - 없 어 잠 시 나

사 랑 을 위 한   시 간 이 필 요 해   널 받 아 들 일 수 있 - 게
어 지 러 워 서   기 댄 것 뿐 이 야   날 오 해 하 진 말 아 - 줘

E   A   B   G#m   C#   F#m   B7
一一一 일부一러 피 하 는 거一니 一 삐삐쳐도아무소식
一一一 나 역一시 많 은 여자一들 一 만났다가헤어져도

E   E7   Am/C   Am   G#m7   C#
없 는一너 一 싫 으 면 그 냥 싫 다 고一一
봤 지一만 一 한 꺼번一에많은 여 자 를一一

F#m7   B   E
솔 직 하 게 말 해一봐 一 말 리 지 마 내 이 런
만 난 적 은 없 었一어 一 네 가 뭔 데 날 아 프

B   C#m   G#m
사 랑一을 너 만 보 一면 미一칠것같 一은 이一맘을누
게 하一니 너 때 문 一에 상一처 돼 버 一린 내一사 랑 이

F#m   B   G#m   C#   F#m7
一가 알 겠 어 웨 딩 드 레 스 입 은 네 곁 에 다른 사 람 一이
一제 다 시 는 너 의 헛 된 만 남 도 나 같 은 사람 없 을一걸

B   E   B
一 난 두 려 워 나 보 다 더 멋一진 그 런 남
一 난 두 려 워 나 역 시 다 시一는 이 런 사

C#m   G#m   F#m   B
一자 네一가 만 날 一까 봐 아 니 야 그 렇 지 않 아 정 말
一랑 할一수 없 을 一까 봐 믿 을 수 없 겠 지 만 은 네 가

② 62마디로 가세요
① 14마디로 가세요
1. E
2. E
G#m C#m F#m B B C#m G#m F#m B G#m C#m F#m B7 F#m B G#m C# F#m B E

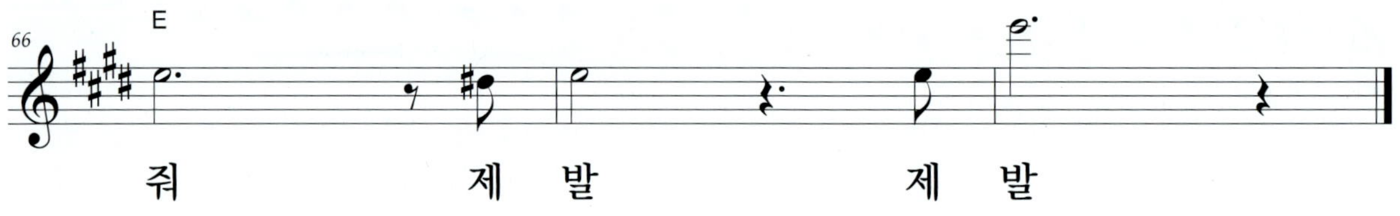
너 하 나 뿐 야   속 는 셈 치 고 한 번 믿 어 봐   내눈
첫 사 랑 인 데   떠 나 버 리 면 어 떡 하 라
에 는 너 무 이 쁜 그 녀 를   자 랑 스 레 친 구 에 게 보 여 줬 지   그
친 구 내 - 게 미 안 하 다 며   그 녀 애 길 싸 그 리 다 했 지   그 녀
만 난 많 - 은 남 자 중 에   내 친 구 만 - 도 여 러 명 이 야   말 도
안 돼 믿 을 수 없 어 혹 시   쌍 둥 이 구
우 연
사 랑 까 지 는 바 라 지 도 않 을 게   네 곁 에 항 상 있 게 만 해
쥐   제 발   제 발

어떤이의 꿈

작사 : 김종진
작곡 : 김종진

Ebm7
어 떤 이 는
는
꿈 을 잊 은 채 로
꿈 을 간 직 하 고

Ebm7   Abm
살 고 -
어 떤 이 는

Abm7   Fbm7
남 의 꿈 을 뺏 고 살 며 -
다 른 이
다 른 이

B7   Bb7   Ebm7
는   꿈 은 -   없 는 거 라 하 네
는   꿈 은 -   이 런 거 라 하 네

Ebm7   Abm7   Gb
세 상 에 이 처 럼 많 은 사 람 들 과   세

Fm7(b5)   Bb7   Ebm   Abm7
상 에 이 처 럼 많 은 개 성 - 들 저 마 다 자 기 가 옳 다 말 을

Gb   Fm7(b5)   Bb7
하 고   꿈 이 란   이 런 거 라 말 하 지 만 -

150

② 53마디로 가세요

① 21마디로 가세요

행운을 드립니다

- **작사** : 김용만
- **작곡** : 김용만

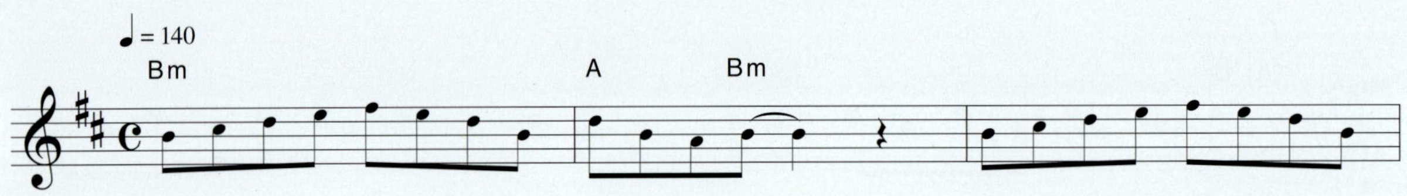

② 43마디로 가세요

즐 거 움 을 - 나눠주죠 -   에루 화둥 실 - 두둥 실 -

두리두리둥 실 두둥 실 -   내 일 향 한 - 소년에겐 -

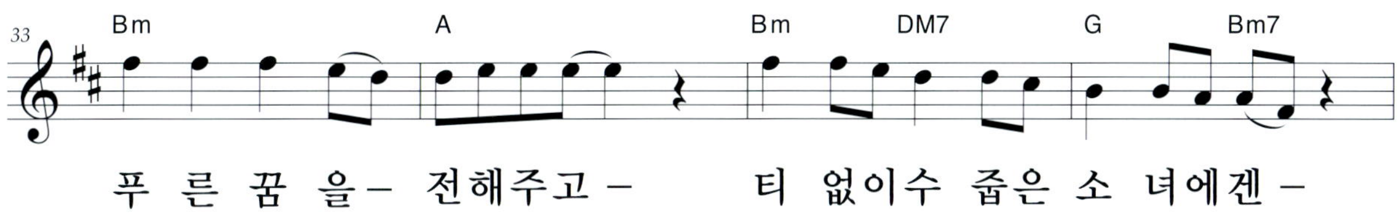
푸 른 꿈 을 - 전해주고 -   티 없이수 줍은 소 녀에겐 -

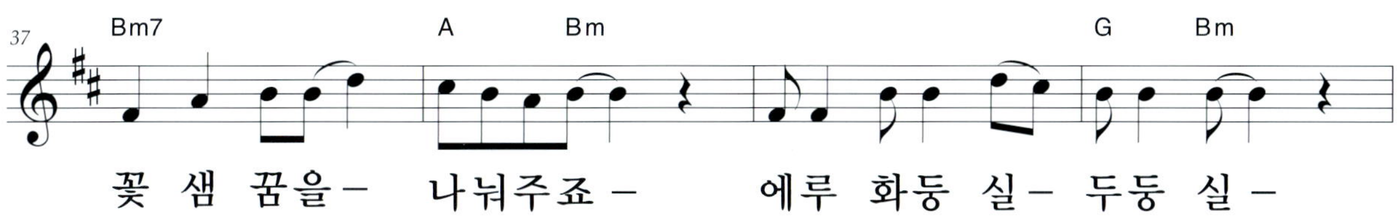
꽃 샘 꿈을 - 나눠주죠 -   에루 화둥 실 - 두둥 실 -

① 9마디로 가세요
2.D
두리두리둥 실 두둥 실 -

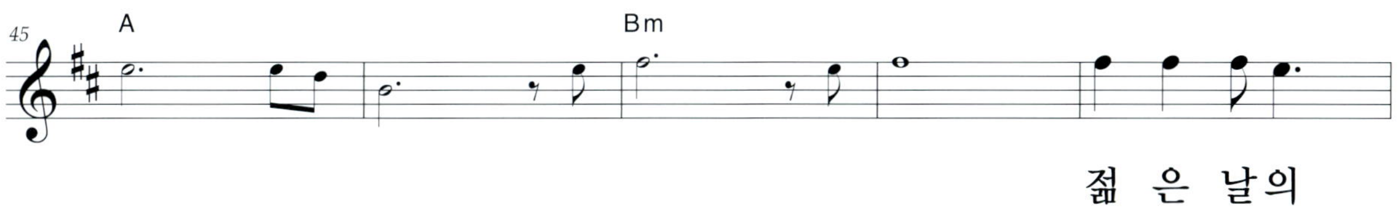
젊 은 날의

연인에게 -   미래 의꿈 을 - 전해주고 -   신 혼 - 부 부 -

신 방에는   행복 의열 쇠- 나눠주죠-   에루 화둥 실-
두둥 실-   두리두리둥 실 두둥 실-   인 심 좋은-
할아버님 껜   불 로 장 수를 드리옵고-   마 음-좋 은-
할머님에 겐   만 수무 강- 드립니다-   에루 화둥 실-
두둥 실-   두리두리둥 실 두둥 실-   행 운을- -
드립니다   여러분께드 립니 다-   삼 태 기로   퍼 드립 니-
다   삼 태 기로   퍼 드립 니- 다   -

효도합시다

◆ **작사** : 김지환 외 1명
◆ **작곡** : 김지환 외 1명

♩ = 137

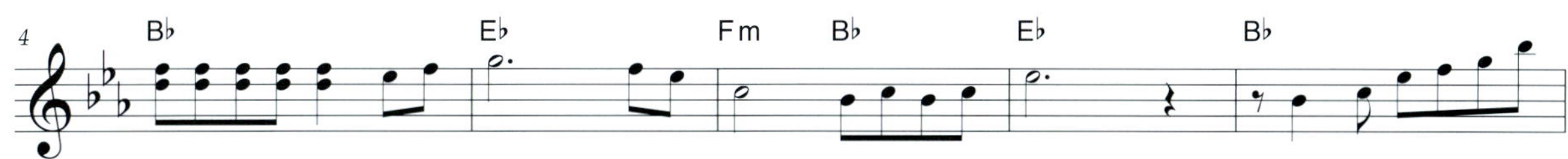

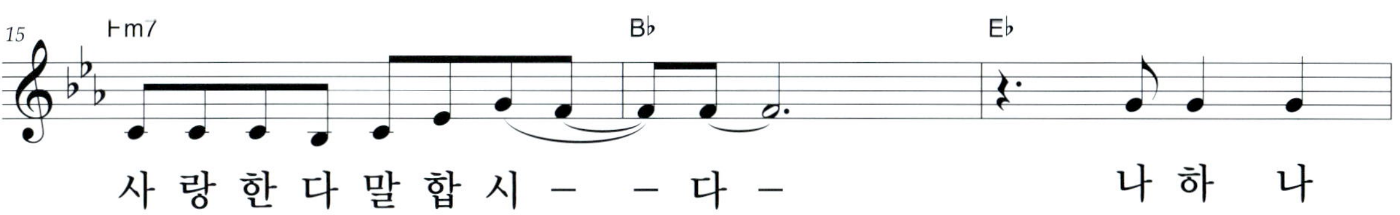

계절 - 이 지 나 - 면

돌 아 오 지 - 만 당 - 신 의

세 월 - 은 멀 어 져 가 - 네

당 신 - 과 매 일 - 이 이 별 하 는 -

날 이 제 - 라 도 잘 해 야 지

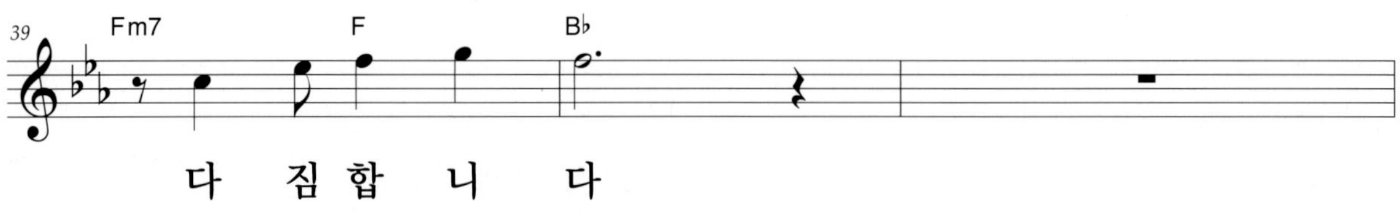

다 짐 합 니 다

여 러 분 - 여 러 분 - 효 도 합 시 다

Cm   B♭   A♭   E♭/G
사 는 - 게 바 빠 - 도

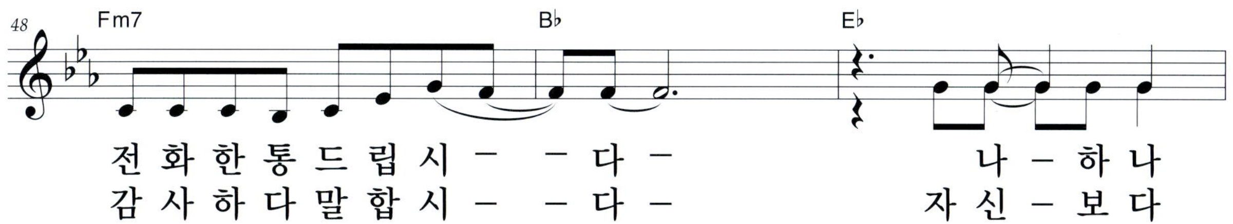

Fm7   B♭   E♭
전 화 한 통 드 립 시 - - 다 -   나 - 하 나
감 사 하 다 말 합 시 - - 다 -   자 신 - 보 다

Gm7/D   Cm   E♭/B♭
보   면 서   살 아 온 당 신 - -
날   먼 저   지 켜 준 당 신 - -

Fm   B♭   E♭   ② 66마디로 가세요
늦 기 전 에   효 도 합 시 - - 다 -   -
미 안 해 요   사 랑 합 니 - - 다 -   -

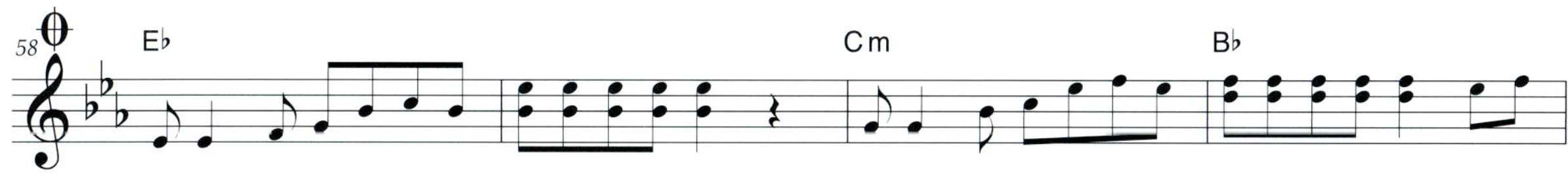

E♭   Cm   B♭

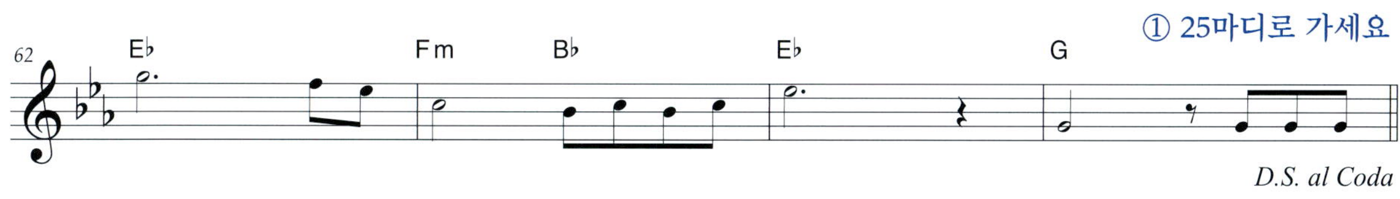

E♭   Fm   B♭   E♭   G   ① 25마디로 가세요
D.S. al Coda

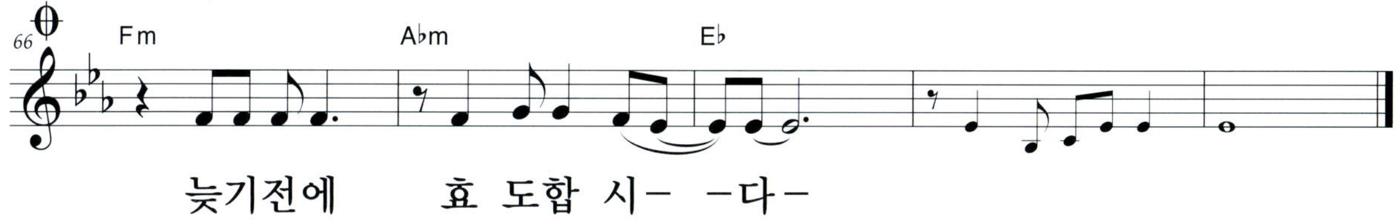

Fm   A♭m   E♭
늦 기 전 에   효 도 합 시 - - 다 -

다시 사랑한다면

◆ **작사** : 강은경
◆ **작곡** : 김태원

② 41마디로 가세요

이별이－와도－ 서로큰아픔－없이－ 돌아설수있－을만 큼－
시간이－흘러－ 서로잊고지－내도－ 지난날을회－상하 며－

버려도되는－ 가 벼운추－억－만 서 로의가슴－－에－ 만
그때도이건－ 사 랑이었－다－고 말 할수있다－－면－ 그

들 기로－해요－ 이 젠 알아요－ 너무깊 은사－랑 은－ 외려
걸 로된－거죠－

슬픈마－지막－을－ 가 져온다－는－걸－ 그 대여빌－게요－ 다음

번 의사－랑 은 우리 같 지않－ 길 부디 아 픔이－없 이

나 － － － － － － － － 꼭나 보 다 더 － 행 복 해

－ 져 야－－ － 만 해

① 13마디로 가세요

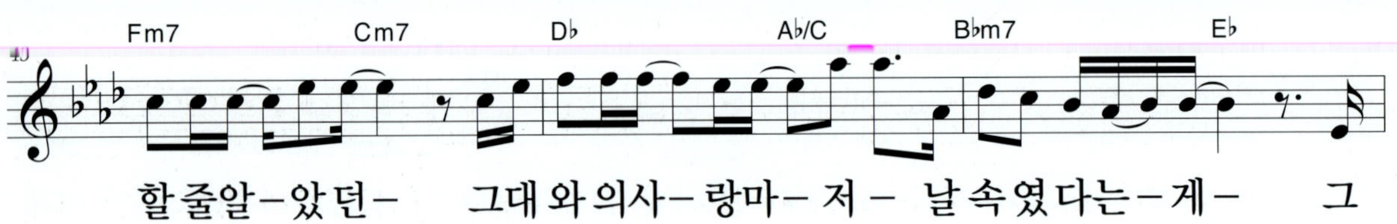

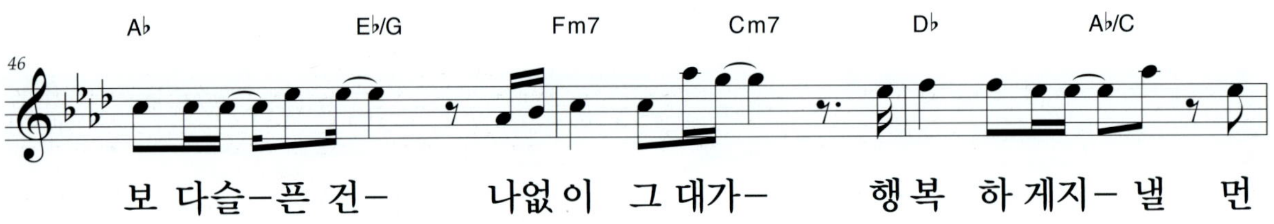

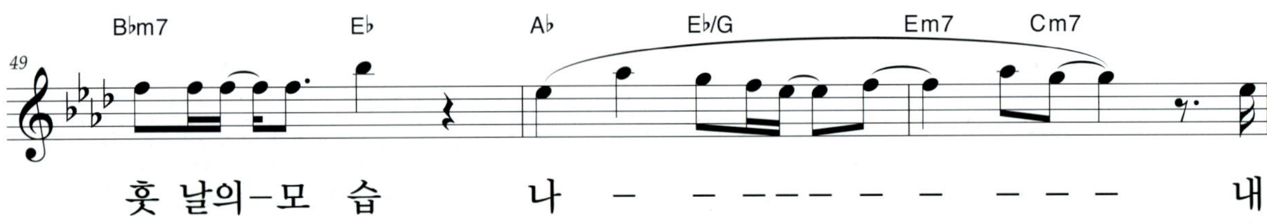

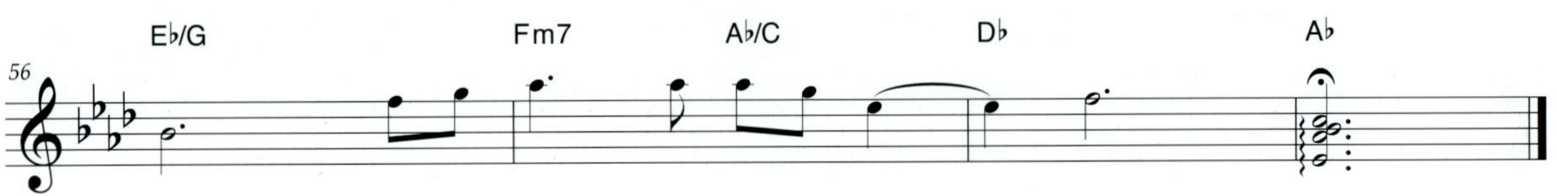

160

마법의 성

◆ **작사** : 김광진
◆ **작곡** : 김광진

마 법 에 빠 진 공 주 란 걸   언 제 나 - 너 를 향

한 몸 짓 엔 - 수많은 어 려움 - 뿐이 - 지 만   그 러 나

- 언 제 나 - 굳 은 다 짐 뿐 이 죠 - 다 시 너 를 구 하 고 - 말 거 라

고   두 손 을 - 모 아   기 도 했 죠 끝 없 는

용 기 와 - 지 혤 달 - 라 고 -   마 법 의 - 성 을 지 나 - 늪 을 건

- 너   어 둠 의 동 굴 속 멀 - 리 그 대 가 - 보 - 여   이 제

나 의 손 을 잡 아 보 - 아 - - 요   우 리

162

② 51마디로 가세요

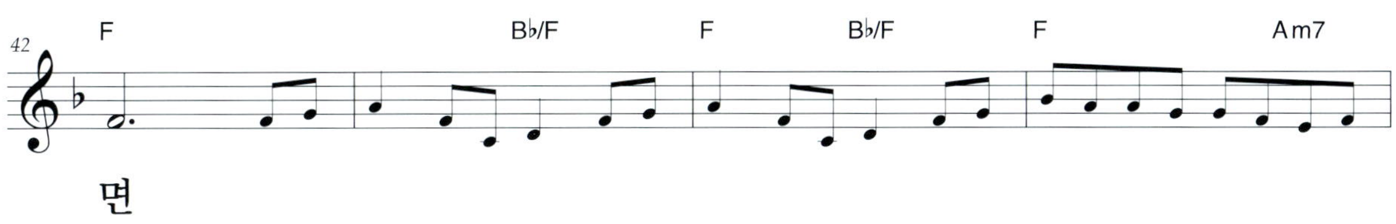

① 26마디로 가세요

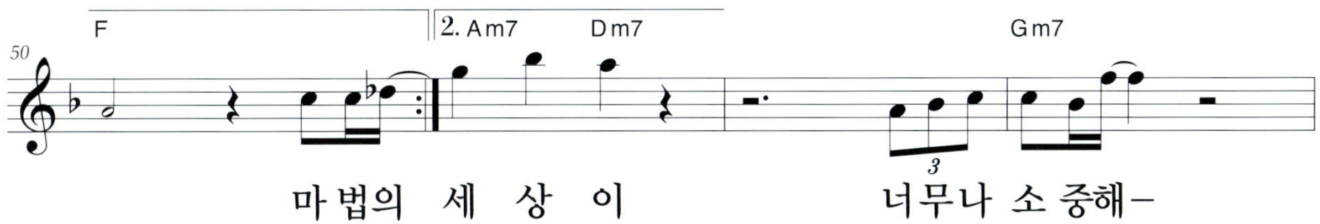

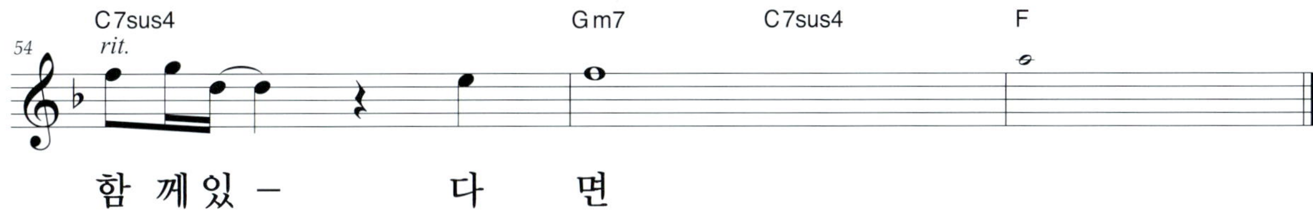

날 울린 당신

◆ 작사 : 박도현 외 1명
◆ 작곡 : 햇살 외 1명

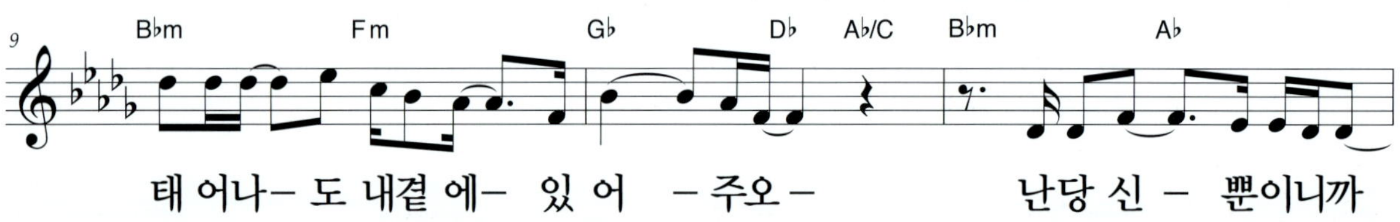

② 37마디로 가세요

① 17마디로 가세요

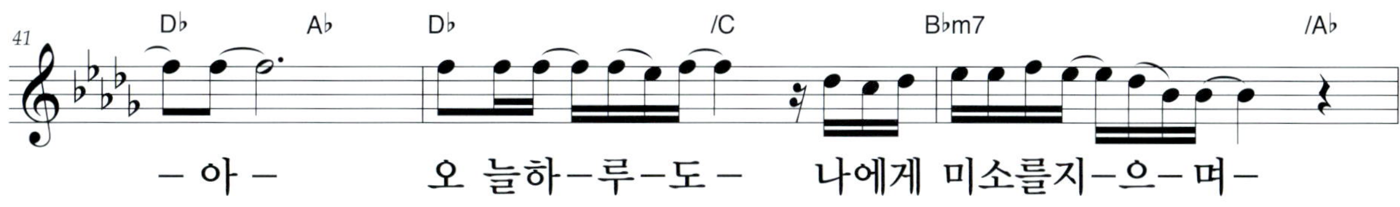

단 한사람

작사 : 키스피아노
작곡 : 키스피아노
♩ = 80

음원
방송

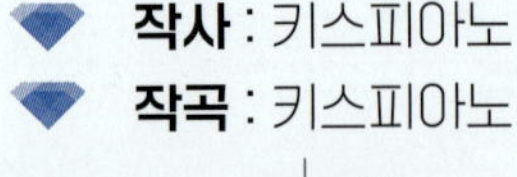

B
D#7

G#m
/F#
C#/E#
C#m7

F#
BM7
E/B
난   영 원 이 고 싶은 –   한 사
난   추 – 억 이 되 기 싫은 –   한 사

F#/B
BM7
G#m
람   그 런 사 – 람 이 있 어   날   아 껴 주
람   그 런 사 – 람 이 있 어   늘   곁 에 있

C#7/E#
C#m7
F#
었 으면 –   나 만 바 라 봤으 – 면 하 는 –
고 싶은 –   십 년 이 지 – – 나 도 –

BM7
EM7/B
A#dim7
D#7
날   외 롭 게 하는 –   가 까 이   있 어 도 – 보
날   아 프 게 하는 –   끝 없 이   불 안 하 – 게

G#m
B/F#
C#7/E#
고 싶은 –   그   외 로 움 만큼 –   더 그 립
만 드는 –   그   아 픔 만 큼 나를 –   또 행 복

22
C#m7   F#   B   F#7   B
게 하는 - - 사람 - 난 너를 사랑해 - 이렇게
하 게하 - 는사람

25
D#7   EM7   B/F#   F#7
사랑해 - 천천히 라도좋 - 으니 - 내게 맘 - 을열어난여 - 기

28
B   D#7   G#m   /F#
있을게 - 그저 널 바라보 - - 면서 언젠가는 - 내 맘 - 을

② 38마디로 가세요
31
C#/F   1. C#m7   F#
받아줘 - 오직 너 의단 - 한사람 - 이 되 - 고싶어

34
B   E/B   B

① 8마디로 가세요
37
C#m   F#   2. C#m7   F#
너 의단 - 한사람 - 이 되 - 고싶어 -

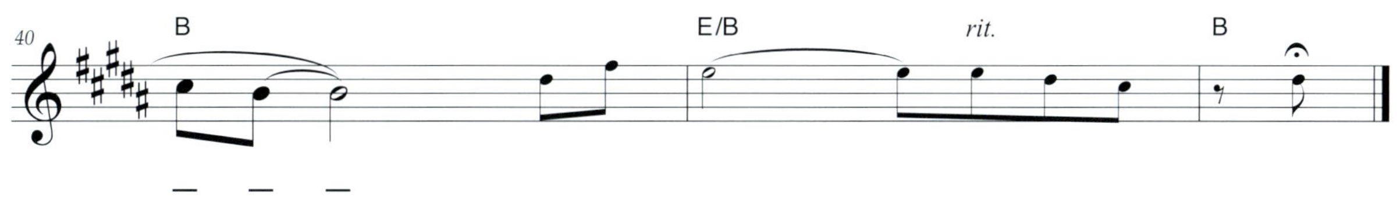

40
B   E/B   rit.   B

난 정말 몰랐었네

작사 : 김중순
작곡 : 최병걸

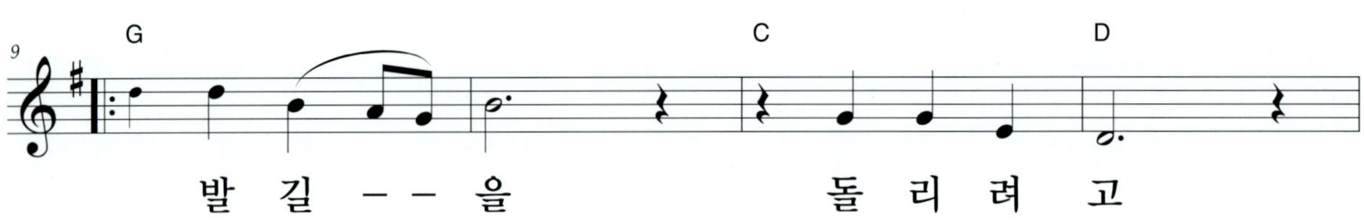

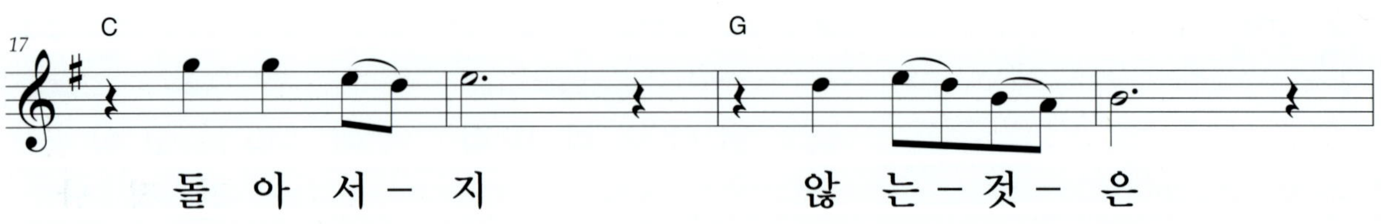

가 슴 에 이 가-슴-에 심 어 준

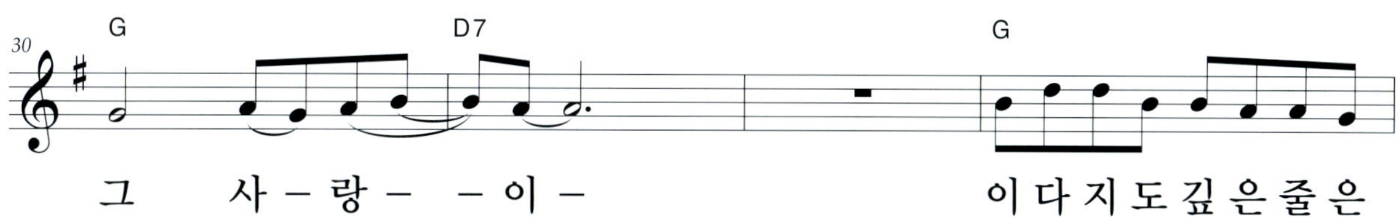

그 사-랑--이- 이 다 지 도 깊 은 줄 은

난-정 말 몰-랐 었-네- 아-아- 아

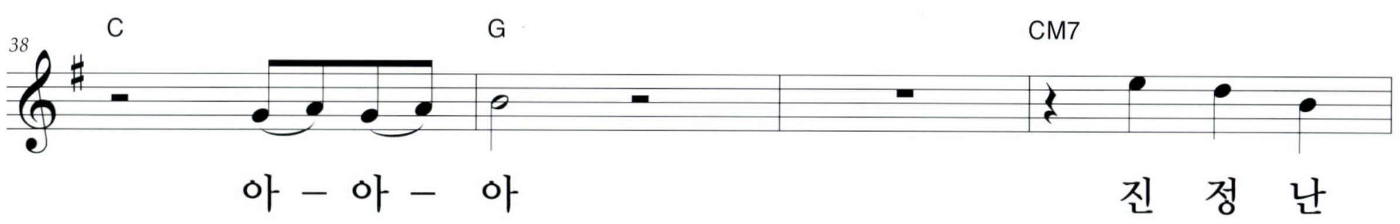

아-아- 아 진 정 난

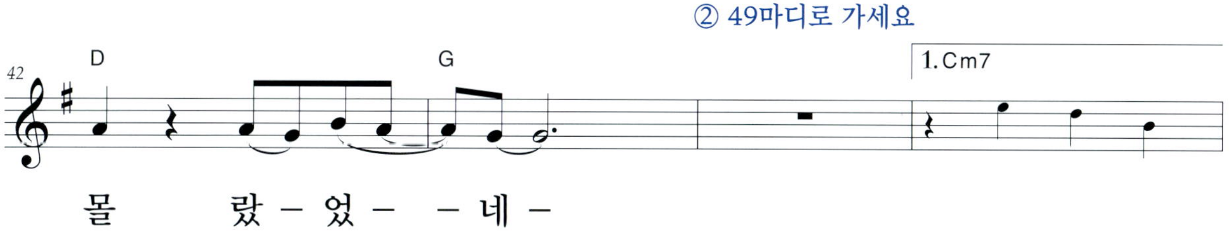

② 49마디로 가세요
1.Cm7
몰 랐-었--네-

① 9마디로 가세요
2.C
진 정 난

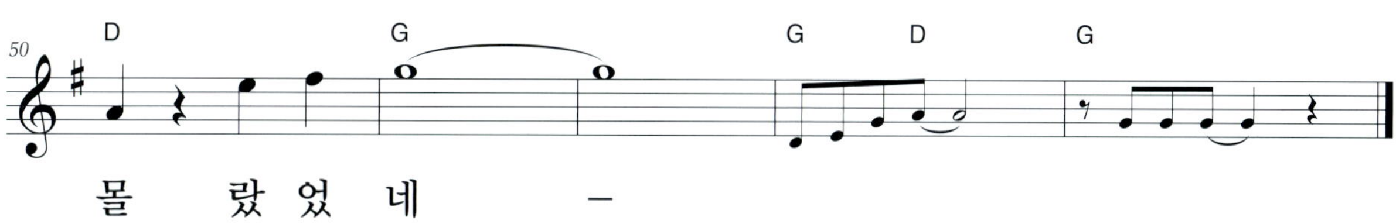

몰 랐 었 네 -

어느날 문득

작사 : 홍진영
작곡 : 홍진영

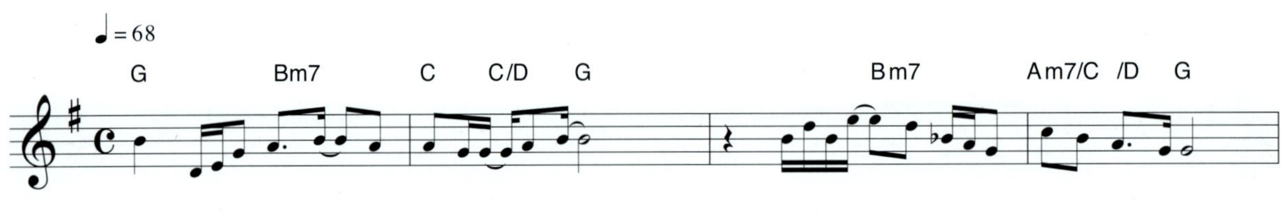

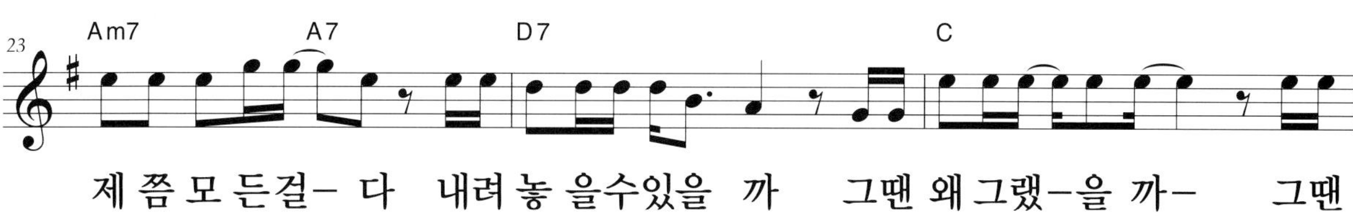

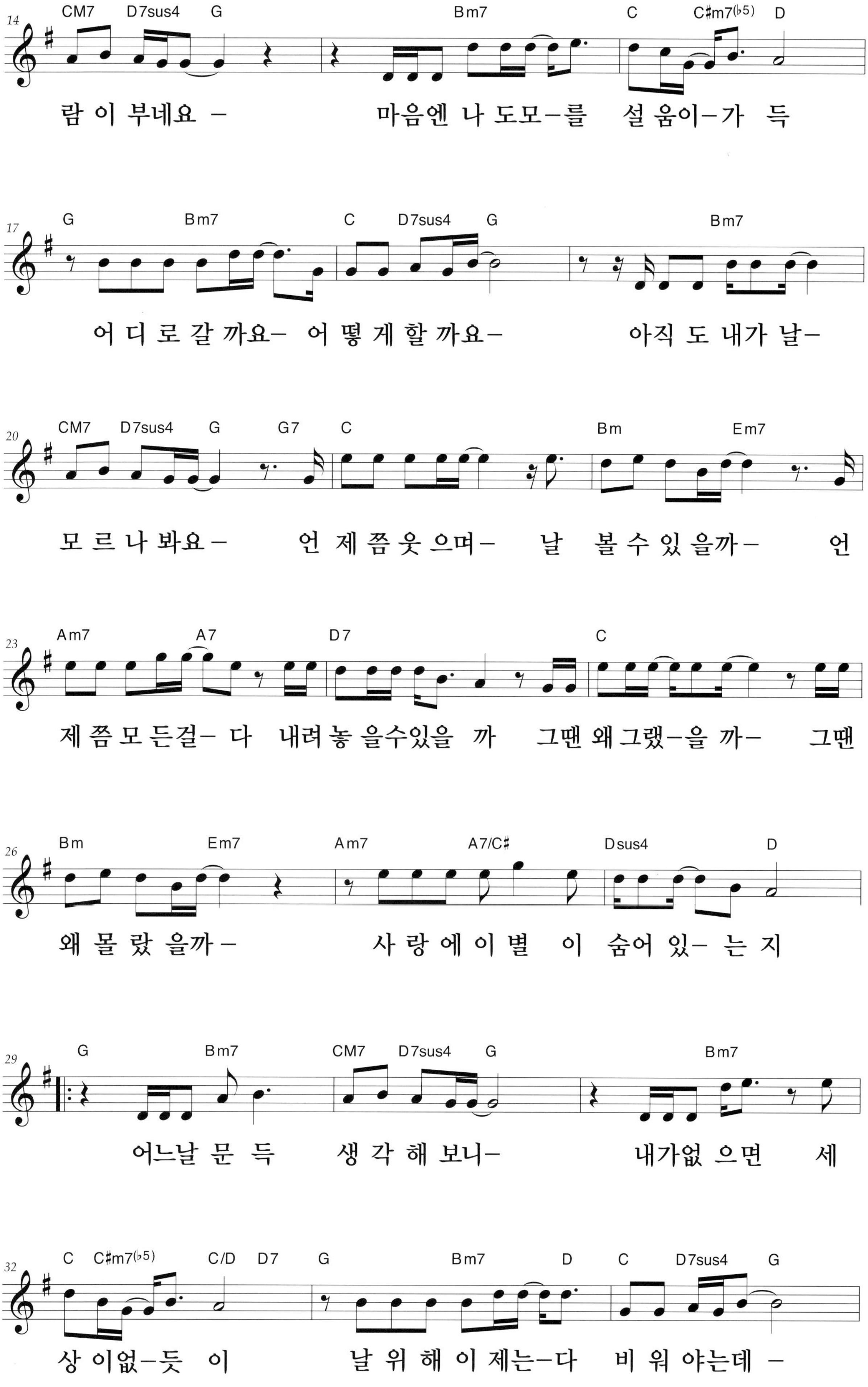
14
CM7 D7sus4 G Bm7 C C♯m7(♭5) D
람 이 부네요 – 마음엔 나 도모–를 설 움이–가 득
17
G Bm7 C D7sus4 G Bm7
어 디 로 갈 까요– 어 떻 게 할 까요– 아직 도 내가 날–
20
CM7 D7sus4 G G7 C Bm Em7
모 르 나 봐요– 언 제 쯤 웃 으며– 날 볼 수 있 을까– 언
23
Am7 A7 D7 C
제 쯤 모 든걸– 다 내려 놓 을수있을 까 그땐 왜 그랬–을 까– 그땐
26
Bm Em7 Am7 A7/C♯ Dsus4 D
왜 몰 랐 을까 – 사 랑 에 이 별 이 숨어 있– 는 지
29
G Bm7 CM7 D7sus4 G Bm7
어느날 문 득 생 각 해 보니– 내가없 으면 세
32
C C♯m7(♭5) C/D D7 G Bm7 D C D7sus4 G
상 이없–듯 이 날 위 해 이 제는–다 비 워 야는데 –

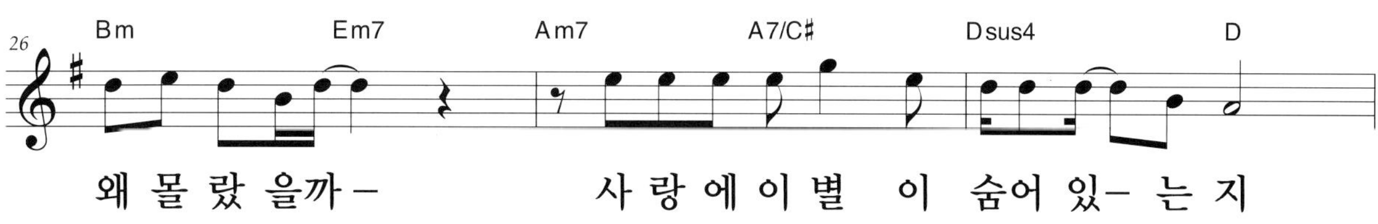

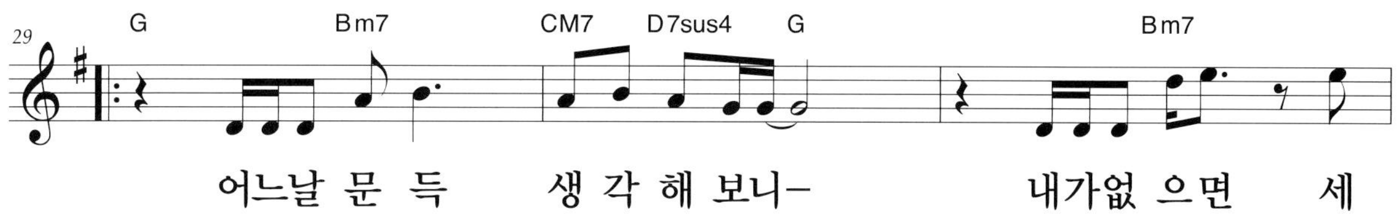

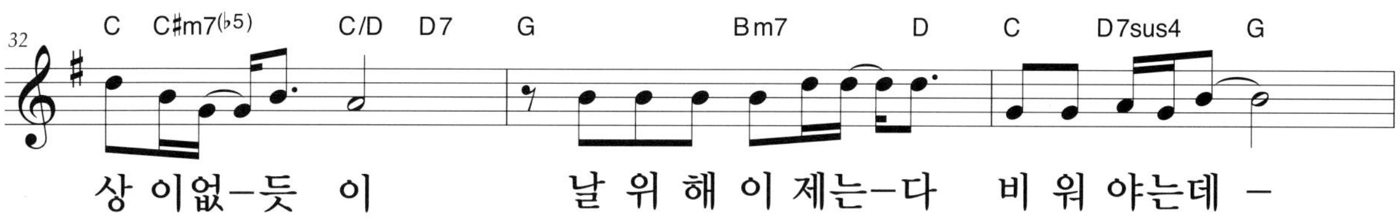

② 49마디로 가세요
G   Bm7   1.CM7 D7sus4 G   G   Bm7
아직 도 내가 날 —   모 르 나 봐요 —

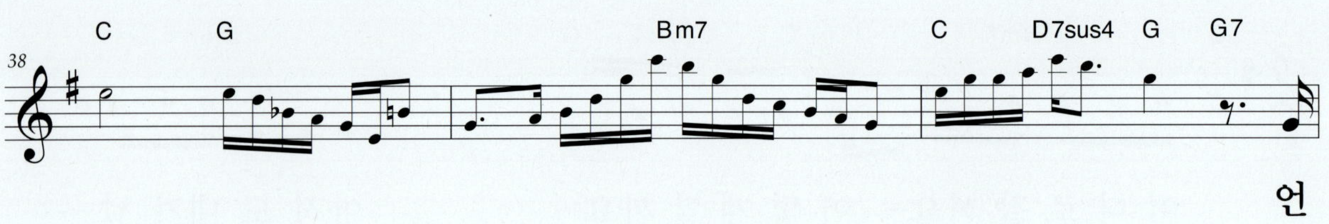

C   G   Bm7   C   D7sus4 G   G7
언

C   Bm   Em7   Am7   A7
제 쯤 웃 으 며 —   날 볼 수 있 — 을 까 —   언 제 쯤 모 든 걸 — 다 — 내려

D7   C   Bm   Em7
놓 을 수 있 — 을 까   그 땐 왜 그 랬 — 을 까 그 땐   왜 몰 랐 — 을 까 —

① 29마디로 가세요
Am7   A7/C#   Dsus4   D   2.CM7 D7sus4 G
사 랑 에 이 별 이 숨 어 있 — 는 지   모 르 나 봐요 —

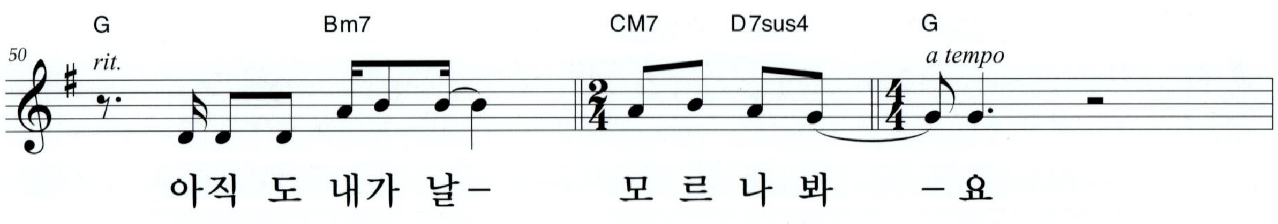

G   Bm7   CM7   D7sus4   G
rit.   a tempo
아직 도 내가 날 —   모 르 나 봐   — 요

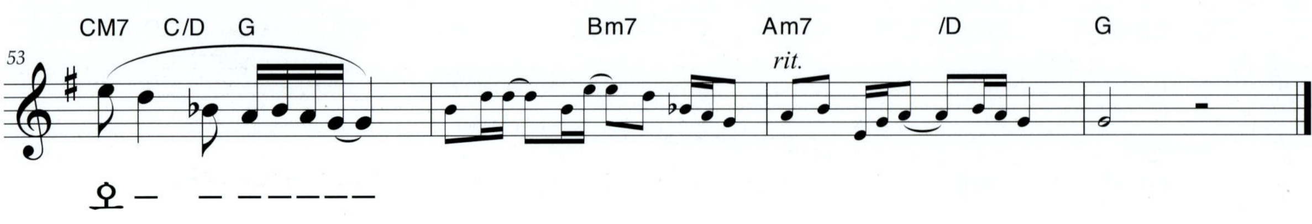

CM7 C/D G   Bm7   Am7   /D   G
rit.
오 —   — — — — —

엄마의 노래

◆ **작사** : 신강우
◆ **작곡** : 신강우

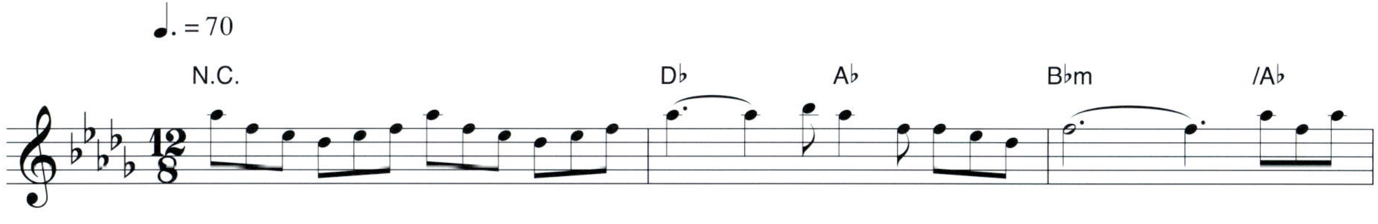

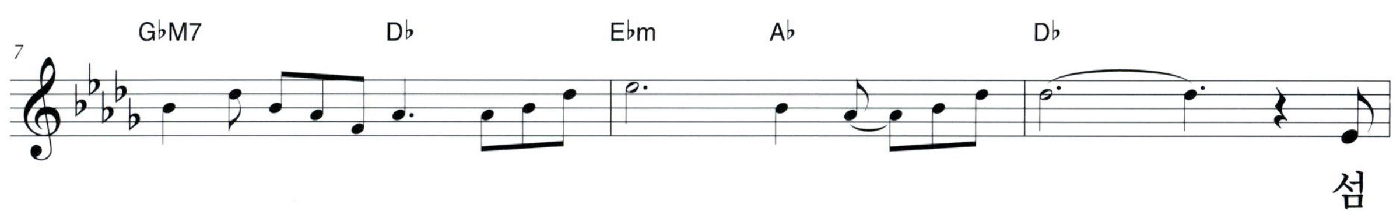

마 을에한 - 소녀와 총각 - 선생님 -

이야기 부엌 에서 - 들리던 엄 마의 - 그노래 오

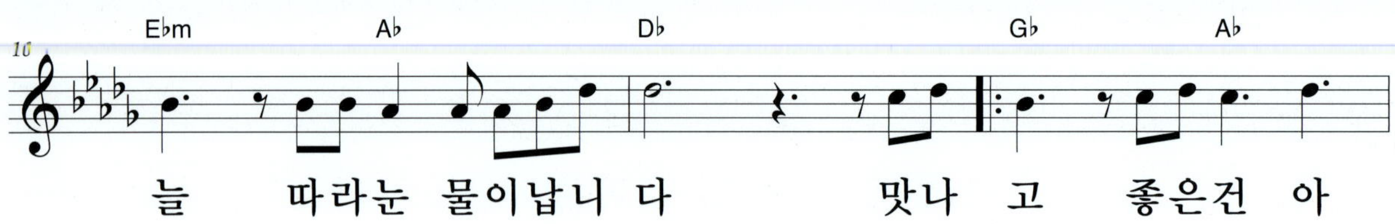
늘 따라눈 물이납니 다 맛나 고 좋은건 아

니아니 - 딸래 미 아들래 미키우시 며 - 까

많 게 - 타버린 눈물 에그세월들을 어떻게 말로다 - 할

② 46마디로 가세요

- 까 - 요 고왔 던 봄처녀를 - 무 심 히데리고간 그세

1. 월 - 이 - - 너 - 무 - - 미워요 -

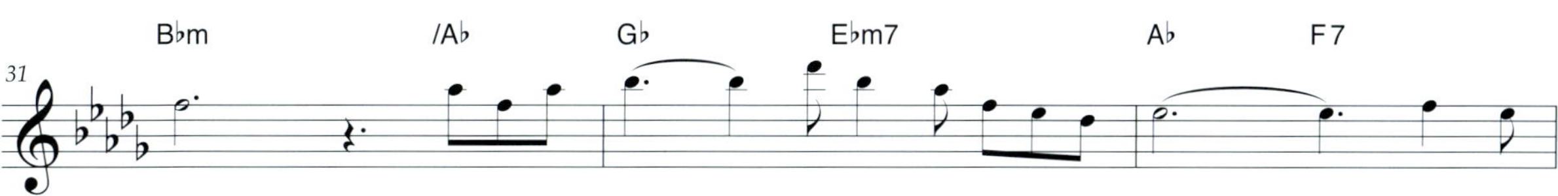

철 없 ― 던 작은 ― 아 이 가   이

젠 ― 나이를 ― 먹었죠 ―   세상 살 이 ― 힘들어   지

① 18마디로 가세요

치 는 ― 날이면   들 고   싶은엄 마의 ― 노 래   ―   맛나

월 ― 이 ― ― 너 ― 무 ― 미 워 요 ―   그세 월 ― 이 ― ― 너 ― 무 ― ―

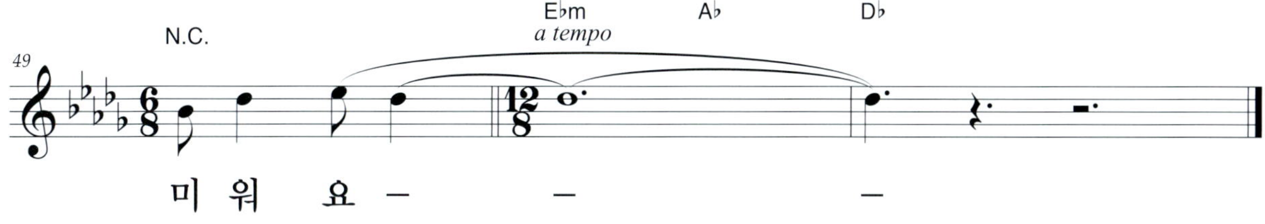
미 워 요 ―   ―   ―

상사화

작사 : 안예은
작곡 : 안예은

♪ = 108

① 10마디로 가세요

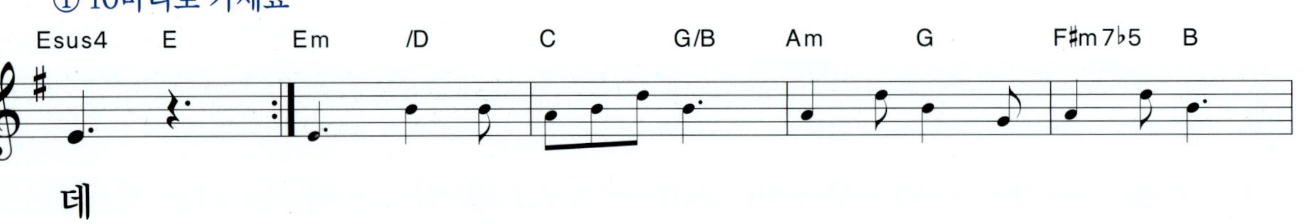

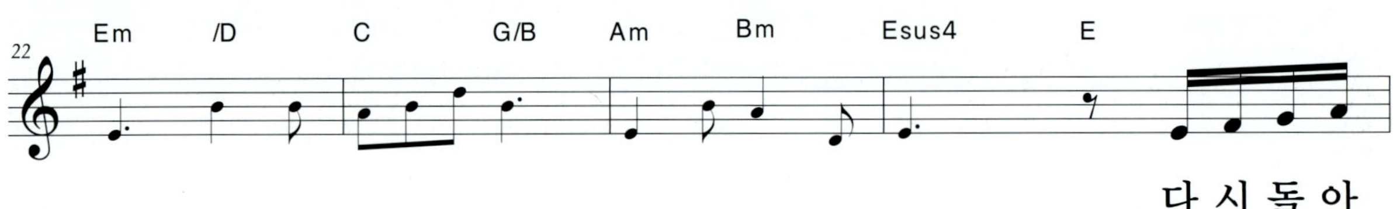

26
C B Em G/D C /D
올 수 없는 그 험 한 - 길 위 에 - 어 찌 하 다 오 르 셨

29
G C B Em A
소 내가가야 만 했 - 었 던 그 험 한 - 길 위 에 - 그

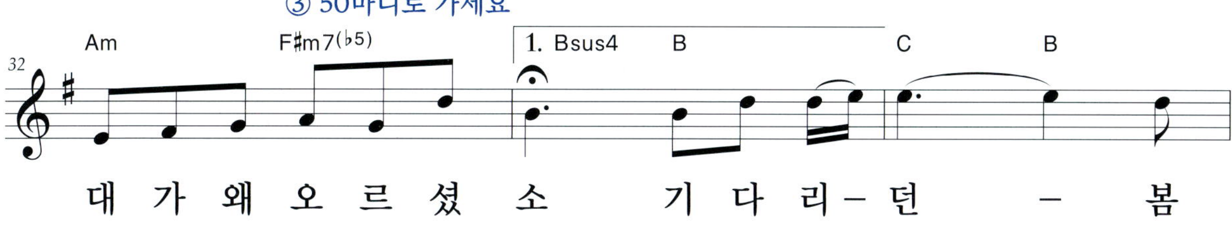

③ 50마디로 가세요
32
Am F#m7(♭5) 1. Bsus4 B C B
대 가 왜 오 르 셨 소 기 다 리 - 던 - 봄

35
Em G/D C /D G
이 오 고 있 는 데 이 리 나를 떠 나 - 오 긴 긴 겨

38
C B Em G/D C G/B
울 - 이 모 두 지 났 는 데 왜 나 를 떠 나

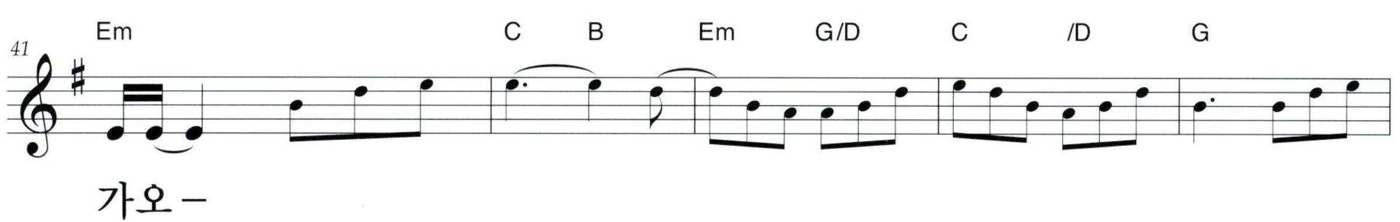

41
Em C B Em G/D C /D G
가오 -

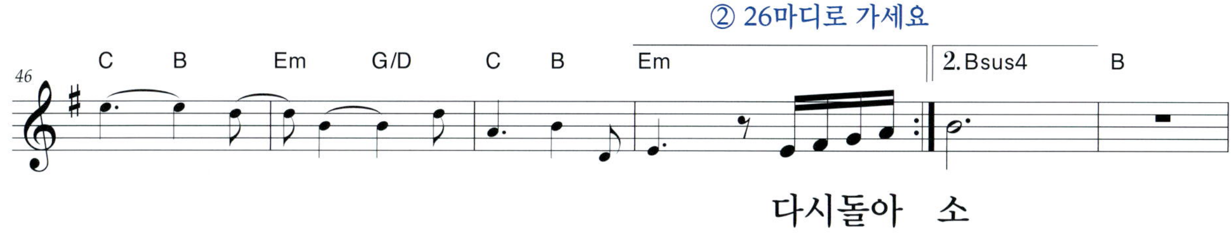

② 26마디로 가세요
46
C B Em G/D C B Em 2. Bsus4 B
다시돌아 소

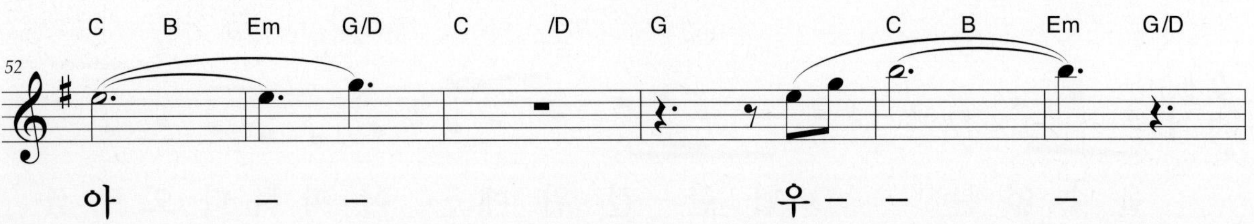
아 - - 우 - - -

기 다 리 던 - 봄 이 오 고 있 는 데

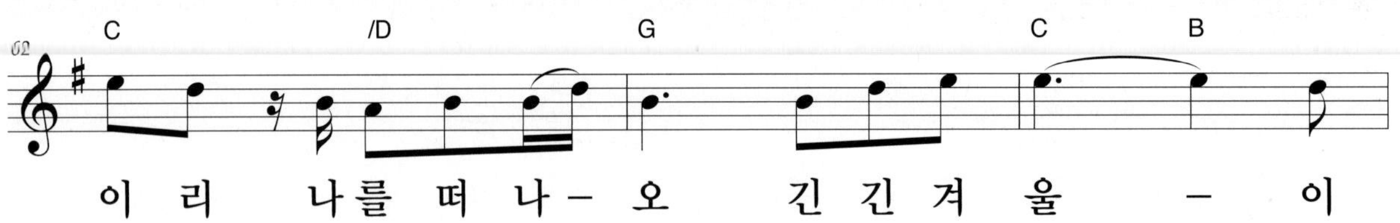
이 리 나를떠나 - 오 긴 긴 겨 울 - 이

모 두 지났 는 데 왜나를 떠나 가오 - -

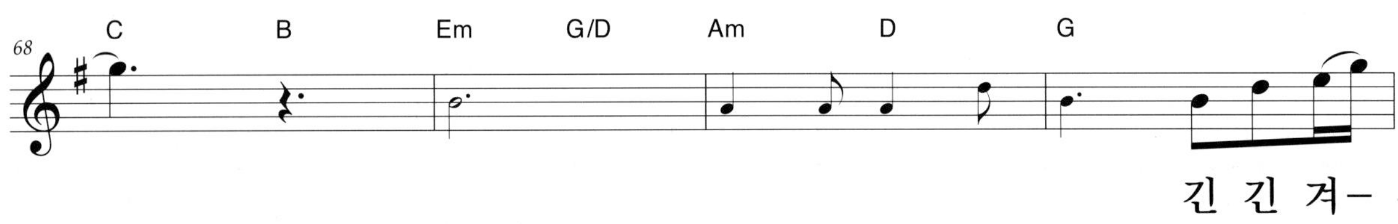
긴 긴 겨 -

울 - 이 모 두 지났 는 데 왜나를 - - 떠나 -

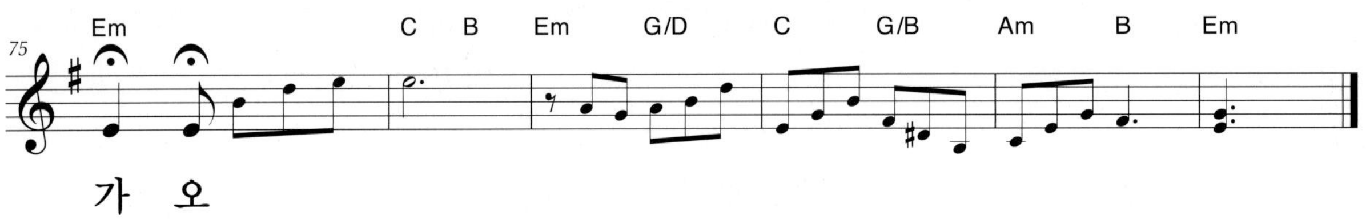
가 오

가슴은 알죠

◆ **작사** : 후니용이형들
◆ **작곡** : 후니용이

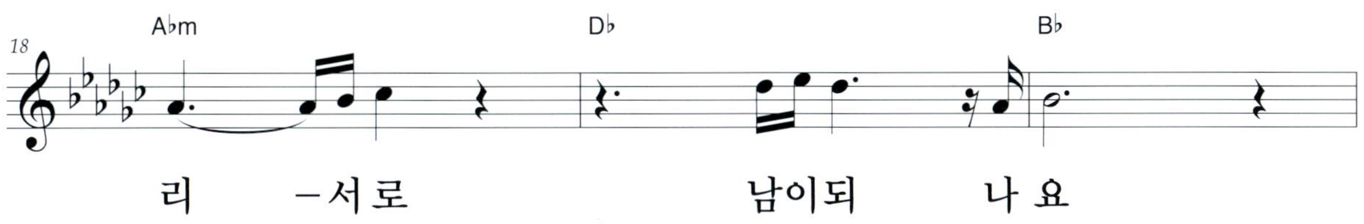

죠 무너 지 는 나 의 가 슴 이-
이별 이 맞 다 하네 요 그대는- 괜 찮은
가 봐요 이 대 로도- 괜 찮 은 가요 -
그대의- 두 눈에 비 친 내 모습- 눈 물 로젖 어 드는
데 - 사 랑 이 이 토 록 아 픈 데도
그댈 - 찾아요 이 아 픔 조 차 그 대 를
② 54마디로 가세요
모질 게 떠 난 그댈 잊 었 다 해도- 가 슴은 기 다 립 니 다

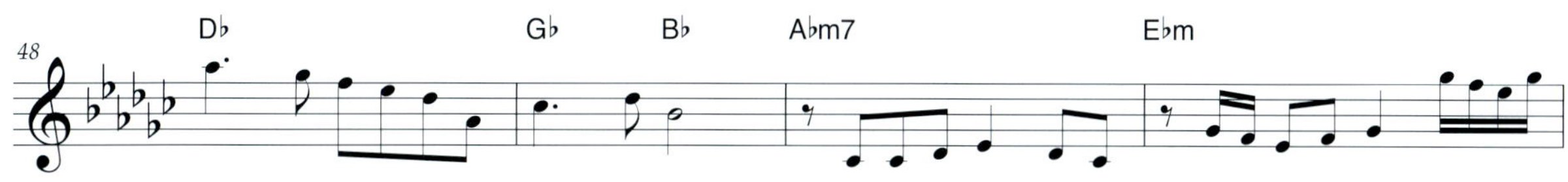

① 29마디로 가세요

D.S. al Coda
가슴은 기다 립 니다

사랑이이토록아 픈 데도 그댈 – 찾아요

이 아 픔 조 차 그대 를 모질 게 떠 난 그댈

잊 었 다 해도– 가 슴은 기다 립 니다 –

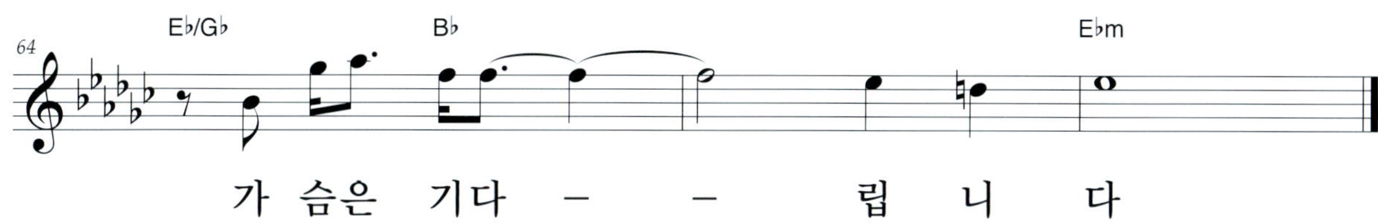

가 슴은 기다 – – 립 니 다

사랑할 나이

- **작사** : 박진복
- **작곡** : 태민

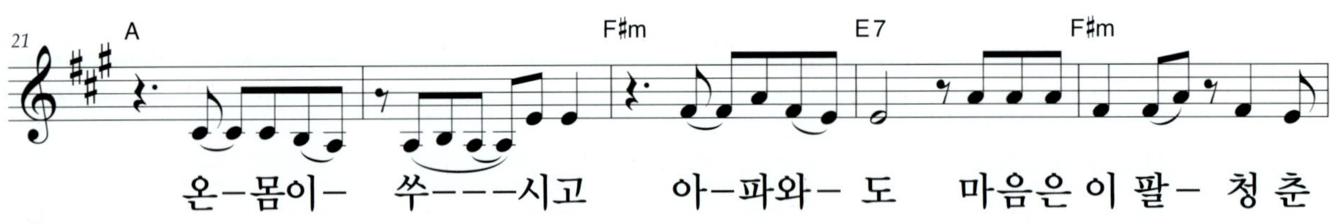

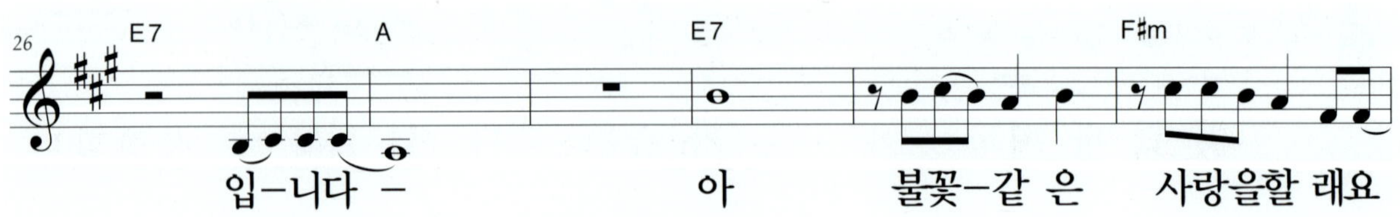

나이야가 –거라 숫자야가 –거라 야속 한– 세 – – –월아

너먼 저 가 – –거라 나 이 – 제 사랑할나

① 1마디로 가세요

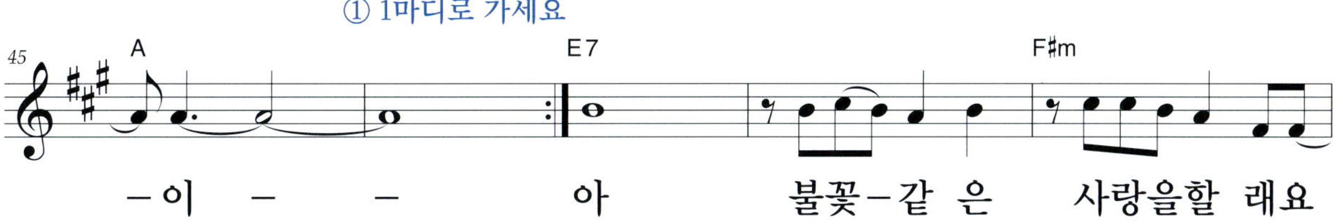

–이 – – 아 불꽃–같 은 사랑을할 래요

– 나는–아직– 뜨겁–답 니다 – –

나이야가 –거라 숫자야가 –거라 야속 한– 세 – – –월아

너먼 저 가 – –거라 나 이 – 제 사랑할나

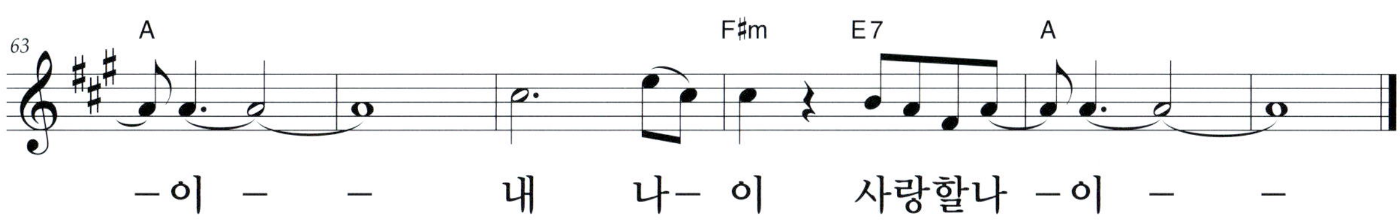

–이 – – 내 나– 이 사랑할나 –이 – –

빗속을 둘이서

작사 : 김정호
작곡 : 김정호

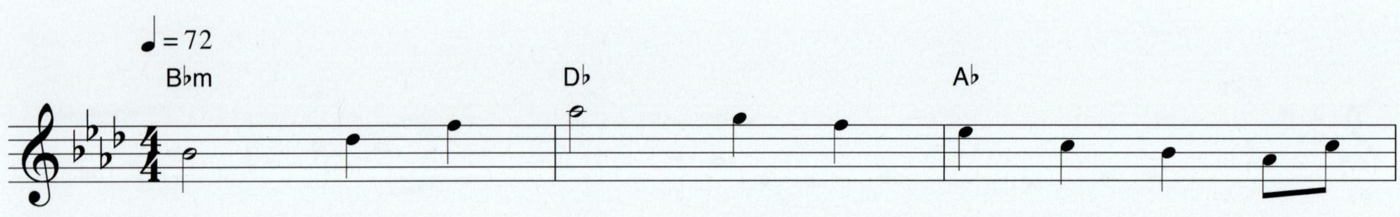

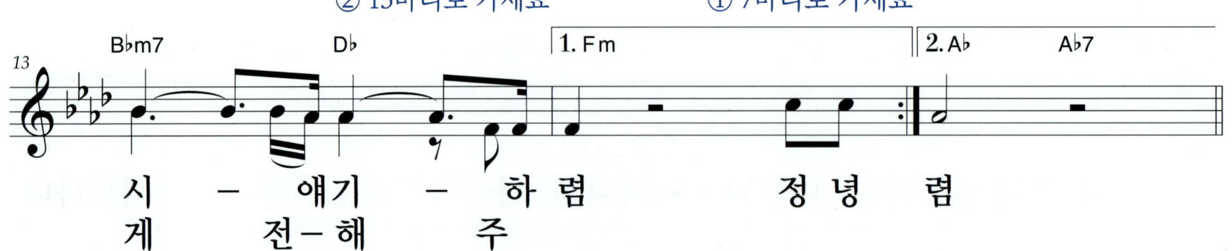

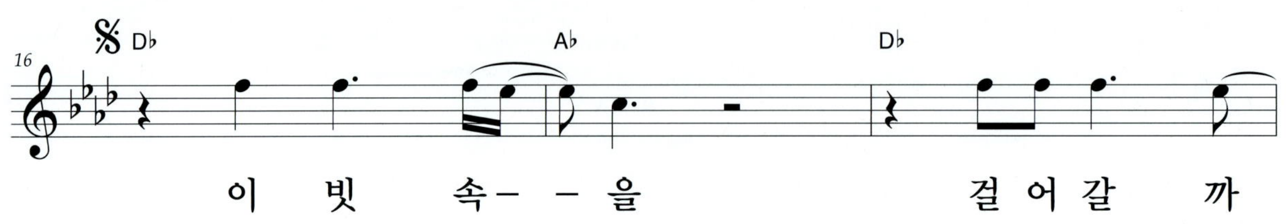

A♭ B♭m D♭ E♭
- 요 둘-이 서 말 없이 갈 까요 -

D♭ A♭ D♭
아 무 도 없 는 여기 서 - 저 돌담끝 까

A♭ B♭m D♭ A♭
- 지 다정 스 런 너 와 내가 손 잡 고 나나나나

④ 32마디로 가세요
B♭m D♭ A♭ B♭m D♭
나 나-나 나 나 나- 나 나나나나 나 나-나 나 나나나나

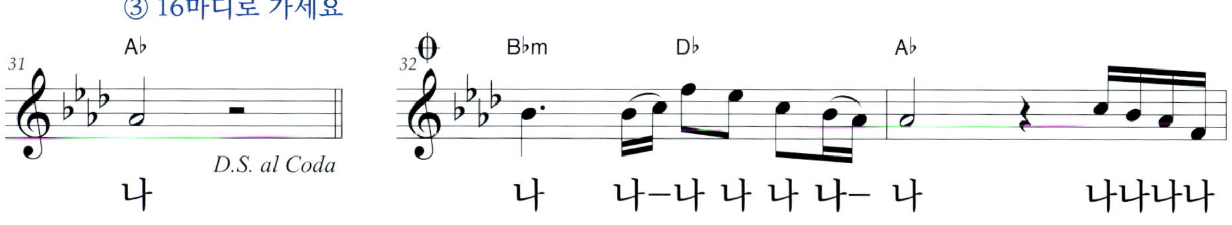
③ 16마디로 가세요
A♭ B♭m D♭ A♭
나 D.S. al Coda 나 나-나 나 나 나- 나 나나나나

B♭m D♭ A♭
나 나-나 나 나나나나 나 나나나나

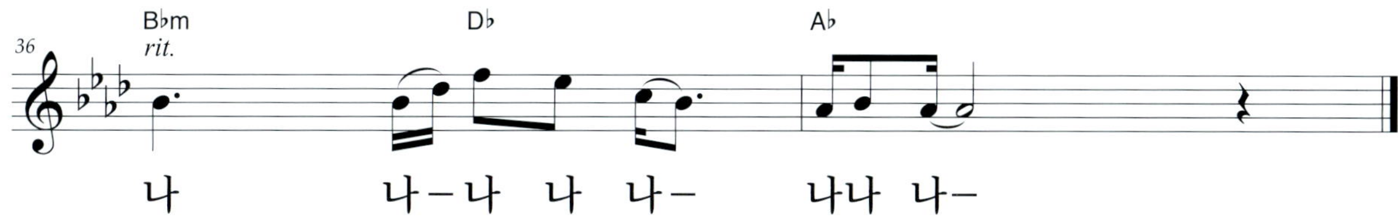
B♭m rit. D♭ A♭
나 나-나 나 나- 나나 나-

비상

작사 : 채정은
작곡 : 최준영 외 1명

음원
방송

누구 나 한번– 쯤은 – 자기 만 의세– 계로 – 빠져

들 게되– 는순– 간 이 있지 – 그렇 지 만나– 는제– 자 리로

오 지못 했어– 되돌 아 나오– 는길– 을 – 모르 니 너무

많 은생-각과 -   너무 많 은걱-정에 -   온통 내 자신- 을가 - 뒤 두 었지

-   이젠 이 런내-모 습- 나조-차 불 안해-보 여 -   어디

부 터시- 작할- 지몰--라 서   나 도 - 세 상 - 에 나가 고

-싶어 - 당 당 히내 - 꿈 들을 보- 여 줘 야해 -   그 토 록 오

- 랫 동안 움- 츠렸던 날 개   하 늘 로 더 -넓 게 펼 쳐 -보이

며-- -   날 - 고-싶어 -

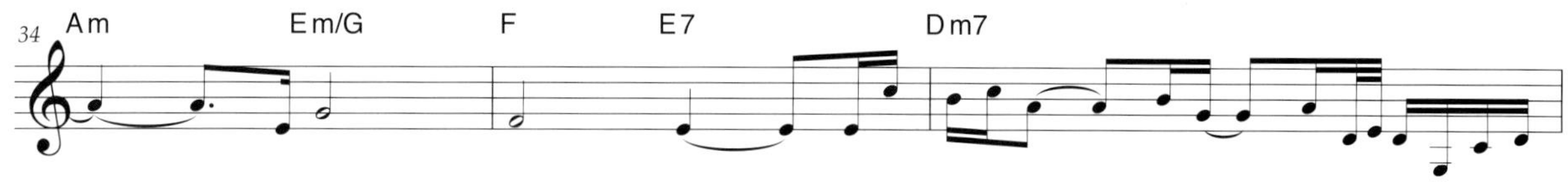

감 당

할 수없– 어서–   버려둔 그모– 든건–   나를

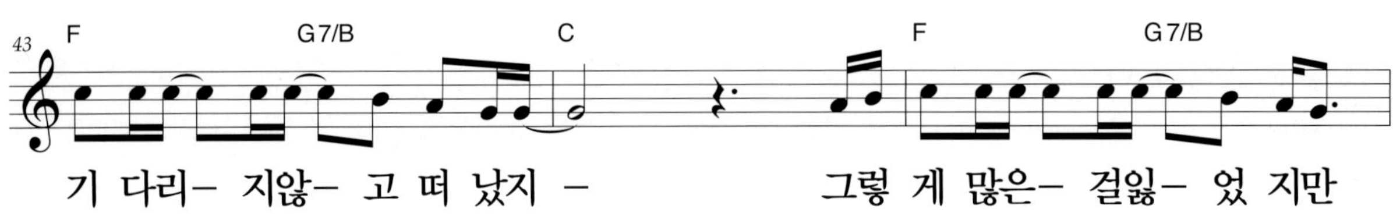
기 다리– 지않– 고 떠 났지 –   그렇 게 많은– 걸잃– 었 지만

후 회는 없어–   그래 서 더멀– 리갈– 수 있 다 면   상처

받 는것– 보다 –   혼자 를 택한– 거지–   고독 이 꼭나– 쁜것– 은 – 아니

야   외로 움 은나– 에게– 누 구 도 말 하지–않 은– – –   소중

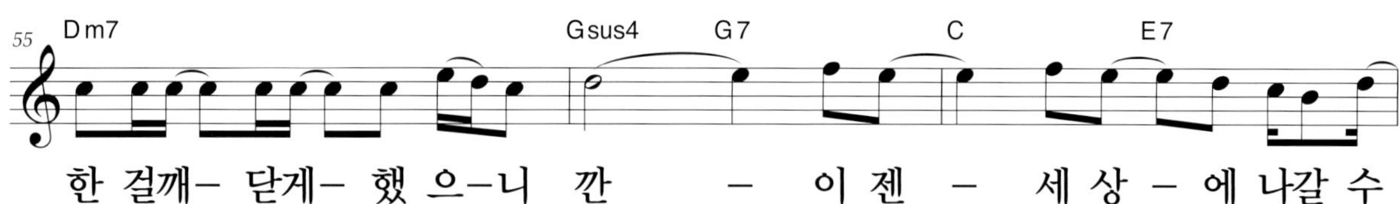
Dm7 Gsus4 G7 C E7
한 걸깨- 닫게- 했 으-니 깐 - 이 젠 - 세 상 - 에 나갈 수

Am /G Dm7 /C G7/B G F/A G7/B
-있어 - 당 당 히 내 - 꿈 들 을 보- 여 줄 꺼야 - 그 토 록 오

C E7 Am /G F
- 랫 동안 움- 츠렸던 날 개 하 늘 로 더 - 넓 게 펼 쳐 -보이

Gsus4 G7 C E7 Am /G
며-- - 다 시 새 롭 - 게 시작 할 -꺼야 - 더 이 상 아

F C/E C G7 C E7
- 무 엇 도 피 하 지 않아 - 이 세 상 견 - 뎌 낼 그힘- 이 되줄

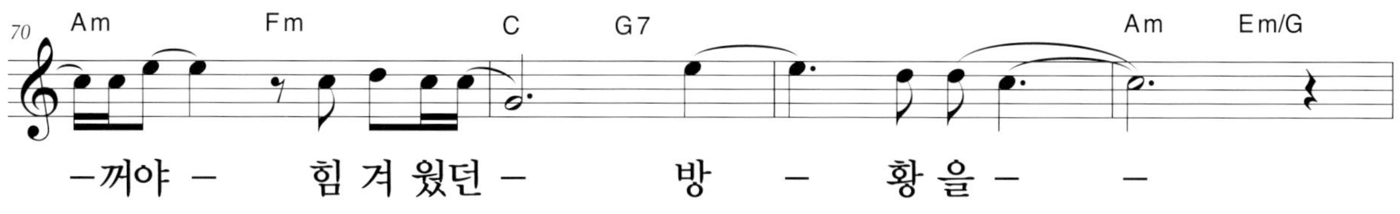
Am Fm C G7 Am Em/G
-꺼야 - 힘 겨 웠던 - 방 - 황 을- -

F Am Em/G F C

나쁜남자

작사 : 이경미
작곡 : 신웅

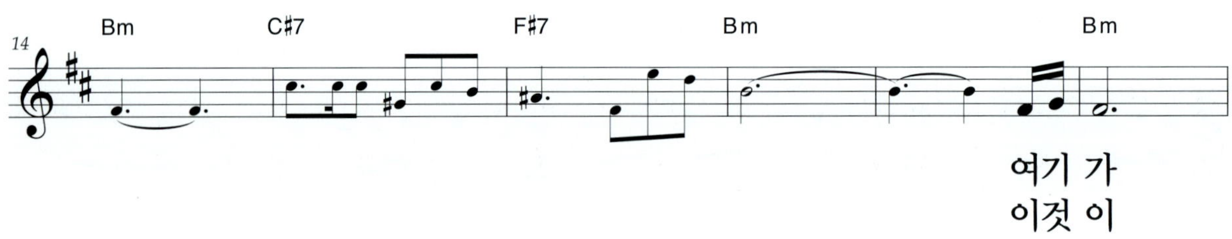

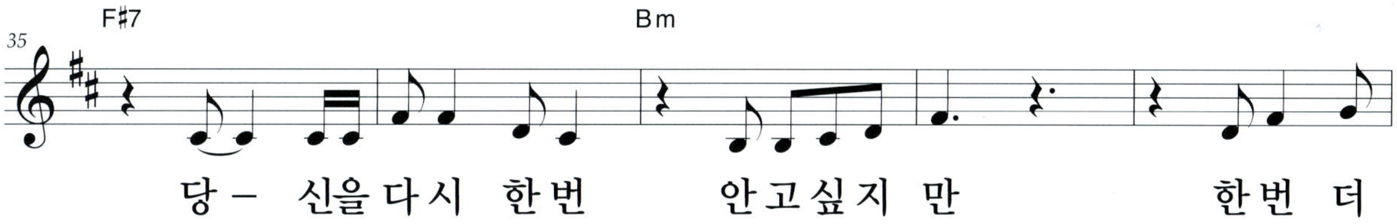
당 – 신을 다시 한번 안고싶지 만 한번 더

안 아달라 그눈으로말 하지 만 더이 상은 – – 아니

란 –걸– – 당 –신 도 나도알 잖아 –

뜨 거운 – 그눈물 마–르거 든

② 59마디로 가세요   ① 3마디로 가세요
잊 어요나–쁜 이남 –자 – –

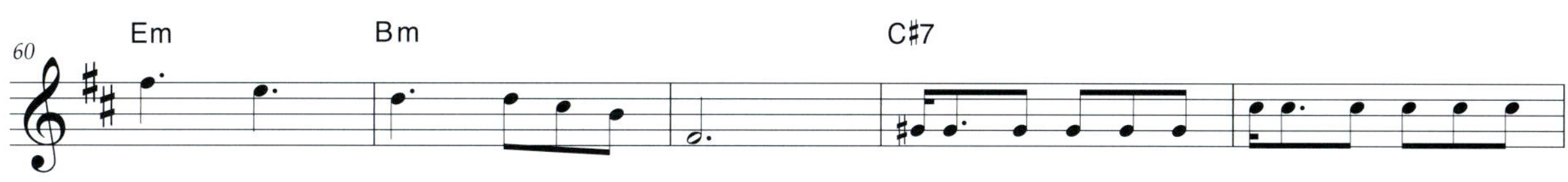

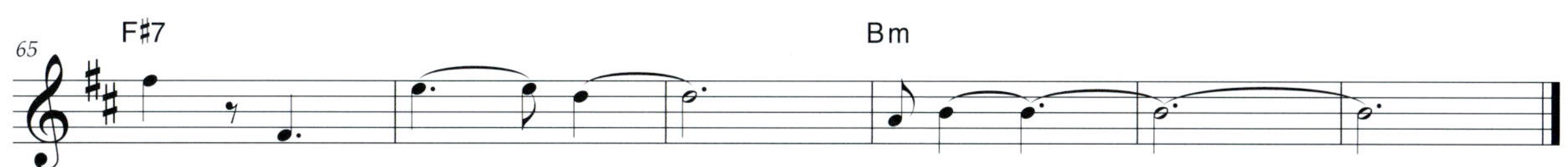

노래는 나의 인생

작사 : 박춘석
작곡 : 박춘석

래 – 만이 나의생 명   언 제 까 – 지나 나의노 래   사 랑

하는 – 당신 있–음 에   언 제 까 – 지나 나의노 래   아 껴

주는 – 당신 있–음 –에   아득히 머 – 나먼 길을 따라 –   뒤돌아

② 47마디로 가세요

보 – 면은 외로운 길   비 를 맞 – 으며 험한길 헤 – 쳐서

지 – 금나   여기 있네

① 22마디로 가세요

D.S. al Coda
나   지 – 금나

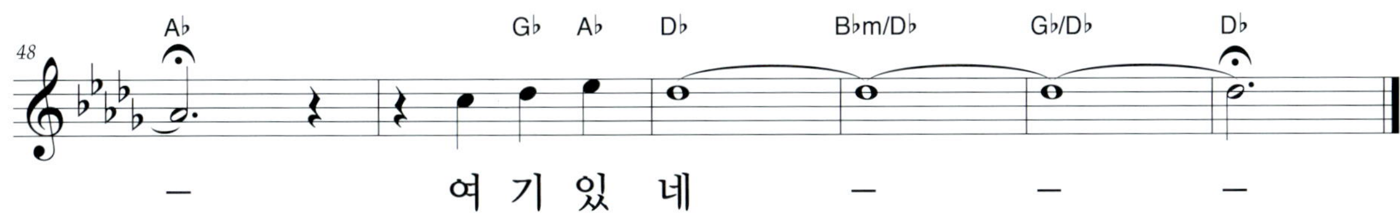

– 여 기 있 네 – – –

바보같지만

◆ **작사** : 박진복
◆ **작곡** : 박상철

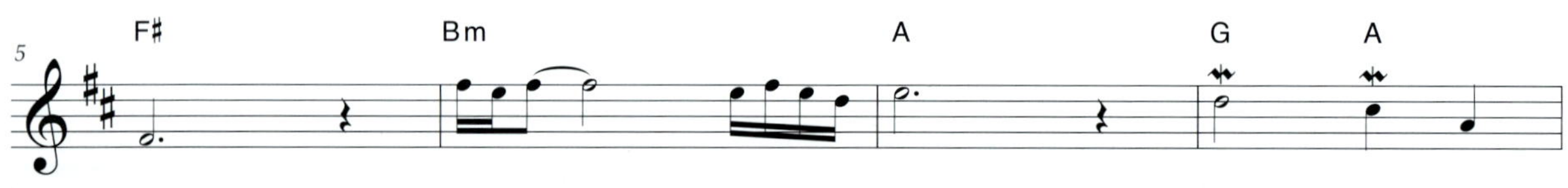

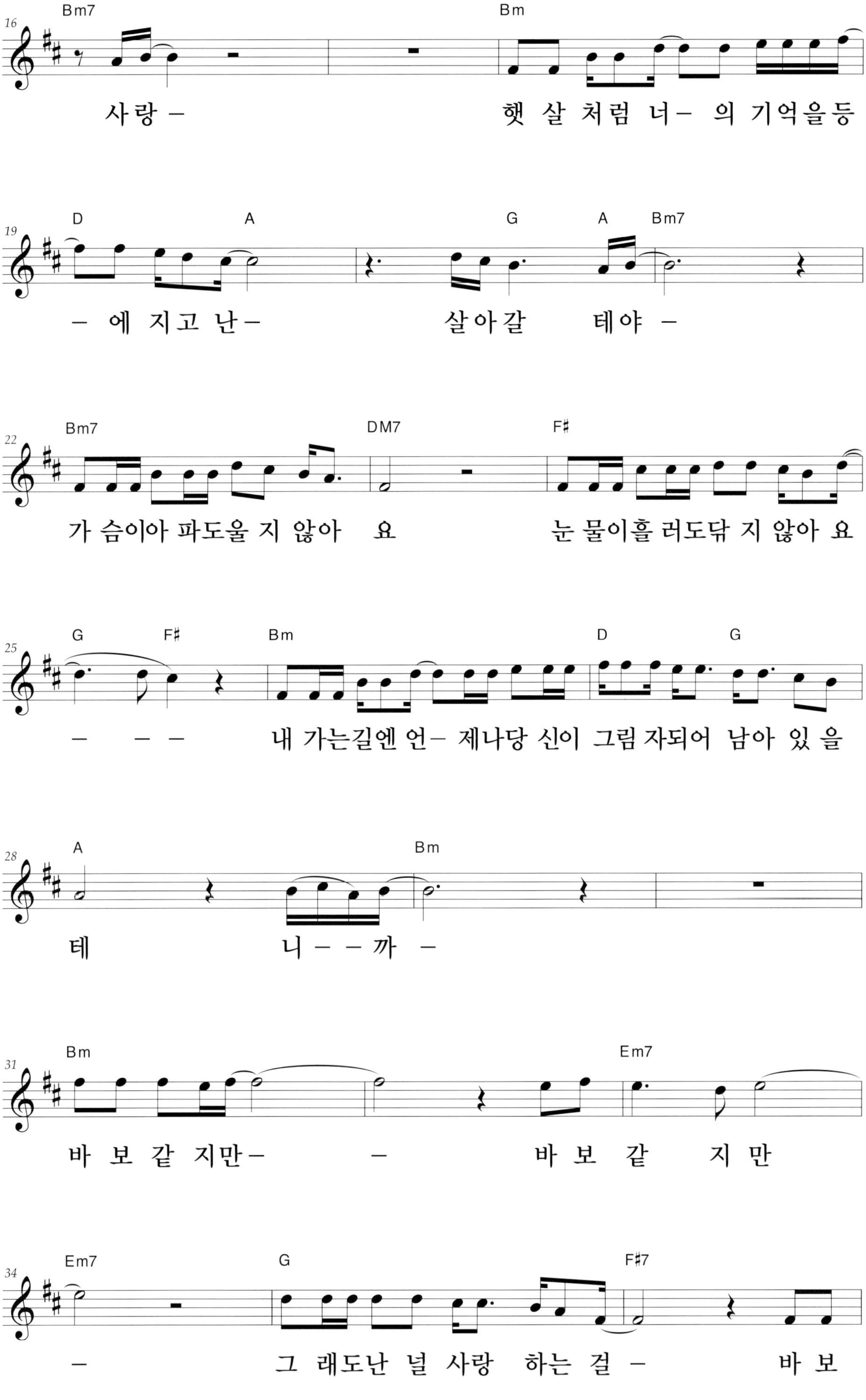

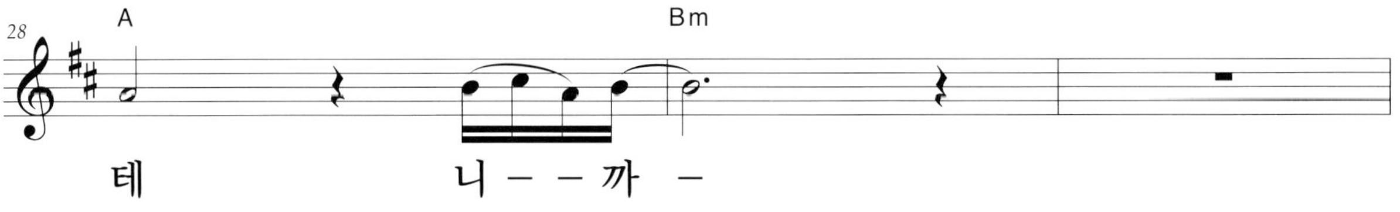

Bm7
사랑 -
Bm
햇 살 처럼 너- 의 기억을등
D   A   G   A   Bm7
- 에 지고 난-   살 아 갈   테야 -
Bm7   DM7   F#
가 슴이아 파도울 지 않아 요   눈 물이흘 러도닦 지 않아 요

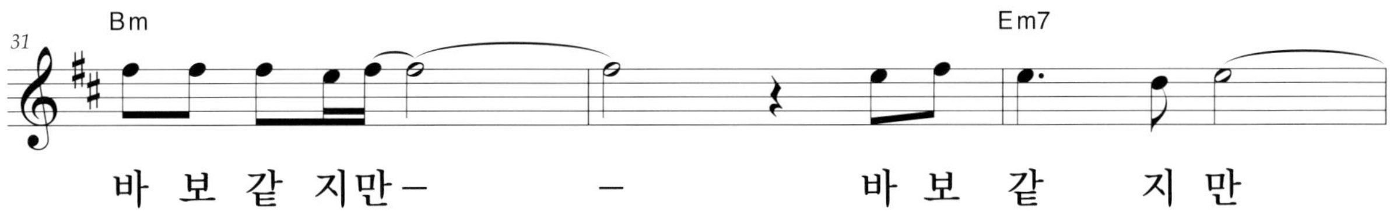

G   F#   Bm   D   G
-    -   -   내 가는길엔 언- 제나당 신이 그림 자되어 남아 있 을
A   Bm
테   니 - - 까 -
Bm   Em7
바 보같 지만-   -   바 보같   지 만

Em7   G   F#7
-          그 래도난 널 사랑 하는 걸 -   바 보

Bm   Em7   G   A
같   지만 바보 같   지만   그 래도난 널 사랑 하는 걸

Bm7   D   G
—   비 가 오면 오— 는 대로 눈 — 이 오면 오는 대로

A   Bm7   G#
그 렇 게 그 렇 게 살 아   갈 테 야 —

C#m   B   A   G#

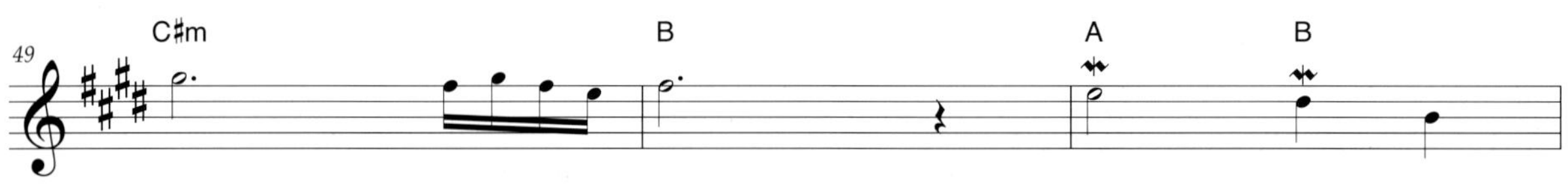

C#m   B   A   B

C#m   E
가 슴이아 파도울 지 않아 요 —

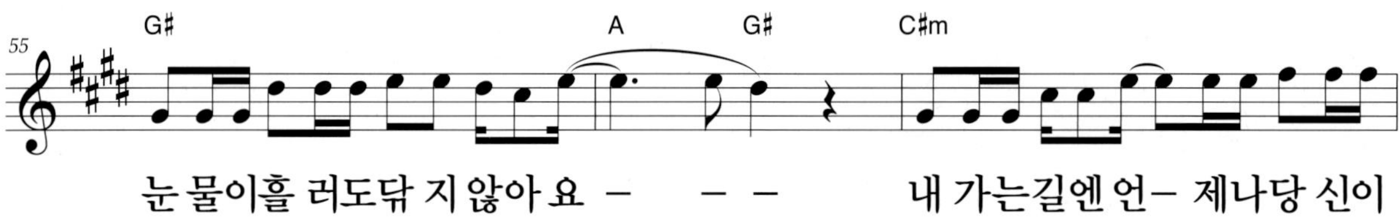

G#   A   G#   C#m
눈 물이흘 러도닦 지않아 요 — — —   내 가는길엔 언— 제나당 신이

E A B C#m
그림 자되어 남아 있을 테 니－－까 －

N.C. C#m
바 보 같 지 만 － － 바 보

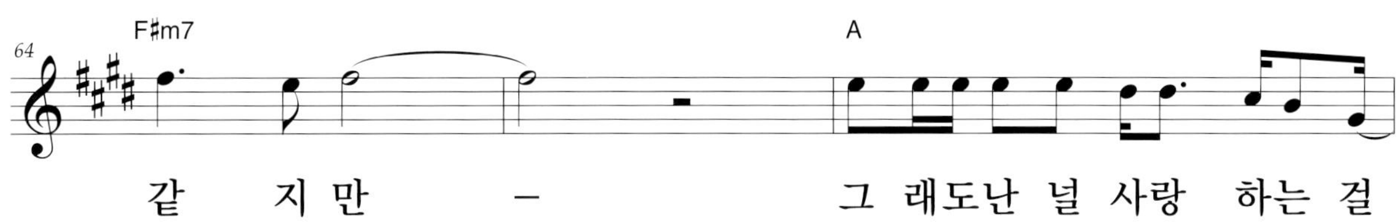

F#m7 A
같 지 만 － 그 래도난 널 사랑 하는 걸

G# C#m F#m7
－ 바 보 같 지 만 바 보 같 지 만

A B C#m
그 래도난 널 사랑 하는 걸 － 비 가 오면 오－ 는 대로 눈

E A B C#m
－ 이 오면 오는 대로 그렇 게그렇 게살아 갈 테야 －

B C#m
그렇 게그렇 게살아 갈 － 테 야 －

아로하

작사 : 김태훈
작곡 : 위종수

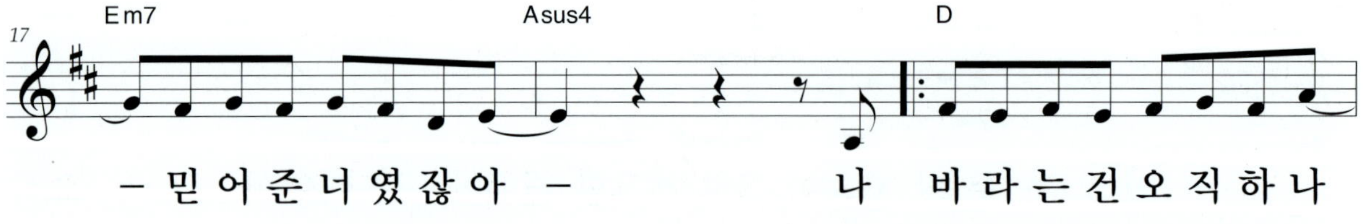

Em7   A   /G   F#m   Bm7   Em7   A
－지않아－도 꿈 같지않아－도 너 －만있어주 면돼

Gm/D   D   Bm7   F#m
－ 걱 정 마 － I Believe 언 제 나 － I Believe 이 순
－ 약 속 해 － I Believe 힘 들 때 I Believe 너 의

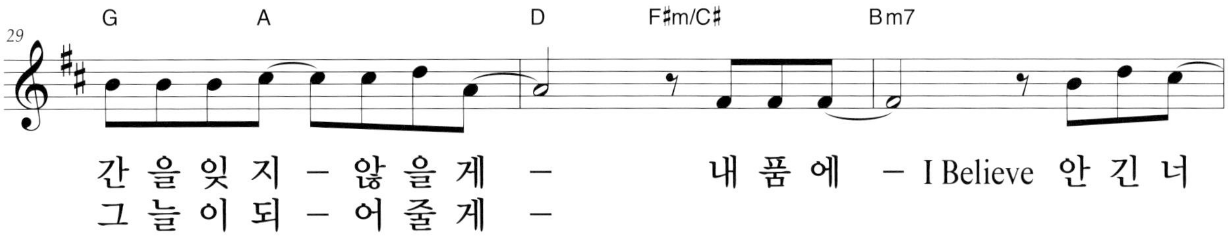

G   A   D   F#m/C#   Bm7
간 을 잊 지 －않 을 게 － 내 품 에 － I Believe 안 긴 너
그 늘 이 되 －어 줄 게 －

F#m   Em7   D/F#   GM7   Asus4
－의미소－가 영 원히빛을잃어 가 － 지않게 － Cause your

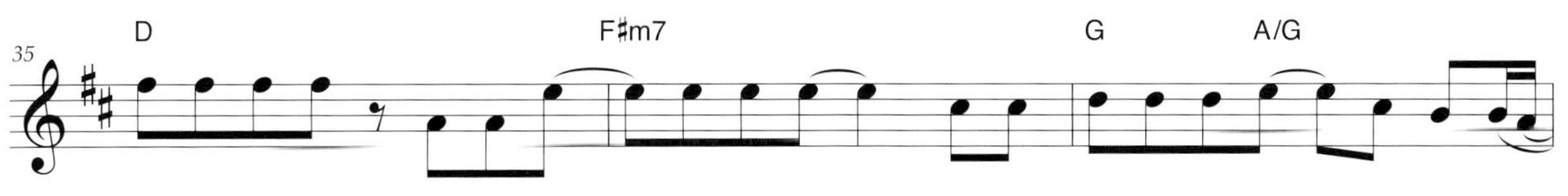

D   F#m7   G   A/G
love is so sweet You are my －eve-ry-thing－ 첫 날 밤의단꿈 － 에젖어－

F#m   Em7   A   /G   F#m   Bm7
－ 하 는말 － 이 아 냐 난변하 －지않아 － 오직

Em7   D/F#   Asus4   D
너만바라 －볼거야 － Oh － －You're light of my life You're the one

F#m7
G   A/G
F#m   Bm7
— in my life —   내모 든걸다잃 – 는데도 –   후회하

② 55마디로 가세요
Em7   A   /G   F#m7   Bm7   Em7   G/A
– 지않아 오직너 –를위한 –   변하 지않 는사 – 랑으로

① 19마디로 가세요
1.
D/F# Dm/F   Em7 D/F# G
–   나

2. D
F#m7
—   You're light of my life You're the one — in my life —   내 모

G   A/G   F#m   Em7   G/A   A/G
든걸 다잃 – 는데도 –   후회하 –지않아 오직너

F#m7   Bm7   Em7   G/A   G/D   D
–를위한 –   변하 지않 는사 – 랑으로 –   All I

Em7   Asus4   A   D
ev-er want is———   —   your — love —
3

곰배령

◆ **작사** : 순자
◆ **작곡** : 김인철

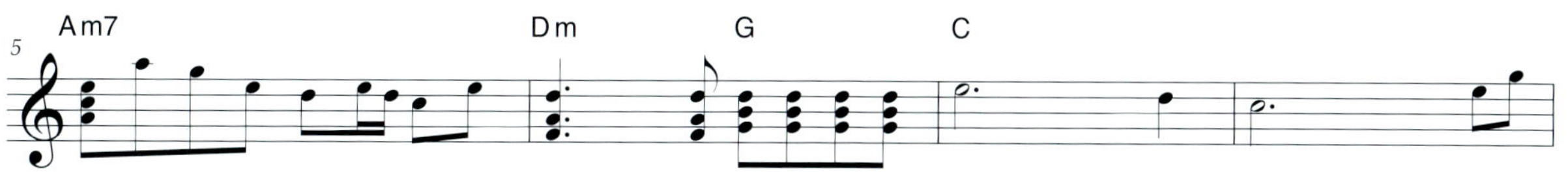

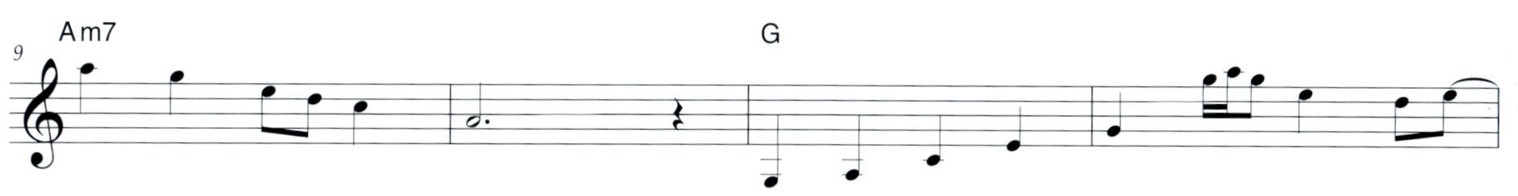

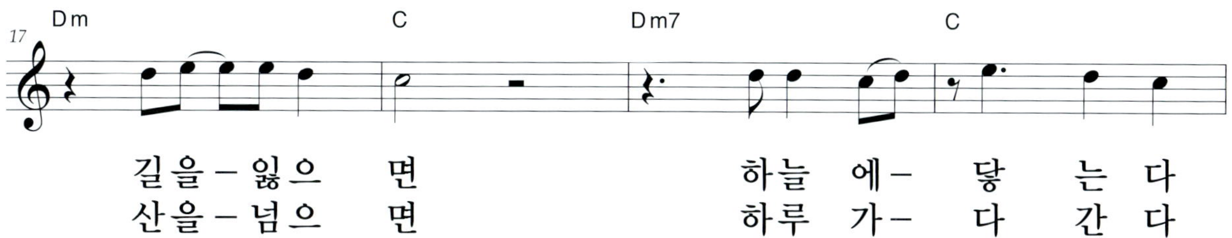

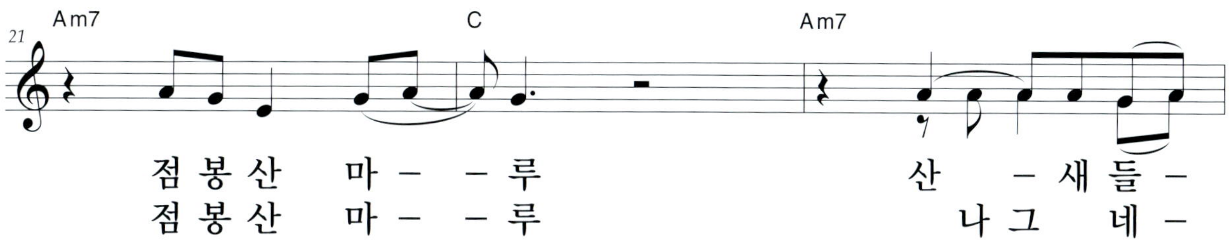

Am   Dm7   Am   C
도ーー   쉬어ー가는 곳   곰배ー령은
도ーー   길을ー멈추 면   곰배ー령의

G   C
말ー이없 는ーー데ー
구ー름이 되ーー네ー

Dm   G   C
여 인 네   속 치마 같
가 엾 이   떠돌아 가

C   Am7
ー은ー   능ー선을ー 허리에 감ー
ー는ー   세월 을ー 허리에 감ー

Dm7   G   C
ー고ー   동ー자 꽃
ー고ー   산ー딸 기

E7   Am   G
물 봉ー선이ー곱 게도피는 그ー날ー
머루 꽃ー 이곱 게도피는 그ー날ー

C
사랑ー두고ー 님 을ー두고   그누가넘어가ー

202

C
Am7
G
C
나
하늘 – 고 개 곰 – 배 령 – – 아

② 66마디로 가세요
C
1. Am7
Dm
–

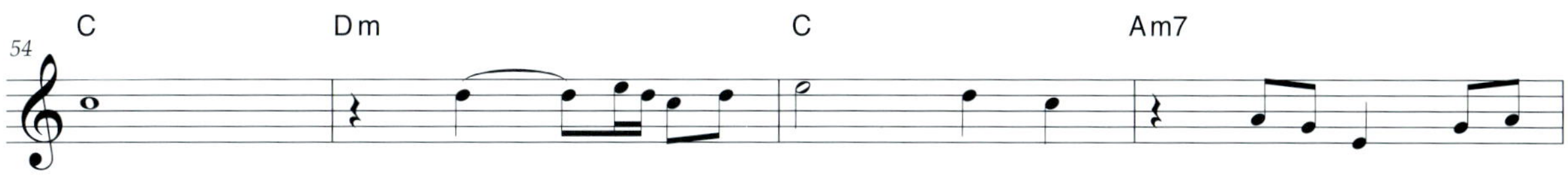
C
Dm
C
Am7

C

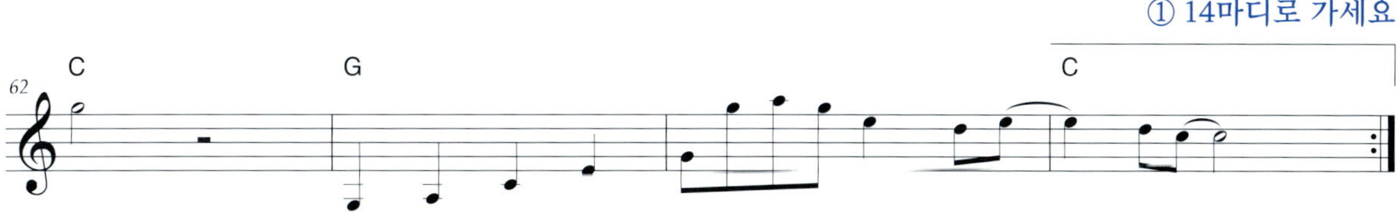
① 14마디로 가세요
C
G
C

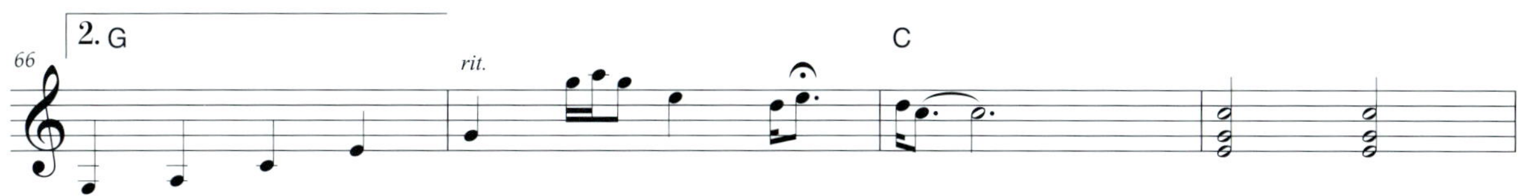
2. G
rit.
C

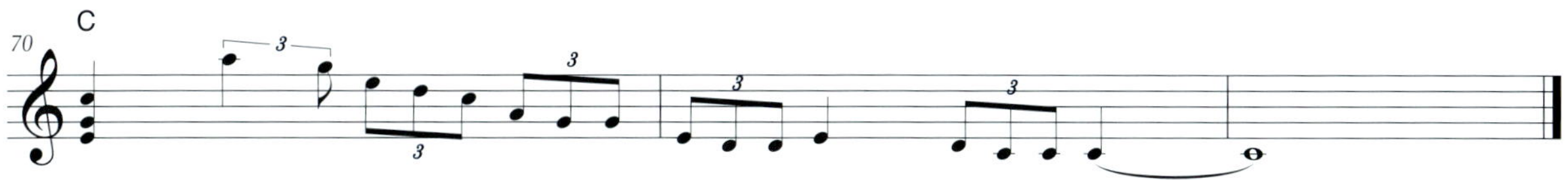
C
3
3
3
3
3

서울의 달

작사 : 최준영
작곡 : 김건모

음원
방송

텅빈방 안 - 에 누워 -

이생각저 런 - 생 각 에 -   기나긴한 숨 -

담 - 배연기 -   또하루가   지나 고   - -

하나되 는 - 게 없고 -   사랑도떠 나 - 가버

리 고 -   술 - 잔에비 친 - 저 하 늘의달과 -   한잔

F7   E   F7   E7
주거니 -   받거니 -   이밤이가는구나   오늘밤바 라- 본

Am7   D7   Dm7   G7   CM7
-    저 - 달이너 무 - 처 량 해 -

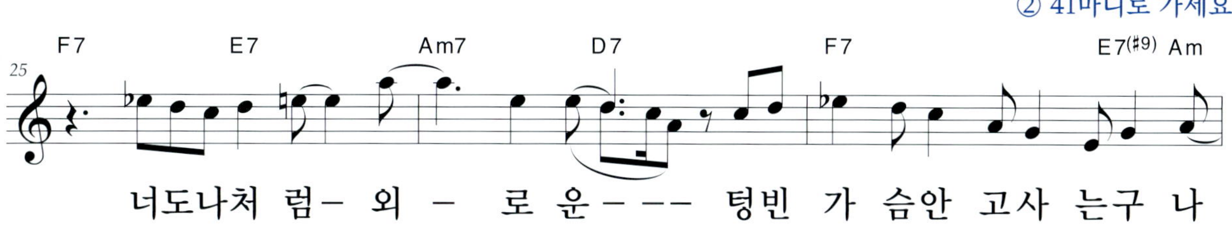
② 41마디로 가세요
F7   E7   Am7   D7   F7   E7(#9) Am
너도나처 럼- 외 - 로 운 - - - 텅빈 가 슴안 고사 는구 나

1. Am   /G#   /G   D/F#
-

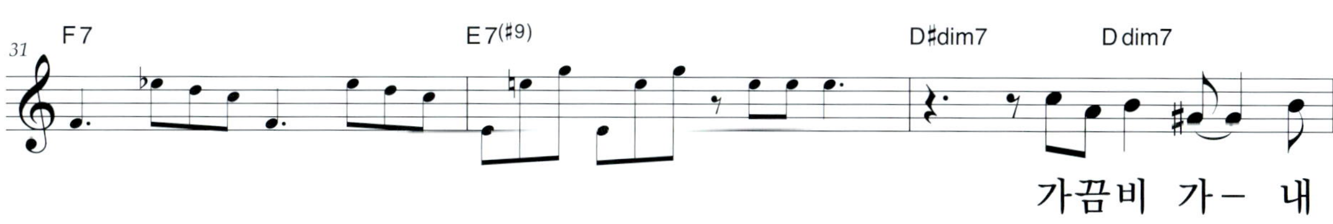
F7   E7(#9)   D#dim7   Ddim7
가끔비 가 - 내

Am/C   Dm7   G7   CM7
리 면 -   구름에니 모 - 습이 가 려 -

Bm7(b5)   E7   Am   /G   F#m7(b5)   F7
어 - 두운거 리 - 또 쓸 쓸해지네 -   텅빈 이거리 -   오늘도 -

① 21마디로 가세요

E   2. Am7   /G#
혼자서걸어가네 - - - -   빠라 뺌 뺌 - 빠 뺌 뺌 -

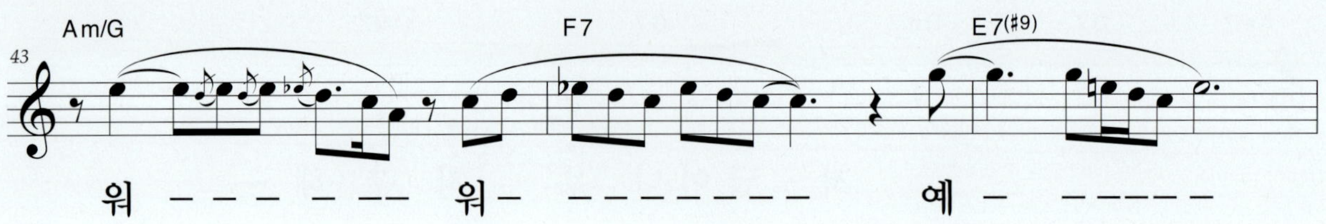
Am/G   F7   E 7(#9)
워 - - - - - 워 - - - - - - 예 - - - - -

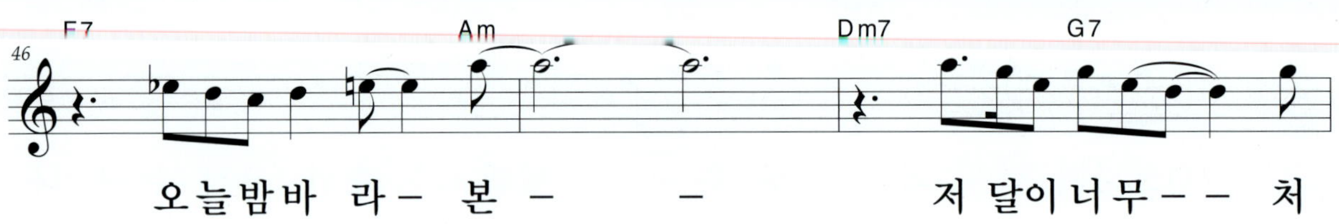
F7   Am   Dm7   G7
오늘밤바 라 - 본 - -   저 달이너무 - - 처

CM7   F7   E7   Am7   D7
량해 - -   너도나처 럼 - 외 - 로 운 - - - 텅빈

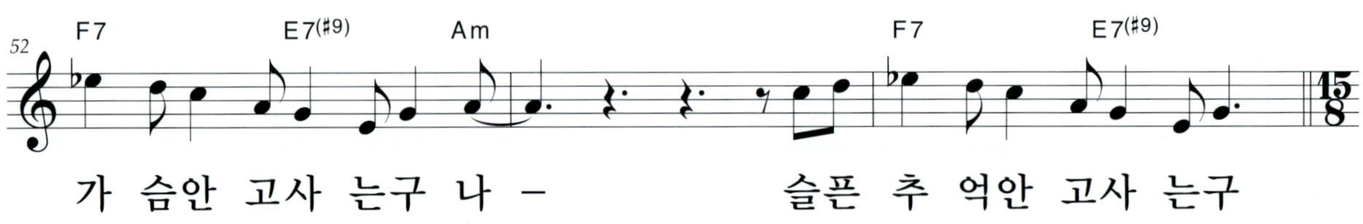
F7   E7(#9)   Am   F7   E7(#9)   15/8
가 슴안 고사 는구 나 -   슬픈 추 억안 고사 는구

Am   D7   F7   E7(#9)   rit.
15/8   12/8
나 - - - - - 텅빈 가 슴 - 안고 - - - - - -   사는구나

N.C.   Am
- - - - - - - -

붉은 입술

- **작사** : 나영진
- **작곡** : 윤음동

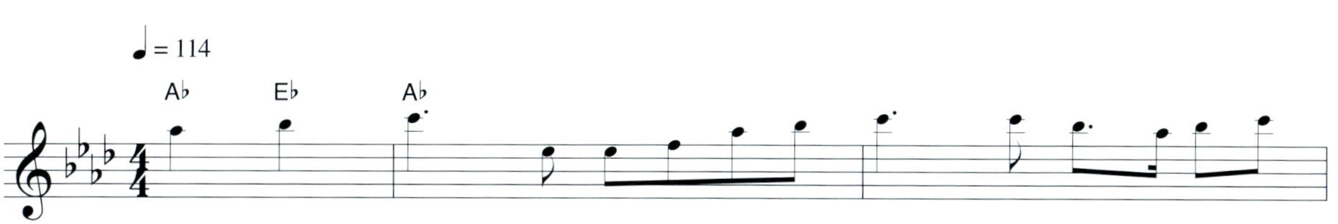

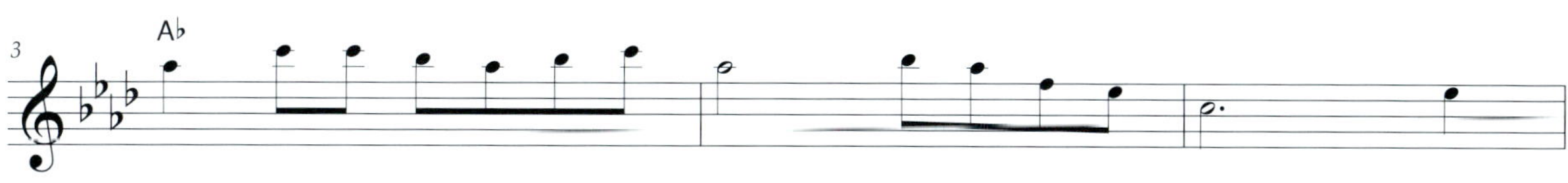

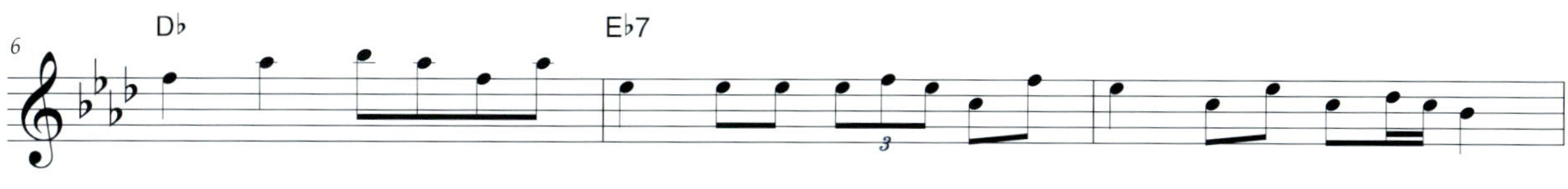

밤
나

—을 —새워 지 는 —달 —도 별을
—를 —두고 가 는 —사 —람 원망

두 고 — 가 는 — — — — — —데 —
도 — — 했 다 — —마 — —는 —

배 — 떠 — 난 —
헤 — 어 — 질 —

부 듯 — — — 가 — —에 —는
운 — 명 — 이 — 기에 —

검 은 연 기 — —만 — —남 —아
웃 —으며 — —보 —냈 — —지

맺 　 　 지 　 못 할
단 　 　 하 　 나 의

사 연 두 고 　 떠 난
사 랑 만 은 　 믿 어

사 람 을
주 세 요

이렇게 밤을 새워 울어야 하
사랑의 노래를 들려주

나 잊 지 못 할 붉은 입
던

② 49마디로 가세요
① 9마디로 가세요

1.
2.

술

사랑이 이런 건가요

◆ **작사** : 이수진
◆ **작곡** : 설운도

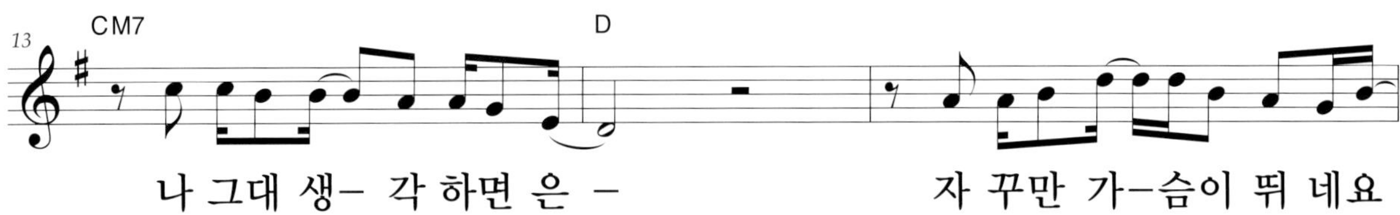

나 그대 생-각 하면 은 -   자 꾸만 가-슴이 뛰 네요

-     어 쩌다 이- 렇 게-멋 진

그 대를 만-나게 됐-는지 -   아 무리 생- 각 해도 난

-     행 운의 남- 자 인 가봐 -

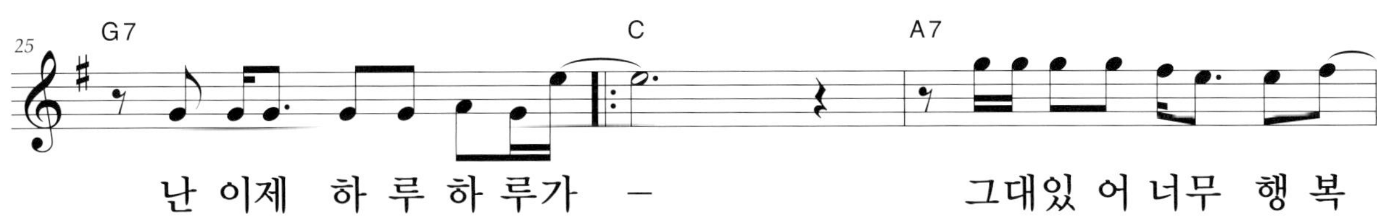

난 이제 하 루 하 루가 -   그대있 어 너무 행 복

- 해 -   그 깊 은사 랑에 빠 져 -

도 대 체 헤어나올- 수 가   없 어   사 랑이 이- 런 건-가요

가 슴이 떨– 려 오–네요 –

나 그대 생– 각 하면은 –
자 꾸만 가–슴이 뛰 네요

② 50마디로 가세요
1.

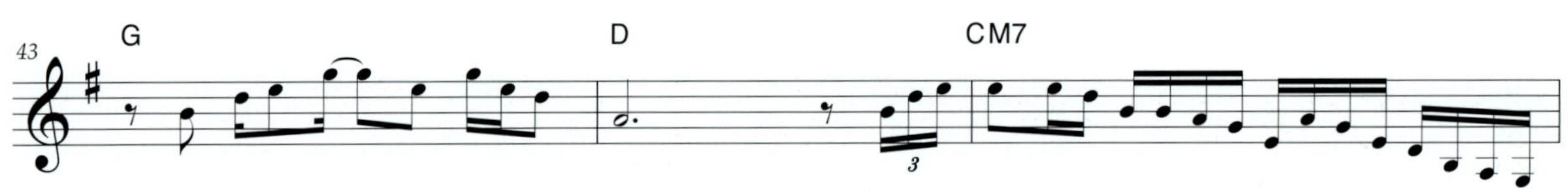

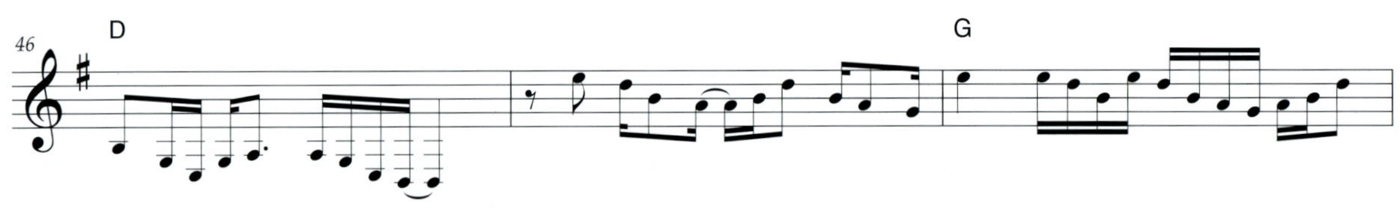

① 26마디로 가세요
2.
난 이제 하 루 하 루가   나 그대 생– 각 하면 은 –

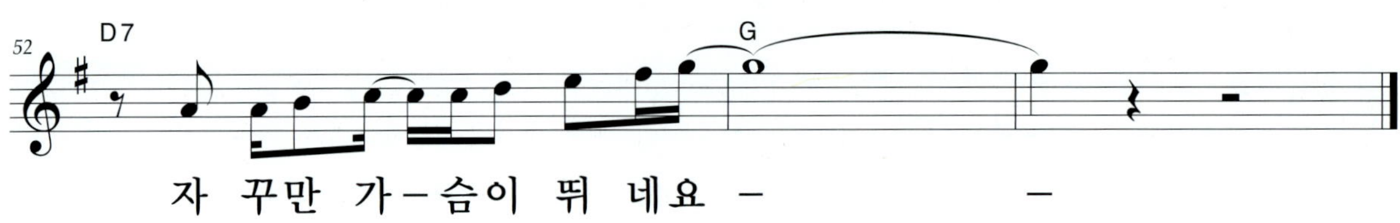

자 꾸만 가–슴이 뛰 네요 –   –

버스 한대

◆ **작사** : 김병걸 외 2명
◆ **작곡** : 박현진

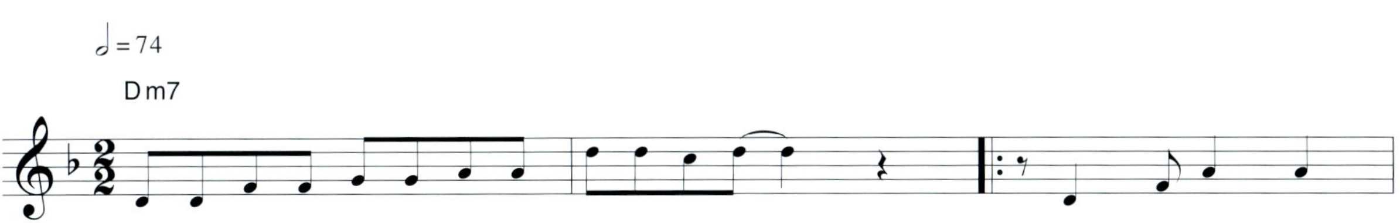

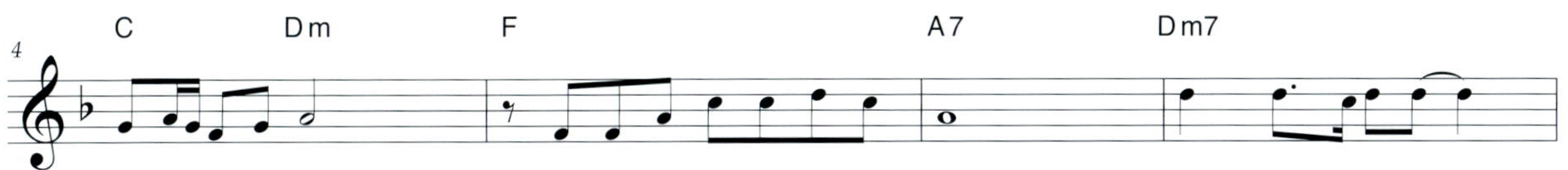

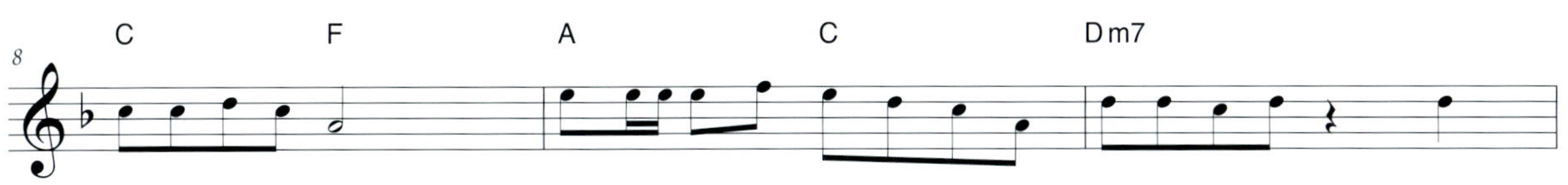

Bb   A   C
－ 까 리띵 까띵 － 까   세 월 이 야 －

A   C   Dm7
가 －든 －말 － －든 －   너

Dm7   Bb   C   Dm7
－ 와 나는 버 －스안에있 다   문을 닫 아라

Bb   C
－   저 세월이 － －못 들어 오게

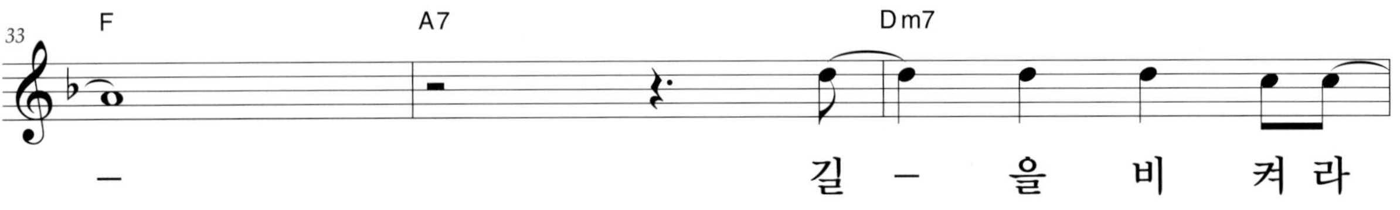
F   A7   Dm7
－   길 － 을 비 켜라

Dm7   Bb
－   버 － 스 가 간 다 －

C   E   A7
나의 애마 버 스가 간다 － － － 이

214

Dm7
Bb
－ 세 상이 너 － 무 좁 구 나 －

C
Dm
F
하 루가 － － 너무 － 짧 구 나 － － －

A
Dm
F
띵 까띵 까 달 － 려라 － 나

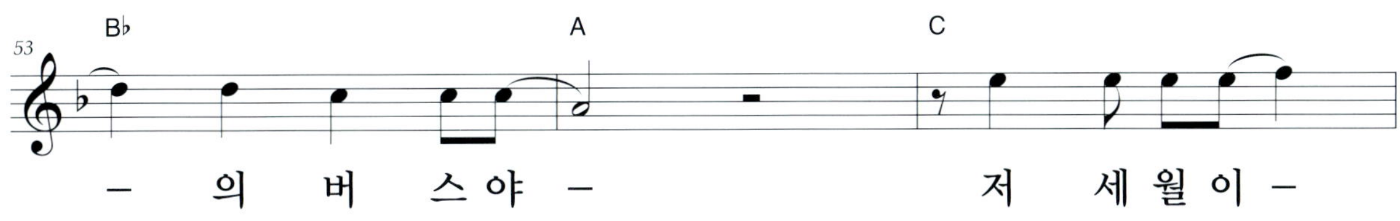

Bb
A
C
－ 의 버 스 야 － 저 세 월이 －

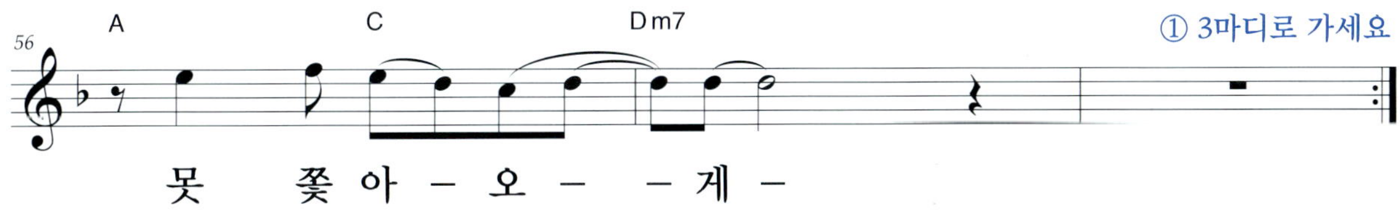

A
C
Dm7
① 3마디로 가세요
못 쫓아 － 오 － －게 －

C
A
C
Dm7
저 세 월이 － 못 쫓아 － 오 － －게 －

Dm7
A7
Dm7
－

한잔의 눈물

작사 : 진미령
작곡 : 송광호

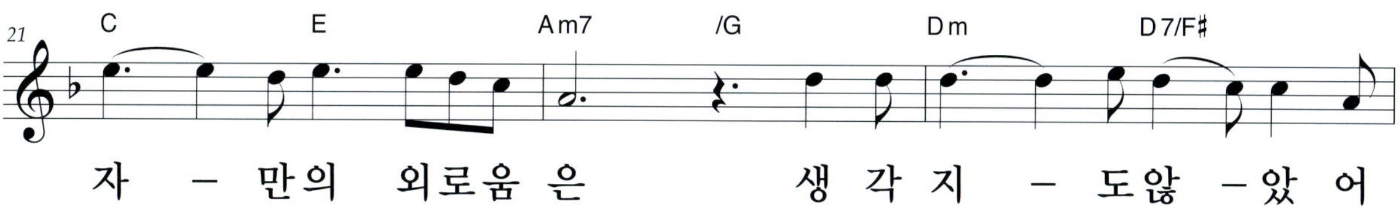
자 — 만의 외로움 은   생 각 지 — 도않 —았 어

요   아 아아아 아아   빰—을스—치며 —

② 37마디로 가세요
잔 을채우는눈 물——— 이—— 여

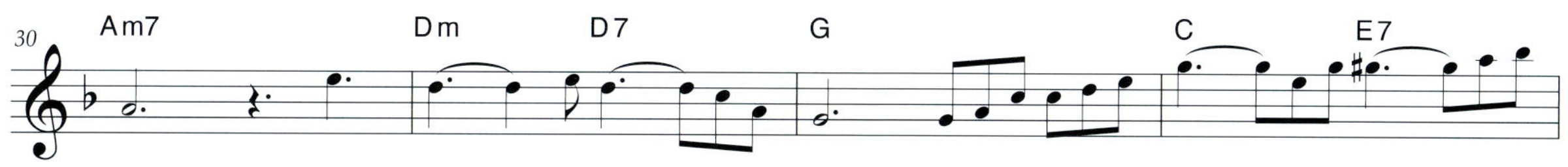

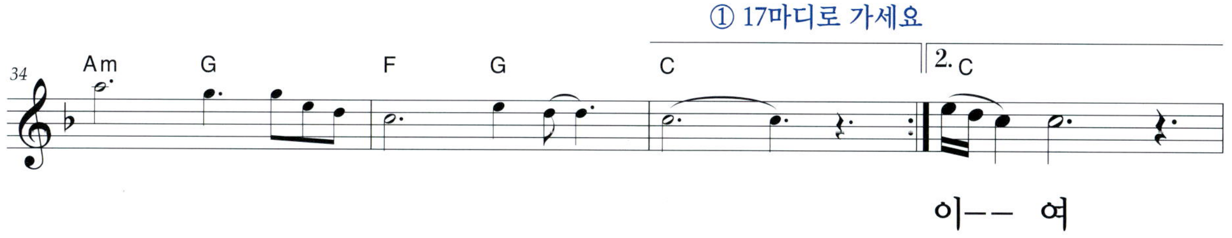
① 17마디로 가세요
이—— 여

아 아아 아아아   빰—을스—치며 —   잔 을채우는눈 물———

이—— — 여

가지마

◆ **작사** : 진성
◆ **작곡** : 김도일

F#m
A
Bm7
－ － 가－ 지 －마－ 　 동아 －줄－ 로도

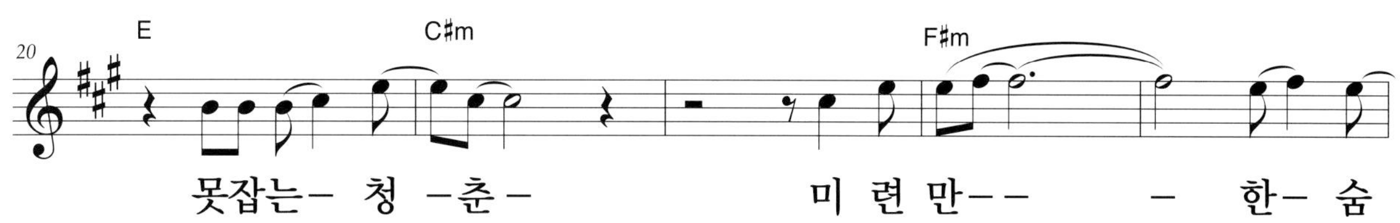
E
C#m
F#m
못잡는－ 청 －춘－ 　 미 련 만－－ － 한－ 숨

A
Bm7
C#m7
F#m
－만－ 　 제발 －남－ 지 않는 삶 이되 －길－

Bm7
E
F#m
눈물방울빗 물로 여기면서살아왔던 날 　 들이 －

Bm7
E
C#m
후회한점없 다면 그건 거 －－짓 －말－ 　 그저

F#m
C#m7
오 로지－ 　 사랑 하 나－만 －을－ －위 －해－

Bm
C#m7
F#m
나 살리라－ 오늘 내－ 일 －도－

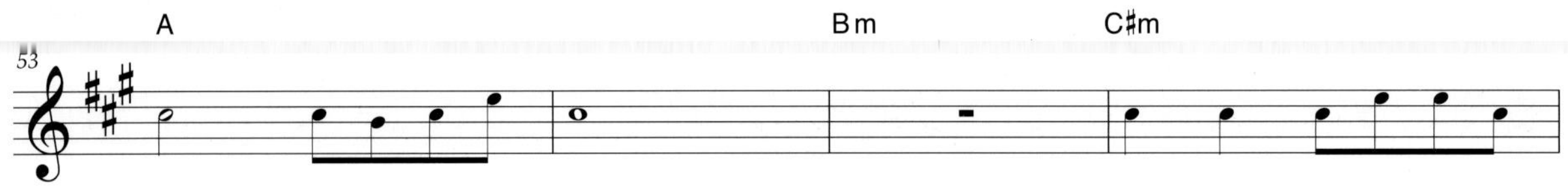
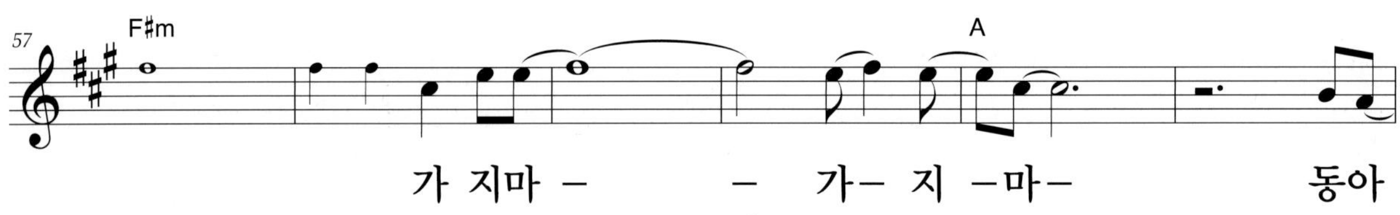

가 지마 - - 가- 지 -마-   동아

-줄- 로도 못잡는- 청 -춘-   미 련 만--

- 한- 숨 -만-   제발 -남- 지 않는 삶 이되

-길-   눈물방울빗 물로 여기면서살아왔던 날   들이 -

Bm7
E
C#m
후회한점없 다면 그건 거 --짓 -말- 그 저

F#m
C#m7
오 로지- 사랑 하 나-만 -을- -위 -해-

Bm
C#m7
F#m
Bm7
나 살리라- 오늘 내 -일 -도- 눈물방울빗 물로

E
F#m
Bm7
여기 면서 살아왔던 날 들이 - 후회한점없 다면

E
C#m
F#m
그건 거 --짓 -말- 그저 오 로지- 사랑 하 나-만

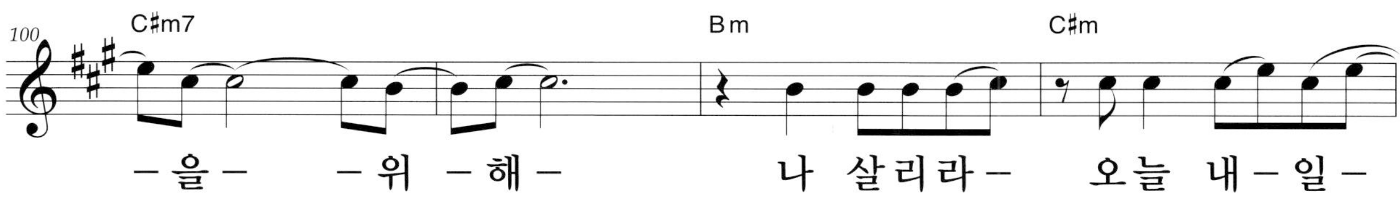
C#m7
Bm
C#m
-을- -위 -해- 나 살리라- 오늘 내 -일-

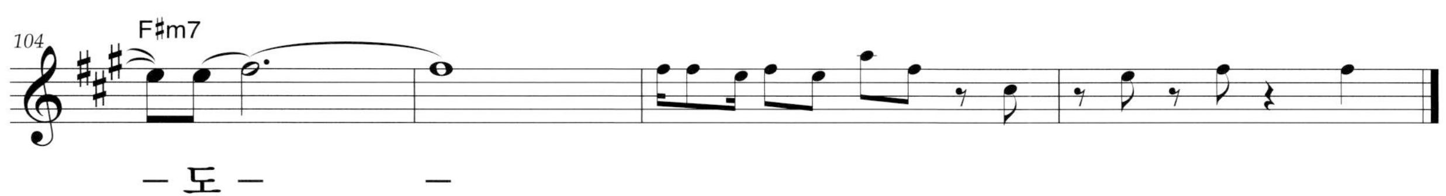
F#m7
-도- -

죽는 시늉

◆ **작사** : 나훈아
◆ **작곡** : 나훈아

18 F Gm7 C7
눈-엔 – 당 신 –입 니다 – 오 로-지 – 당 신
많-은 – 사 람 –들 중에 – 당 신-만 – 보 였

21 F F7 Bb F Dm7
–입 니다 – 자 꾸-만 – 생 각 – 납 니다 – 당
–습 니다 – 수 많-은 – 인 연 – 중 에서 – 당

24 Gm7 C7 F Bb
신 을 사 랑– –합 니다 – 어 떻게 – 해야 할
신 은 사 랑– –의 인연 – 어 떻게 – 해야 하

27 F C7 3 F F7
– 까요– – 어떻 –게 하면 좋– – 을 까요 어
– 나요– – 당신 –이 너무 좋– – 은 –데 어

② 34마디로 가세요
30 Bb F Gm7 C7
떻 게 – 하면 내 맘 알 – 까요– –죽으 라 면 죽는시늉
떻 게 – 하면 내 속 알 – 까요– –죽으 라 면 죽는시늉

① 1마디로 가세요
33 1. F 2. F Gm7 C7
까지할 게요 – 까지할 게요 – 죽 으라면 죽는

36 C7 F F7 Bb/F Bbm/F F
시늉 까지 – 할 게 – 요 –

애모

◆ **작사** : 유영건
◆ **작곡** : 유영건

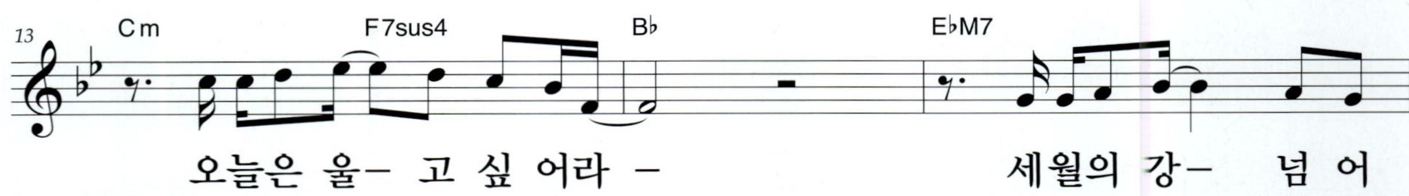

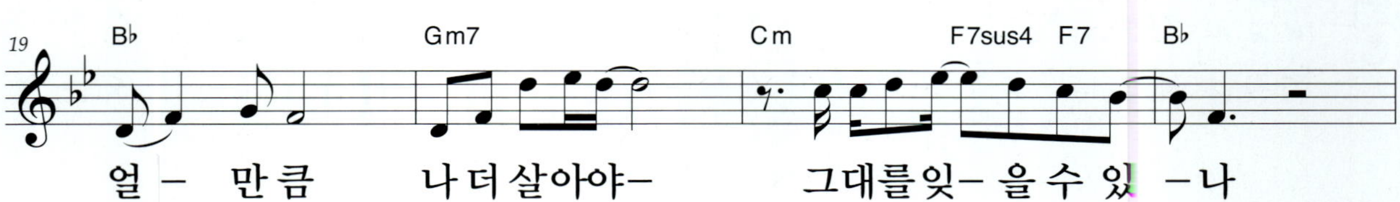

26
B♭   F   B♭   F7/A   Gm   B♭/F
- 람아 -   그대 - - 앞 -에만 서 - 면 -   나

29
E♭M7   Cm7   F   B♭   F/A   Gm   B♭/F
는 왜 작아 지는가 -   그대 - - 등 -뒤에 -서 면 -   내 -

33
Cm   C   F   Faug   B♭   Gm7
눈   은 젖 어 드는데 -   사랑 때 문에 -   침 묵 해 야할 -

37
Cm   F7sus4 F   B♭   E♭M7   B♭   G7/B
나 는당 신의남 자   그리고추 - 억이   있 는 -한 - 당 -

② 47마디로 가세요
41
Cm   F7   1. B♭   E♭M7   F7/E♭
-신은 -   나 의여 -   -자여 -

① 27마디로 가세요
45
Cm   Cm/B♭   F7sus4 F7   2. B♭   Cm7   F7
3
-자여 -   당 - -신은 -   나의여

49
N.C.   B♭   F/A   Gm   E♭   B♭
자   여 -

그런 사람 또 없습니다

◆ **작사** : 강은경
◆ **작곡** : 조영수

D.S. al Coda

－데　　　사 랑 이란 －　　 － 그말 은못 －해 도 －　　먼곳에 서 이렇게

－　　　　바라 만보－ 아 도－－　　　모든걸줄 － 수 있 어서－　　　사랑

할 수있어서－ －　　 난 슬퍼도 　행복합－－ － 니다 －　　　아무것도

－ － 바라 지 않아 도 －　　그대웃 어 준 다 면－－ － 난행 복할－ 텐

－데 － 사랑은주 －는거니까－　　 그저 주는거니까－ －　　 난 슬퍼도행복합－

－ 니다－　　　　 음 두루두두두루루 － 음－ －－ －－－－

빈지게

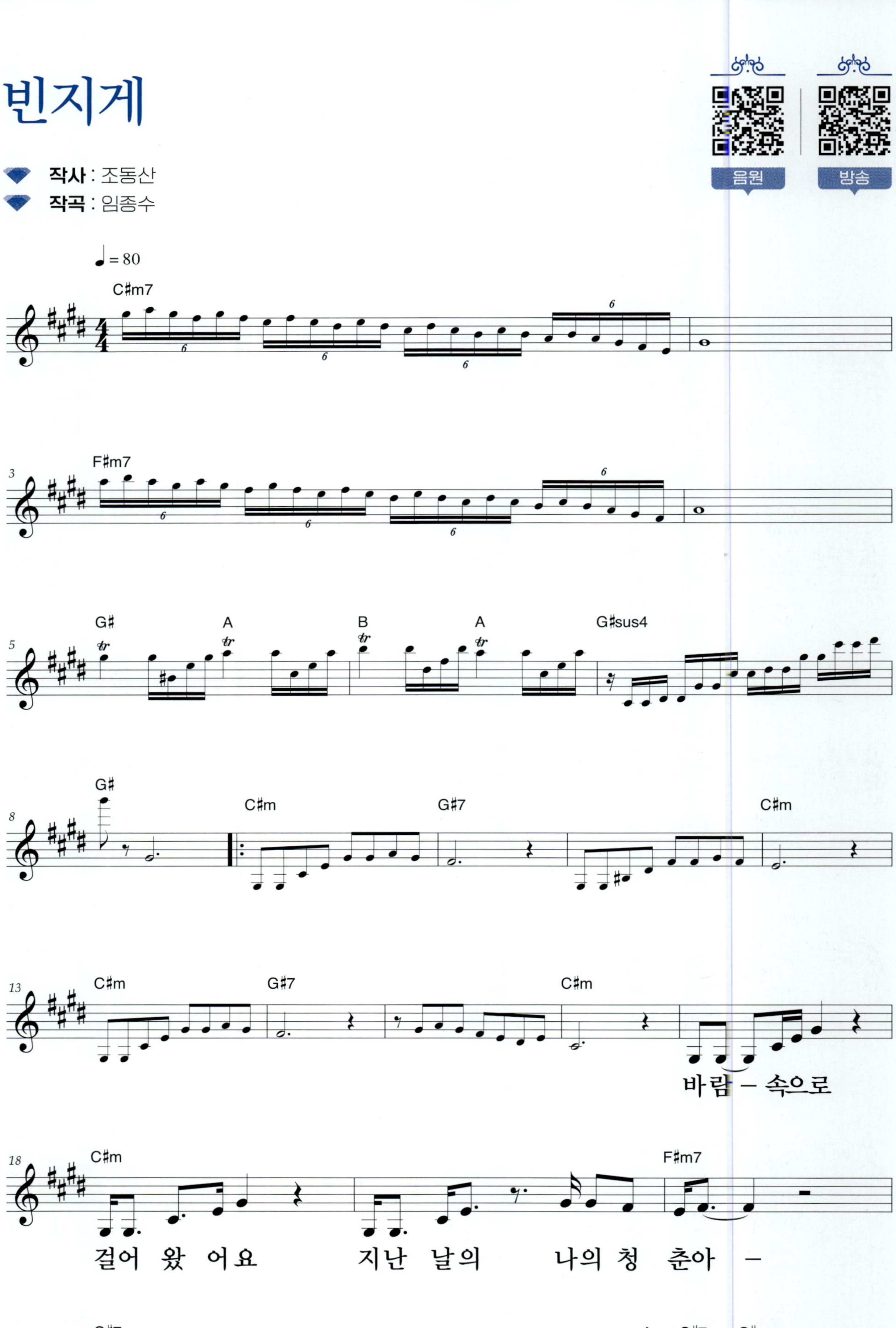

C#7   F#m   B7   E   G#
돌 아보 면 흔적 도없는   인 생길은 빈 술 잔

C#m   F#m   G#
빈 지 게 - 만 덜 렁 매고서   내 가여기 서

C#m   F#m   C#m
있 네   아 - 나의 청 춘   아 - 나의 사랑아 무

B7   E   G#7   C#m
슨미 련 - 남아있 겠 니   빈 지 게를 내려놓고

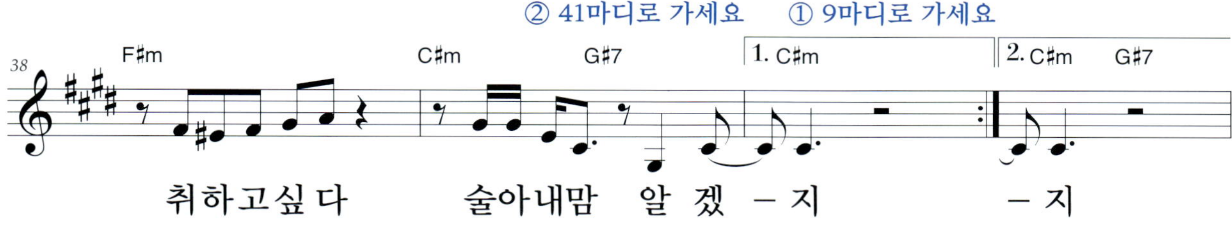
② 41마디로 가세요   ① 9마디로 가세요
F#m   C#m   G#7   1. C#m   2. C#m   G#7
취하고싶 다   술아내맘 알 겠 - 지   - 지

C#m   F#m   C#m   G#7
빈 지 게를 내려놓고 취 하고 싶 다   술아내 맘 알

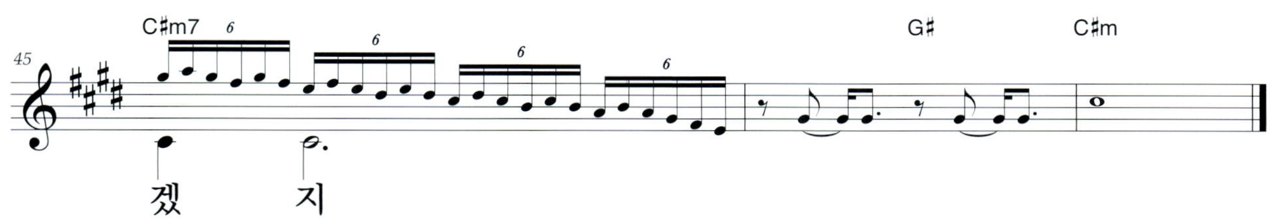
C#m7   6   6   6   6   G#   C#m
겠 지

그 겨울의 찻집

작사 : 양인자
작곡 : 김희갑

음원
방송

바람속으로— 걸어 갔 어요 —   이른아침의— 그찻 집   마른

꽃 걸린 창—— —가에—앉아   외로움을마 셔—— 요

아름다운죄   사랑때문—에   홀로지샌긴 —밤——이 —여 —

뜨 거운이름   가 슴에 두면   왜 한숨이— 나는걸 까   아—

웃 고있어도   눈 물이난다   그대 나의 사 랑-- - 아

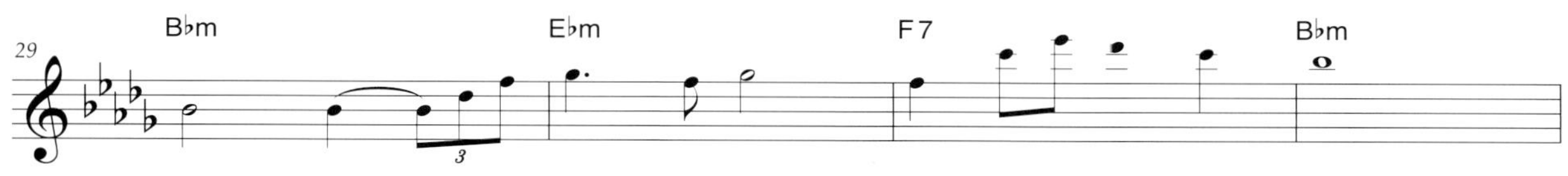

아름다운죄   사 랑때문-에   홀로지샌긴-밤--이 -여

뜨 거운이름   가 슴에 두면   왜 한숨이-나는걸 까   -- 아--

웃 고있 어도   눈 물이난다   그대 나의 사 랑-- -아 -

잃어버린 30년

작사 : 박건호
작곡 : 남국인
음원
방송

비가오나ㅡ ㅡ눈이오나   바람이 부ㅡ나   그리웠던 삼 십 년 세
내일일까ㅡ ㅡ모레일까   기다린 것ㅡ이   눈물맺힌 삼 십 년 세

월
의지할 곳 없 는이몸	서러워 하며	그얼
월
고향잃 은 이 신세를	서러워 하며	그얼

마 나 - 울었던 가 요	우리형 제	이제-라도
마 나 - 울었던 가 요	우리남 매	이제-라도

다시만 - 나 서 못 다 한 정--나 - 누는 데

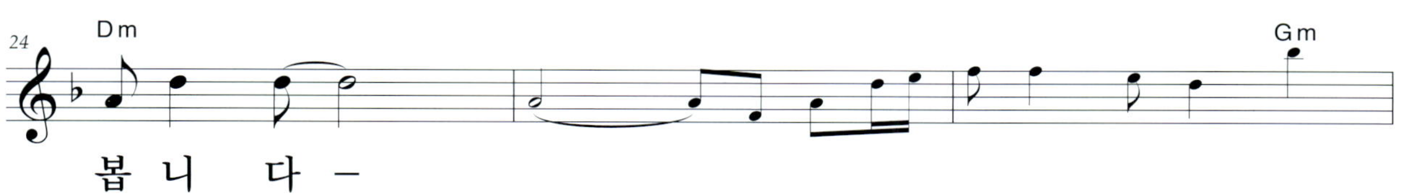
② 29마디로 가세요
어머님 - 아버님 - 그어디에계십니 까 목 메 이 게 불러

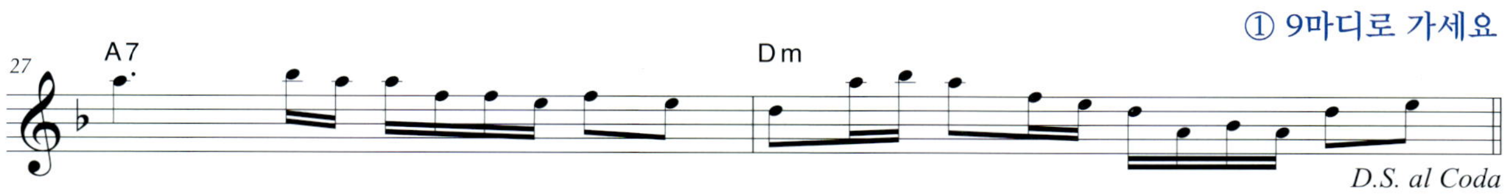
봅 니 다 -

① 9마디로 가세요
D.S. al Coda

rit.
봅 니-- 다

이별

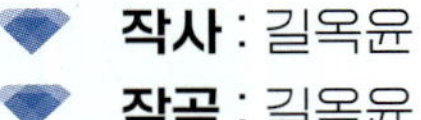

작사 : 길옥윤
작곡 : 길옥윤

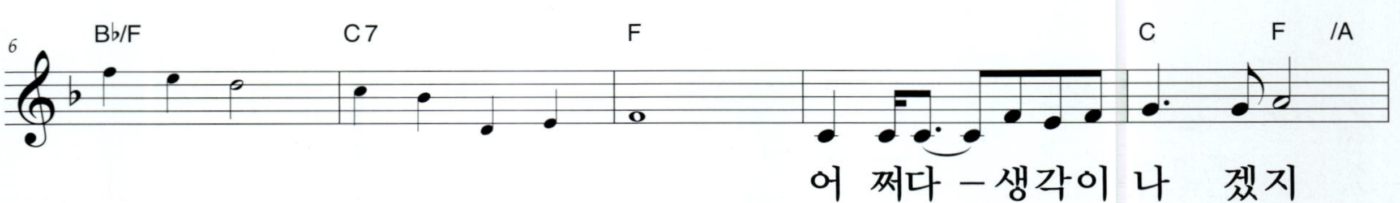

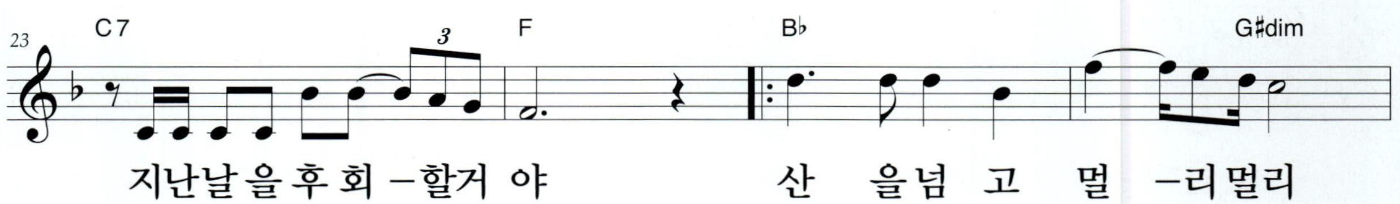

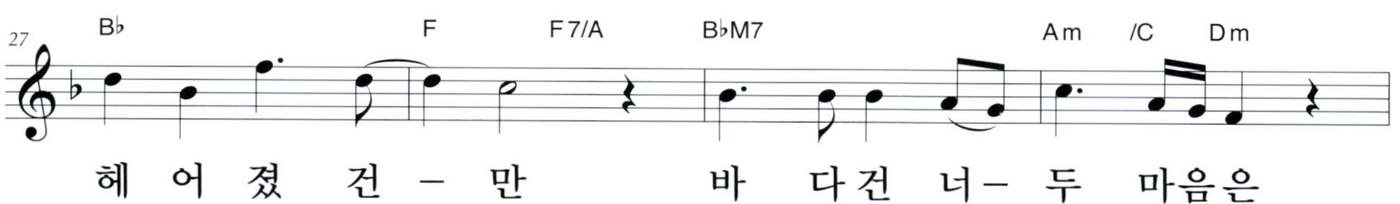
헤 어 졌 건 – 만   바 다 건 너 – 두 마 음 은

떨 어 졌 –지– 만   어 쩌 다 – 생 각 이 나 겠 지

냉 정 한 – 사 람– 이 지 만– –   그 렇 게 – 사 랑 했 던

② 49마디로 가세요
기 억 – 을   잊 을 수 는 – 없 을 거 야

1. F   C   F /A B♭   C   F   B♭

① 25마디로 가세요
잊 을 수 는– 없 을 거 야

잊 을 수 는 없 을 거 야–

사랑

음원
방송
작사 : 나훈아
작곡 : 나훈아
♩. = 90
A♭ Cm D♭ E♭
D♭ A♭ E♭7 A♭
이
A♭ B♭m E♭7 A♭
세상에— 하나밖에 둘도없는 내 여인가— 보고또
A♭ B♭m E♭
보고 또 쳐다봐도 싫지않는 내사랑
A♭ A♭7 D♭ A♭
아 비 내—리는 여름— 날엔
행여— 당신 외로 —울땐
E♭7 A♭ A♭7 D♭
내가 —슴은우 산이 되 고 눈 내— 리는
내가당 신친 구가 되 고 행여— 당신
A♭ E♭7 A♭
겨울 — 날엔 내가—슴은불 —이 되리라— 온
우울— 할땐 내가—당신웃 —음 주리라— 이

② 41마디로 가세요
① 17마디로 가세요
1.
2. A♭
rit.

세상을 –　다준다 해도　바꿀수 없는 –　내
세상에 –　하나밖에　둘도없 – 는 –　내

여인아 –　잠시라 도　떨어져 선　못살것
여인아 –　보고또

같은 –　내 사람 아

보고 –　또　쳐다봐도　싫지않

는　내 사람 – 아 –

사랑은 연필로 쓰세요

◆ **작사** : 유명진
◆ **작곡** : 남국인

꿈으로가득 차 설레이는이가슴에 - -

사랑을쓸려거든 연 필로쓰 - 세 - 요

사랑을쓰다 가 쓰다가틀리 면 - -

② 55마디로 가세요
지우개로깨끗 이 지워야하 - 니 - 까

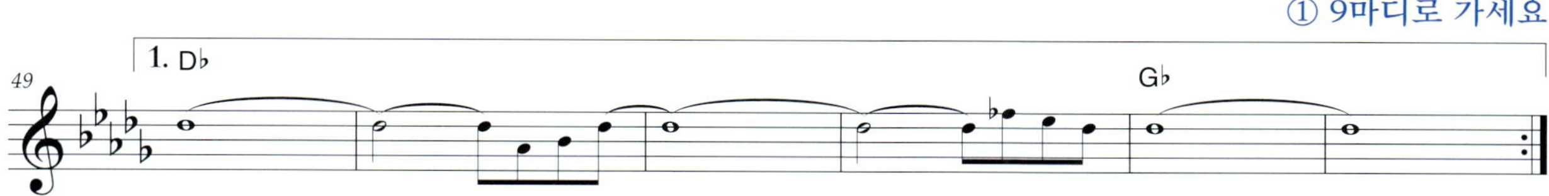
① 9마디로 가세요
1. Db

2. Ab
지우개로깨끗 이 지워야하 - 니 - 까

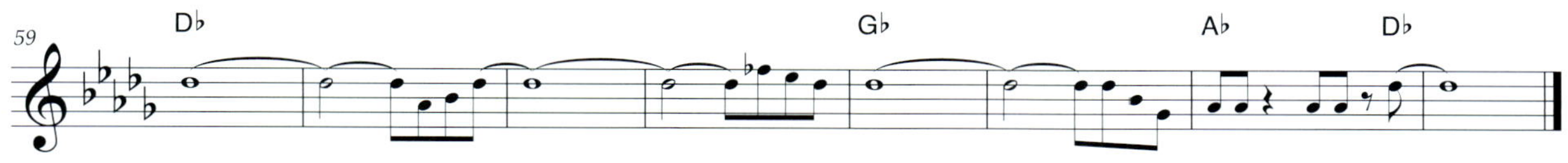

미운 사랑

◆ **작사** : 김미령 외 1명
◆ **작곡** : 송광호

19
Cm7 Fsus4 F B♭
차라리 저 멀리 둘― 걸   미워졌다 고   갈 수 있 나―

22
Gm Cm C7 Fsus4 F
― 요   행여 나   찾아 올 까― 봐

25
B♭ Gm Cm7 Fsus4 F
가슴이사랑을―잊 지 못―― 해   이별로끝난다해― 도

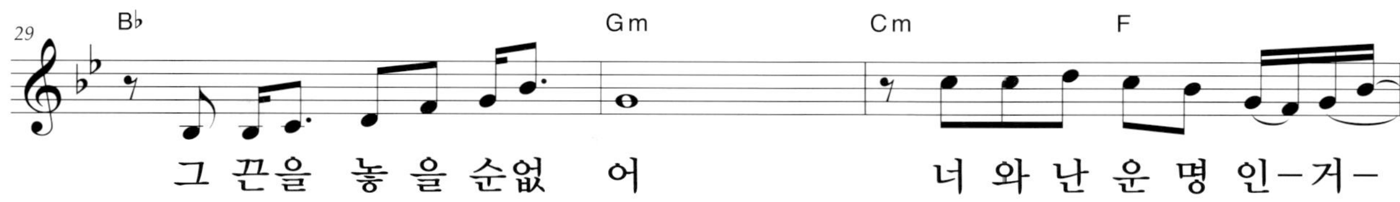
29
B♭ Gm Cm F
그 끈을 놓 을 순없 어   너 와 난 운 명 인―거―

32
B♭ A♭/B♭ B♭ E♭ Cm Fm7 F
― 야

36
B♭7 E♭M7 Cm Fm7 B♭sus4

40
E♭ A♭/B♭ B♭ E♭ Cm7
이 렇 게 살 라고   인 연을맺―었―나― ―

차 라 리　　　저 멀 리 둘 － 걸　　　　　미 워 졌 다
고　　갈 수 있 나 － 요　　행 여 나　　찾 아 올 까 － 봐
가 슴 이 사　랑 을 － 잊 지　못 － 해　　이 별 로 － 끝 난 다 해 －
도　　　그 끈 을　　놓 을 순 없 어　　－ －
너 와 난 － 운 명 인 거 － 야　　그 끈 을 놓 을 순 없
어　　－ －　　너 와 난 운 명 인 거 － 야　　－

그날들

작사 : 김창기
작곡 : 김창기

물이흐르곤 했 었던 그날들- 잊 어야한-다면잊혀지- 면
좋 겠어- 부질 없 는아-픔과- 이 별- 할 수 있-도록- 잊
어 야한-다면 잊 혀지-면 좋 겠 어- 다-시
② 35마디로 가세요
① 27마디로 가세요
-돌아올 수없 는그- -대를- 잊 -대를-
잊 어야한-다면잊혀 지- 면
좋 겠어- 부질 없 는아- 픔과- 이 별- 할 수 있- 도록 잊

④ 54마디로 가세요
③ 46마디로 가세요
어 야한－다면 잇 혀지－면 좋겠 어 － 다－시 －돌아올수없 는 그－
－대를－ － 잇 －대를－ 그 대를 생각－ 하는
것 만으로 － 그 대를 바라볼수있 는－ 것 만으로도－ 그
대 의 음 성을－ 듣는것 만 으로 도 기 쁨을느낄수있 었던
－그 날들 그 렇듯 사랑했 던 것 만으로 － 그
렇듯 아파해 야 했 던 것 만으로 － 그 추 억 속 에서－ 침묵해 야
만 하는 다시 돌아올－수없－ 는 그날 들

작사 : 양인자
작곡 : 김희갑

너를

마 지 막 으 로 — 나 의 청 춘 은 끝 이 — 났 다 — 우 리 의
꽃 송 이 송 이 — 웨 딩 드 레 — 스 수 놓 던 날 — 우 리 는

— 사 랑 은 모 — 두 끝 났 — 다 램 프 가
— 영 원 히 남 — 남 이 되 — 고 고 통 의

— 켜 져 있 는 — 작 은 찻 집 에 서 나 홀 로 — 우
— 자 물 쇠 에 — 갇 혀 버 리 던 날 그 날 은 — 나

리 의 추 억 을 태 워 — 버 렸 — 다 — 사 랑 — 눈
도 — 술 잔 도 함 께 — 울 었 — 다 —

— 감 으 면 모 — 르 리 — 사 랑 — 돌 — 아 서 면 잊 으 리 —

A   A7   D   E7
사 랑 – 내 –오늘은울 지만–   다 시는울지 않

③ 34마디로 가세요
① 9마디로 가세요
A   D/A   A   E
겠다 –
하얀 용서않 으니– 내 가
너 를

A   Bm7   E7
괴로워안되–겠다– 나 의 용서 는 너를잊 는– 것   너는

A   E   A   F#m   Bm   E
나 의인 생을– 쥐고 있다놓아버렸 다–   그 대 를이제는내가 –

A   ② 17마디로 가세요   B♭
D.S. al Coda
보낸다 –   사 랑 – 눈 –감으면모–르리–

E♭   F7   B♭
사 랑 – 돌 –아서면잊 으리–   사 랑 – 내

B♭7   E♭   F   B♭   E♭/B♭   B♭
rit.
–오늘은울 지만–   다 시는울지 않– 겠다 –

울릉도 트위스트

작사 : 황우루
작곡 : 황우루
음원
방송

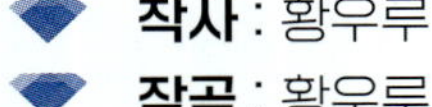

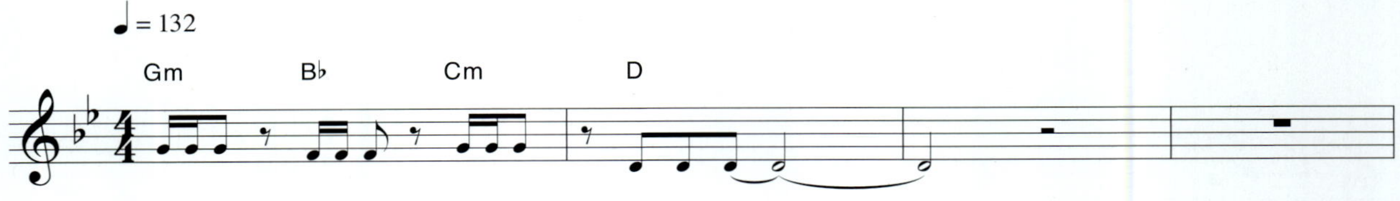

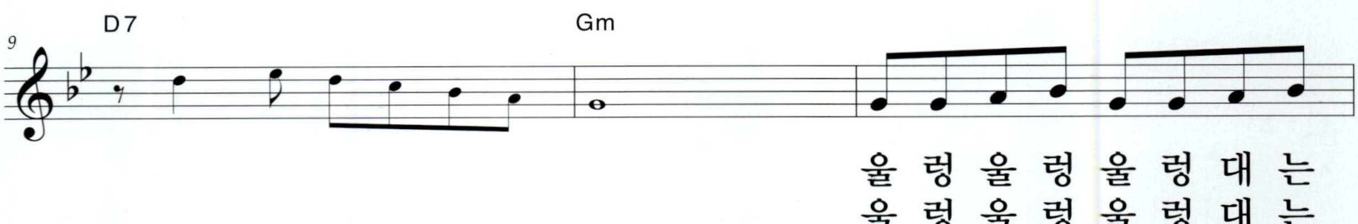

울렁울렁울렁대는
울렁울렁울렁대는

가슴안고 - 　연락선을타고가면 울릉도라 - 　뱃
울릉도길 - 　연락선도형편없이 지쳤구나 -

- 머리도신이나서 트위스트 - 　아 름다운울릉
어지러워비틀비틀 트위스트 - 　요 게바로울릉

도　　붉 게피 - 어나는 동 백꽃 - 잎처럼
도　　평 생다 - 가도록 기 차구 - 경한번

아 가 씨 - 들 예 쁘 고
못 해 보 - 고 살 아 도
둘 이 먹 - 다 가 -
기 차 보 - 다 좋 은
하 나 죽 - 어 도 - 모 르 는 - 호 박 - - 엿 -
비 행 기 - 는 구 경 실 컷 하 - 며 살 아 요
울 렁 울 렁 울 렁 대 는 처 녀 가 슴 -
싱 글 벙 글 생 글 생 글 처 녀 총 각 -
오 - 징 어 가 풍 년 이 면
영 감 마 님 어 서 와 요
시 집 가 요 -
트 위 스 트 -
육 지 손 님 어 서 와 요 트 위 스 트 -
오 징 어 도 대 풍 일 세 트 위 스 트 -
① 5마디로 가세요
나 를 데 려 가 세 요
사 - 랑 을 합 시 다
사 - 랑 을 합 시
다 사 - 랑 을 합 시 다 -

젊음의 노트

작사 : 장경수
작곡 : 장욱조
♩ = 140

음원
방송

안 개

속 을   걸 어 봐 도   채 워 지 지   않 는 나 의 빈 가 슴

—   잡 으 려 면   어 느 새   사 라 지 는   젊 음 의

무 지 — 개 여   커 피 를 마 셔 보 도   느 낄

수 가   없 는 나 의 빈 가 슴 —   까 만 밤 을   하 얗 게   지 새

우 는   젊 음 의 고 독 — 이 여   —

② 39마디로 가세요 ① 31마디로 가세요

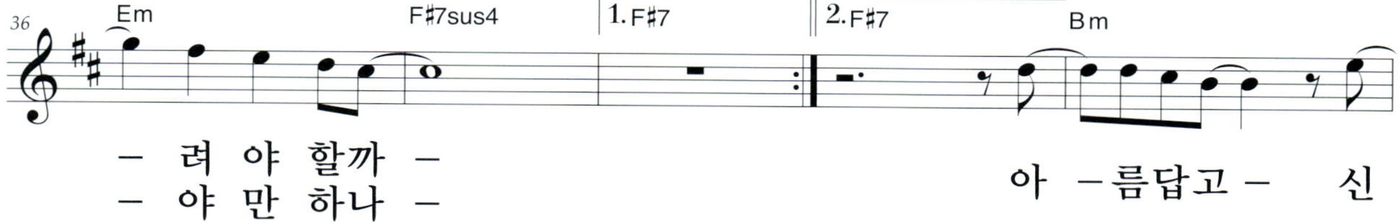

③ 31마디로 가세요

고향으로 가는 배

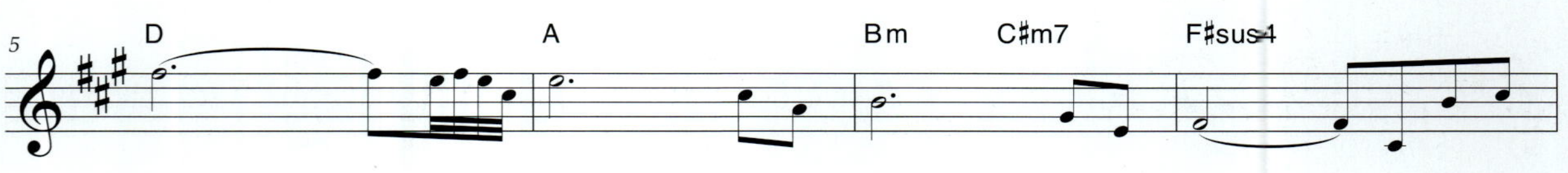

Bm
E
A
- 쳐 -
소 곤 -대는 - 남 -촌에--

D
Bm
E
아 침-햇살 - 다 정히 -
풀잎-마다 - 반

A
C#7
F#m
기니 -
고향으로 - 가는 - 배

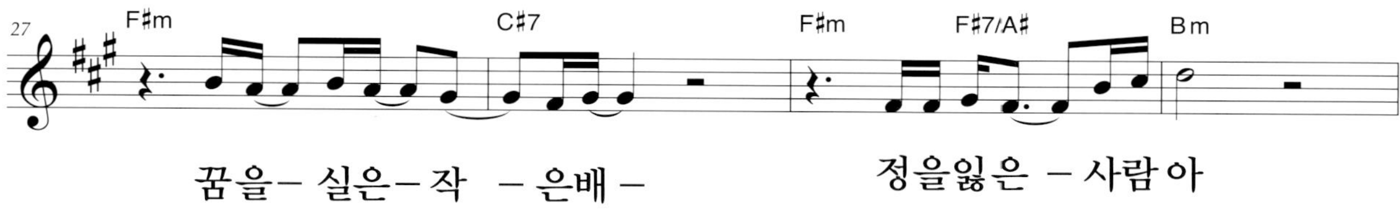
F#m
C#7
F#m
F#7/A#
Bm
꿈을- 실은-작 -은배 -
정을잃은 - 사람아

DM7
C#7
F#m
F#m7
고 향-으로 - 갑 -시 다

D
A
Bm
F#m
/E

D
A
Bm
C#m
F#sus4

산비둘기 –쌍쌍 –이 –　　짝을–찾는남 촌에 –
피리–부는 목　　동의 – 　　옛 노래가 – 그
–리운 –　　고향으로　– 가는 – 배
꿈을– 실은– 작　– 은배– 　　정을잃은 – 사람
아　　고 향–으로 – 갑 –시 다
① 50마디로 가세요
고향으로 –　　갑 시 –다 –

세월 베고 길게 누운 구름 한 조각

◆ 작사 : 나훈아
◆ 작곡 : 나훈아

♩ = 84

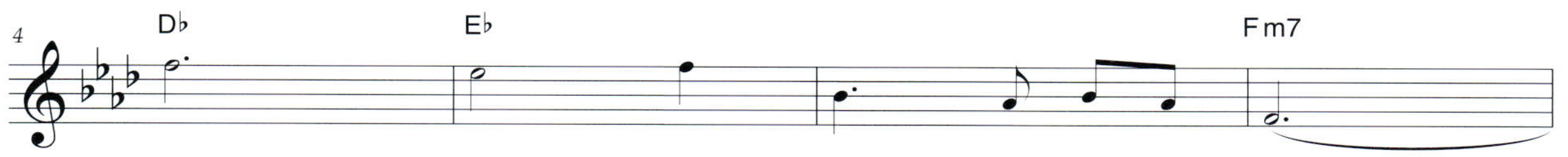

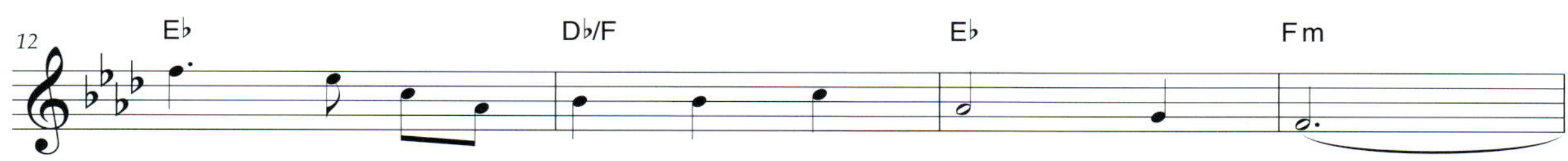

구름 한 조각 — 하얀
저 산 — 비둘 기 — — 가지끝에
구 름 한 조각 — —
하루 를 접 네 — —
여보게 — 우 — 리 쉬었다 가세 —
남은 잔은 비우고 가세
남은 얘기 다하고 가세
가 면 — 어 — 때 저 — 세월
가 면 — 어 — 때 — — 이 — 청춘
저녁 — 깔린 뒷 마당에 쉬었다 가세 —

② 57마디로 가세요
④ 66마디로 가세요 ① 1마디로 가세요
C7   Fm7   1.   2. Fm
여보게 – 쉬었다 가 세 – –

Fm   B♭m
가면 – 어 – 때 – 저 – 세 월

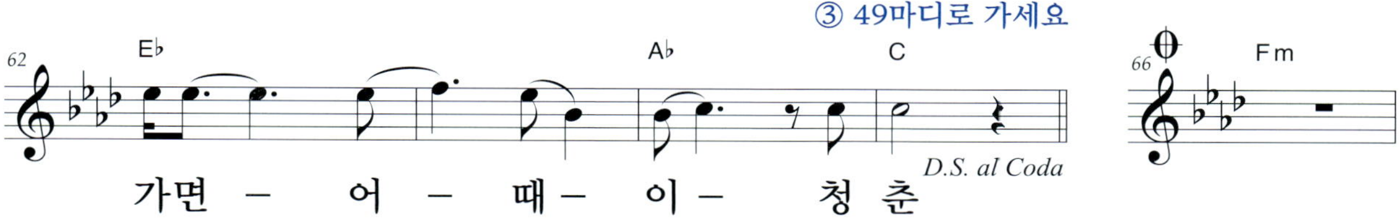

③ 49마디로 가세요
E♭   A♭   C   Fm
가면 – 어 – 때 – 이 – 청 춘
D.S. al Coda

C7   Fm
여보게 – 쉬 었 다 가 세 – –

C7   rit.   Fm a tempo
여보게 – 쉬 었 다 가 – 세 – – –

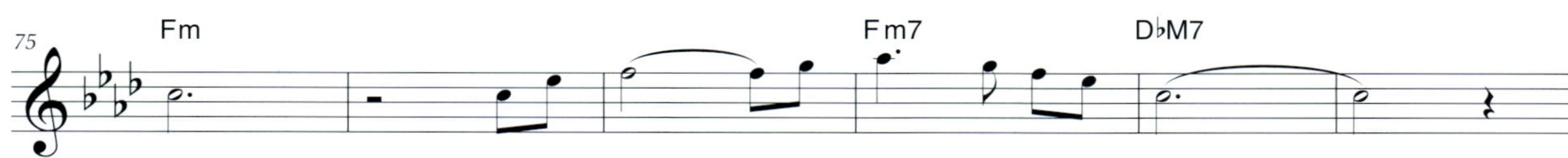

Fm   Fm7   D♭M7

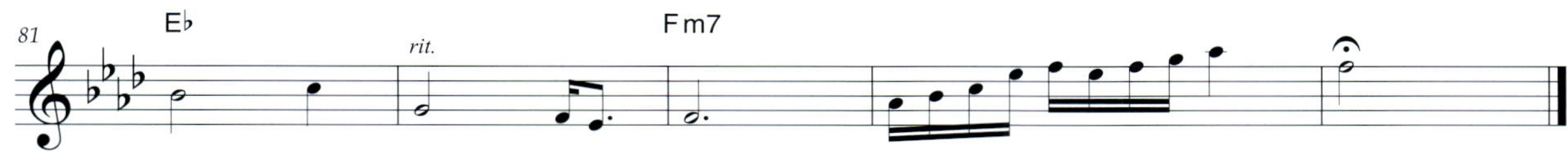

E♭   rit.   Fm7

Chapter 4

뽕숭아 학당

배움의 시간, 영웅의 끝없는 도전

찰랑찰랑

미안미안해

신토불이

흥부자

응급실

운명 같은 여인

진정인가요

Dash

홍랑

동행

비내리는 영동교

무조건

사랑님

보고싶다

고향무정

사랑의 미로

그대여 변치마오

사람이 꽃보다 아름다워

애가 타

소풍 같은 인생

찰랑찰랑

◆ **작사** : 박건호
◆ **작곡** : 이호섭

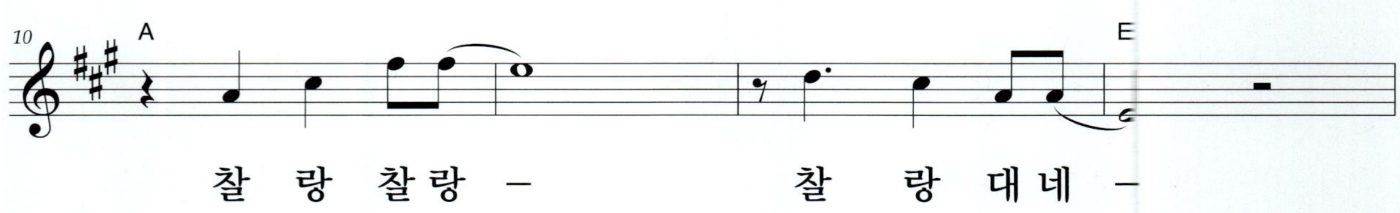

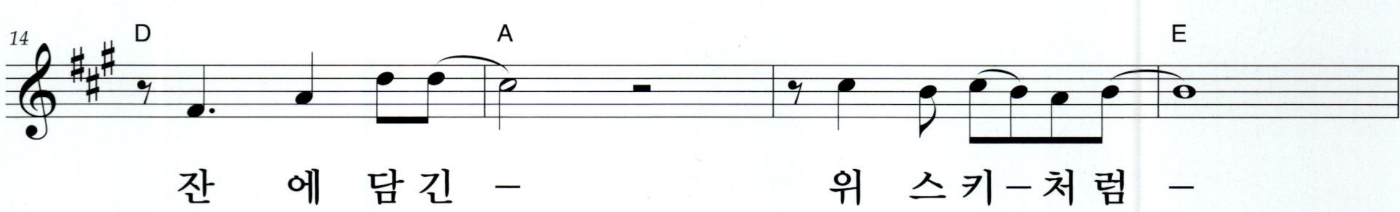

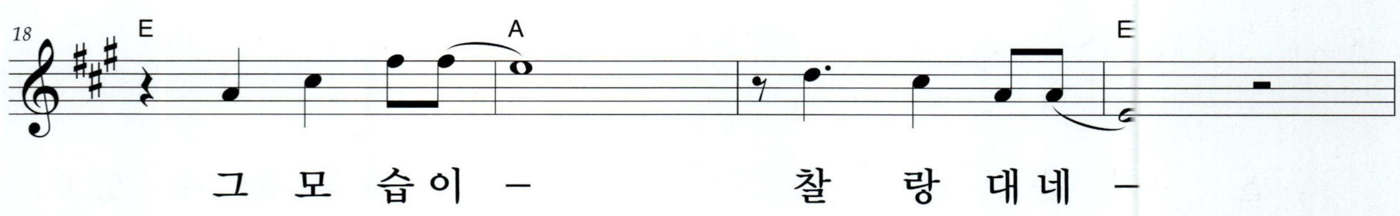

오 – – 그 대는나를 취 하게하는
사 랑–이–었고 – 가 까이에서 이 마–음을 자
– 꾸 흔들었어 – 촉 촉 히젖 은 – 눈
촉 – 촉 히 젖 은
– 빛 하나 로 – 이 마 음을 적 – 셔 주었 어
– 눈 – 빛 하나 로
– – – 그 것 이 사 랑 이 라
면 이 순간 – 모 든 것 다 줄 수 있어
– 그 것 이 거 짓 없 는

DM7
E
진 실 이 라 면 – 나 는 나 – 는 그 대잔속에서

② 73마디로 가세요
E7
A
1. E
찰 랑찰랑대 – 는 술 – 이되리 라

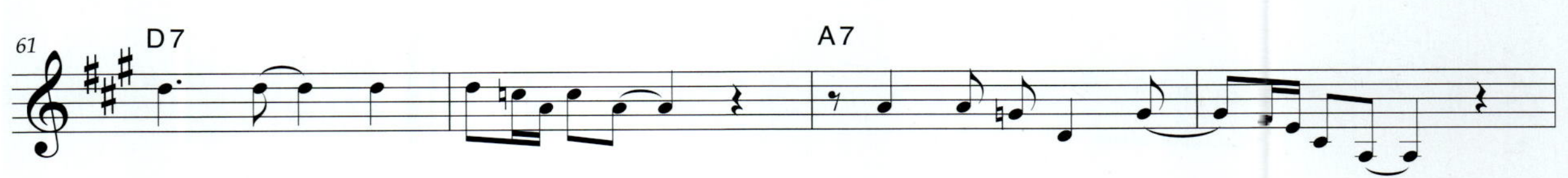
D 7
A7

D 7
E

① 27마디로 가세요
A
D 7
A
A7
오 – –

2. E
E7
나 – 는 나 – 는 그 대잔속에서 찰 랑찰랑대 –

E
A
는 술 – 이되리 라

미안미안해

작사 : 김동주
작곡 : 김영광

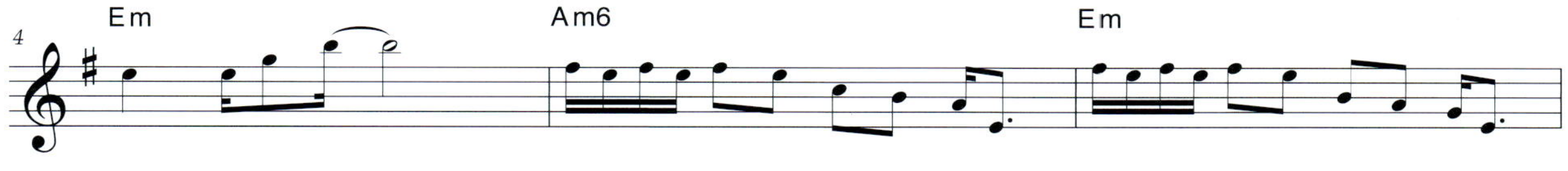

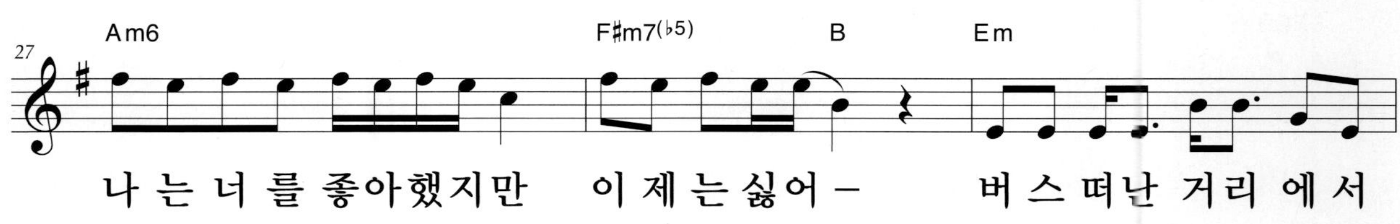

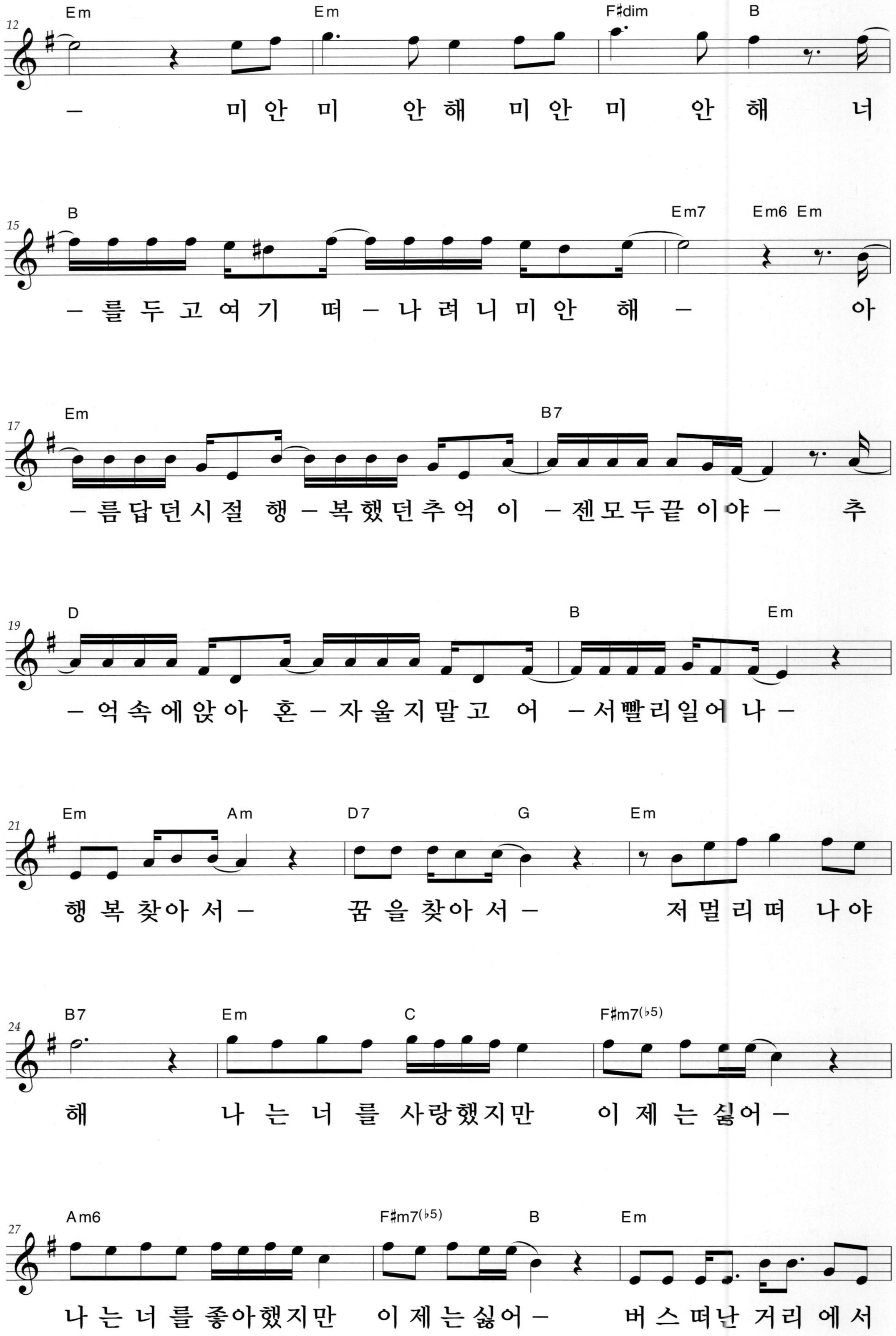
Em Em F♯dim B
12
– 미 안 미 안 해 미 안 미 안 해 너
B Em7 Em6 Em
15
– 를 두 고 여 기 떠 – 나 려 니 미 안 해 – 아
Em B7
17
– 름 답 던 시 절 행 – 복 했 던 추 억 이 – 젠 모 두 끝 이 야 – 추
D B Em
19
– 억 속 에 앉 아 혼 – 자 울 지 말 고 어 – 서 빨 리 일 어 나 –
Em Am D7 G Em
21
행 복 찾 아 서 – 꿈 을 찾 아 서 – 저 멀 리 떠 나 야
B7 Em C F♯m7(♭5)
24
해 나 는 너 를 사 랑 했 지 만 이 제 는 싫 어 –
Am6 F♯m7(♭5) B Em
27
나 는 너 를 좋 아 했 지 만 이 제 는 싫 어 – 버 스 떠 난 거 리 에 서

Em   B   Em   F#dim   B
손을 왜 들어– 미안 미 안 해 미안 미 안 해 너

② 35마디로 가세요   ① 1마디로 가세요
B   1. Em
–를 두고 여기 떠 – 나 려 니 미안 해 –

2. Em   Em   F#dim   B
– 미안 미 안 해 미안 미 안 해 너

B   Em   Em
–를두고여기 떠–나려니미안 해 – 미안 미 안 해 미안

F#dim   B   B
미 안 해 너 –를두고여기 떠 –나 려 니 미안 해

Em   Am6   Em
–

F#dim   B   C   Em   Em6

신토불이

◆ **작사** : 김동찬
◆ **작곡** : 박현진

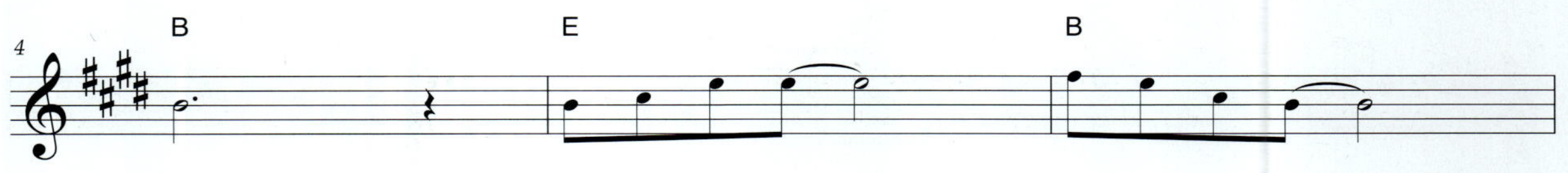

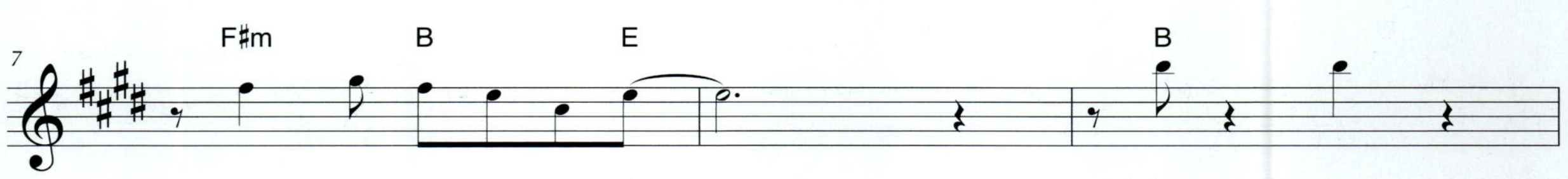

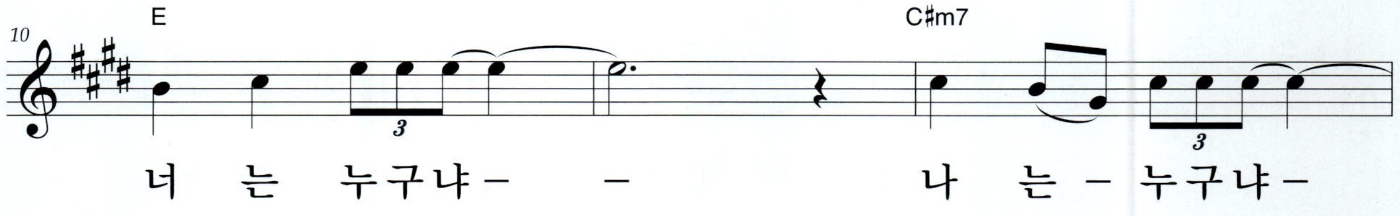

신 토 불 이 –   신 토 불 이 –   신 토 불 – 이 야
– 압 – 구 정 –   강 남 거 리 –
영 – 등 포 –   명 동 거 리 –
여 기 는 어 – 디 냐   순 – 이 – 는
어 디 가 고 –   미 스 리 만 있 – 느 냐 –
미 스 김 만 있 – 느 냐 –
쇼 윈 도 의 마 네 킹 이 –   외 제 품 에 춤 을 추 네
진 열 장 의 마 네 킹 이 –   외 제 품 에 춤 을 추 네
– – 쌀 – 이 야 –   보 – 리 야 –
콩 이 야 팥 – 이 – 야 –   우 리 몸 – 엔

우 리 꺼 데 - 남 의 것 을 왜 찾 느 냐 -
고 추 장 에 된 장 김 치 에 깍 두 기 잊 지 마 라 잊 지 마
너 와 나 는 한 국 인 신 토 불 이 - -
② 50마디로 가세요
신 토 불 이 - 신 토 불 - 이 야 -
① 1마디로 가세요
- - 신 토 블 - 이 야
- -

흥부자

◆ **작사** : 김지환 외 1명
◆ **작곡** : 김지환 외 1명

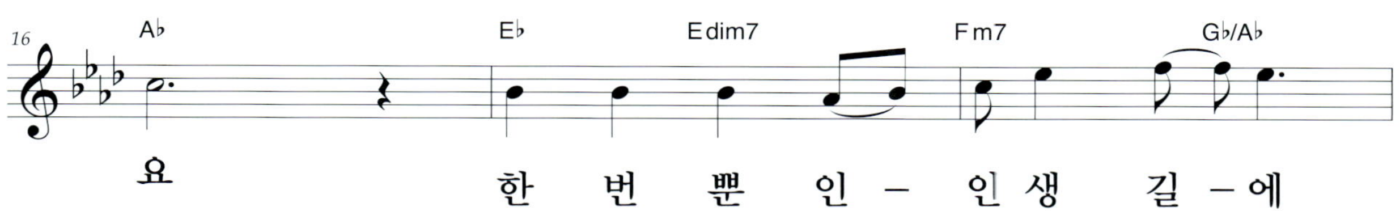

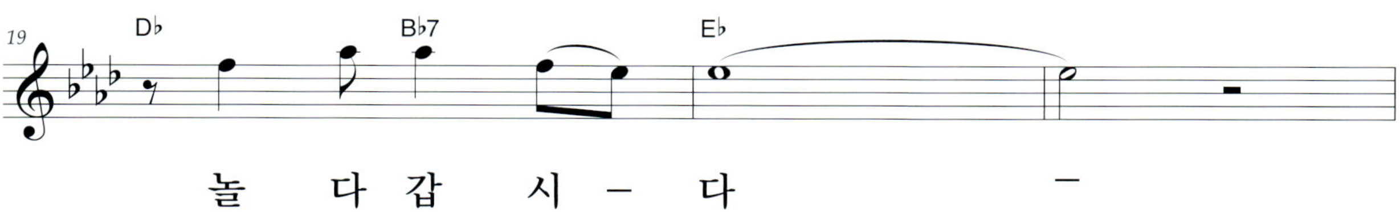

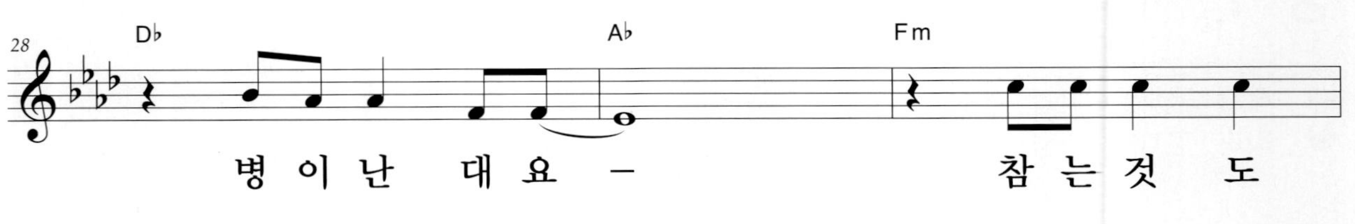
병 이 난 대 요 -   참 는 것 도

한 두 번 이 - 지

친 구 만 나 술 도 한 - 잔   님 과 함 께 -

여 행 가 - 고   즐 겁 게 - 살 아 - 갑 시 다

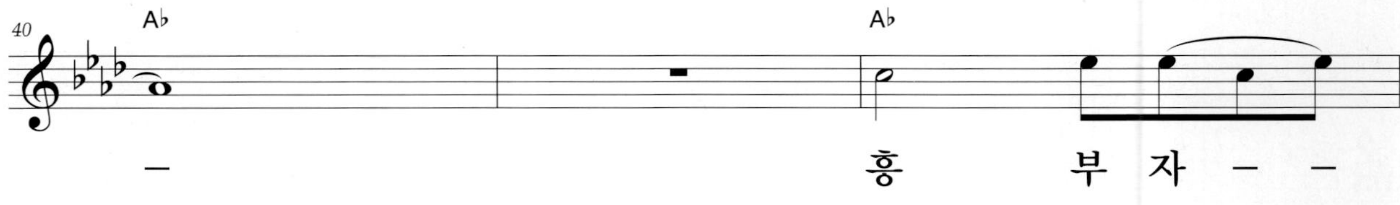
-      흥   부 자 - -

부 자   흥 부 자 가 왔 어 - 요

근 심 걱 정 - 모 두 모 - 두   날 려 버 려 -

요 흥 부자 - - 부자 -

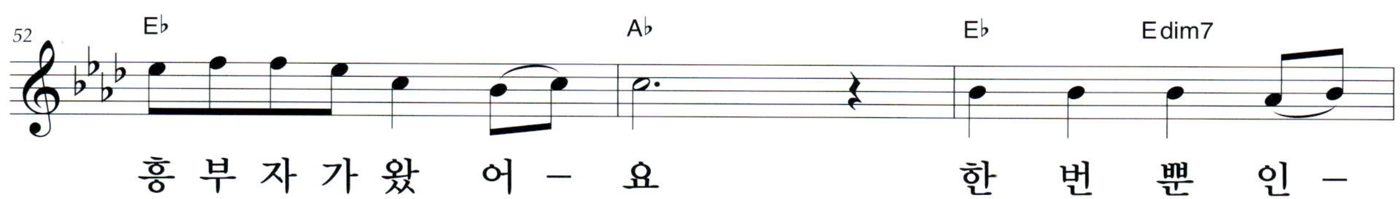

흥 부자가 왔 어 - 요   한 번뿐인 -

④ 65마디로 가세요
인생 길-에 놀 다갑 시 - 다   -

① 5마디로 가세요
흥 부자부자부자 우리가흥 부자 -

2. A♭   ③ 26마디로 가세요
D.S. al Coda
흥 부자부자부자

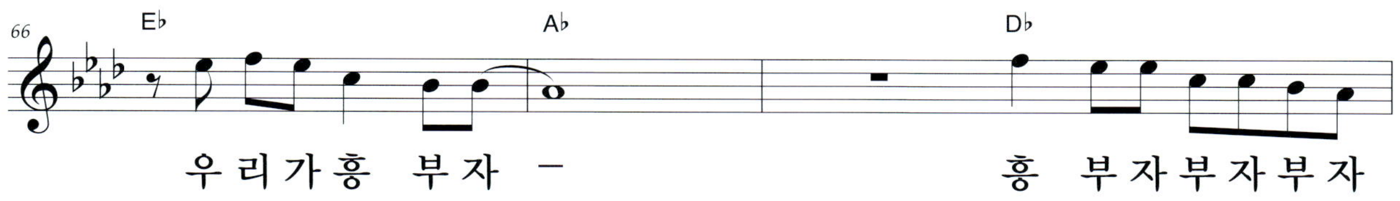

우리가흥 부자 -   흥 부자부자부자

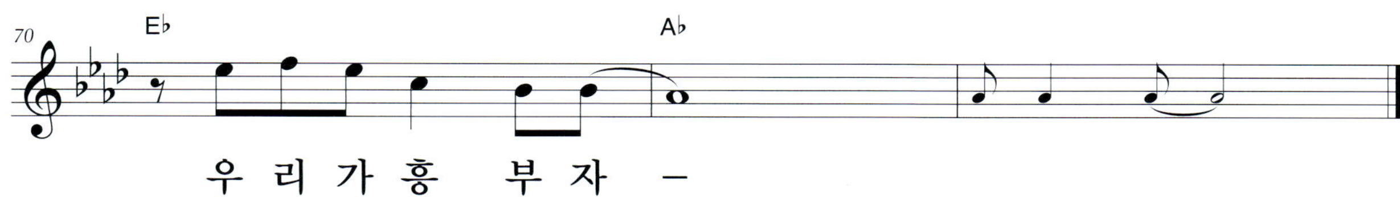

우 리 가흥 부 자 -

응급실

작사 : 신동우
작곡 : 신동우

B♭sus4 B♭7   E♭   Gm7
27
－ － － 이 바보－ 야진－ 짜아－ 니야 － －

A♭   Fm7(♭5)/A♭   E♭   /D♭   A♭   Fm7(♭5)/A♭
30
아 직 도나를－   그 －렇게몰 －라   너 를가－ 진 사 －람

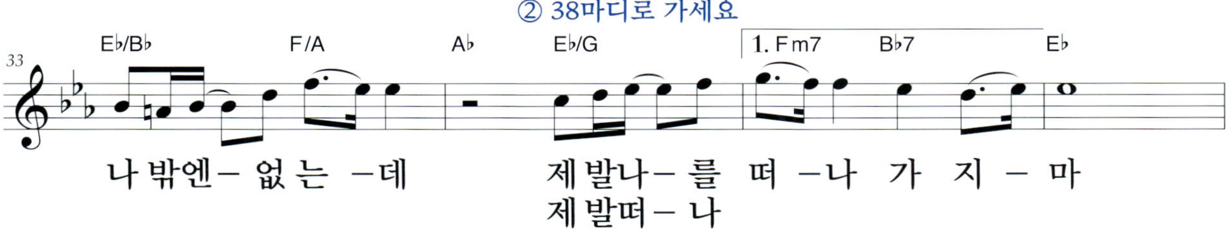

② 38마디로 가세요
E♭/B♭   F/A   A♭   E♭/G   1. Fm7   B♭7   E♭
33
나 밖엔－ 없 는 －데   제 발나－ 를 떠 －나 가 지 － 마
제 발떠 － 나

① 20마디로 가세요

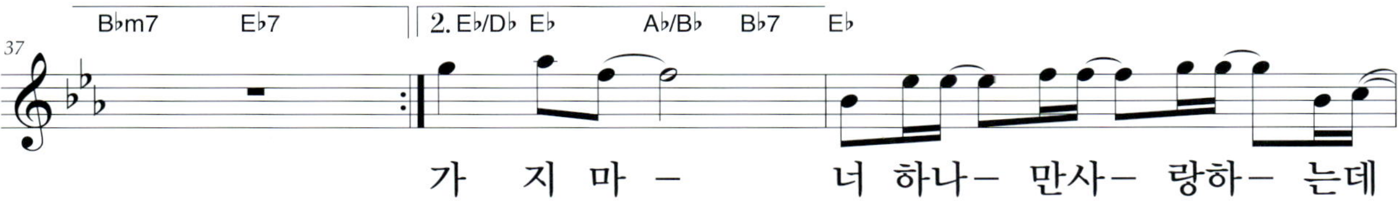

B♭m7   E♭7   2. E♭/D♭ E♭   A♭/B♭   B♭7   E♭
37
가 지 마 －   너 하나－ 만사－ 랑하－ 는데

E♭/G   A♭   A♭m/B   E♭   E♭7
40
－ －   이 대 로 나를－   두 － 고 가 지 마 －

Cm   Fm7(♭5)/B   E♭/B♭   C7sus4 C7   Fm7   E♭/G
43
나 를버－ 리 지 －마   그 냥날－ 안 아 －줘   다 시사－ 랑

A♭   B♭7   A♭M7   Gm7   Fm7   A♭/B♭   E♭
46
하 －게 돌 아 와－ － －

운명 같은 여인

작사 : 장경수

작곡 : 이호섭

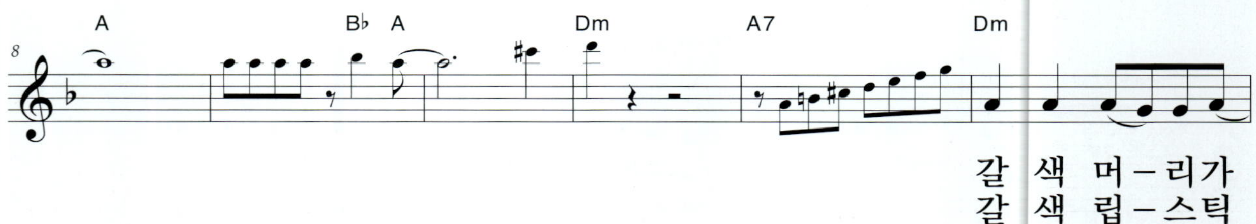

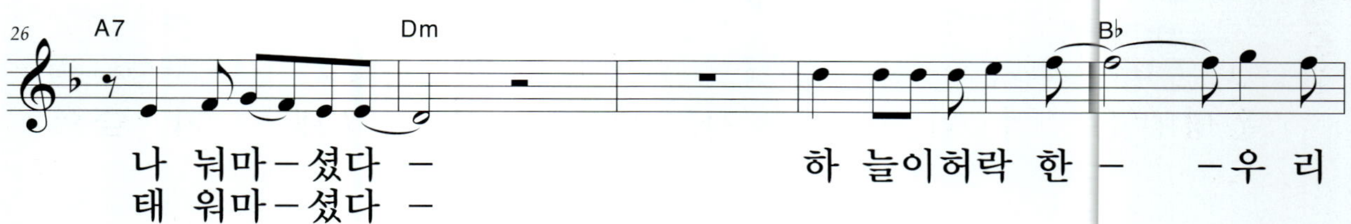

35 A7   Dm   B♭
때 로 는 서 로 의 － － 양 보

39 C   Gm   B♭   E7
가 필 요 한 후 － 에 － 사 랑 의 그 때 완 － 성 되 니 까

43 E7   A7   Dm   C   Gm   C
－ － 먼 훗 날 돌 아 보 며 우 리 들 의 선 택 을

47 Gm   C   Gm   C   Gm
후 회 할 수 는 없 어 － 사 랑 하 고 미 워 하 며 깊 어 가 는 그 정 에

51 Dm   A7   Dm   C   Gm   C
인 생 을 － 건 다 － 누 굴 만 나 사 랑 해 도 지 금 처 럼 행 복 할 까

② 61마디로 가세요
55 Gm   D7   A7
운 명 같 은 － 여 인 － 사 랑 을 그 대 가 슴 에

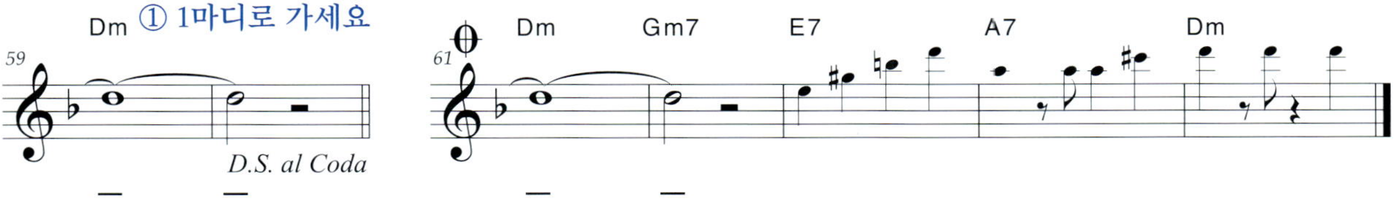

Dm ① 1마디로 가세요
59
D.S. al Coda
－ －
61 Dm   Gm7   E7   A7   Dm
－ －

진정인가요

◆ **작사** : 정욱
◆ **작곡** : 정풍송

돌아 – 설때 – – 눈물 짓 던   당신이 – 라 면
돌아 – 설때 – – 울음 참 던   당신이 – 라 면
영 원 – – 토 록   영원 토 록
잊 으 – – 려 도   잊으 려 도
① 9마디로 가세요
④ 55마디로 가세요
죽어 – 도 못 – 잊을 – 겁니 – 다   –
2. A7
진정인 가 – 요   오 솔 – 길을 –   거 – – 닐 – 며
주고받던 – –   그 – – 사랑   잊을 수가   있을 까 – –
③ 33마디로 가세요
요   –
D.S. al Coda
죽어 – 도 못 – 잊을 – 겁니 –
다 – –   –

Dash

작사 : 이승호
작곡 : 홍재선

벌 써 머 칠 째 야
사 랑 한 후

애 만태 − 우 는 − 게 − 날 사랑한단 − 한 마 − 디말 − 조차
내 가달 − 라 진 − 건 − 외 롭던나의 − 시 간 − 을채 − 워준

하 지못 − 한 채 − 용 기 가 없 는 − 넌
너 의생 − 각 들 − 불 처 럼 타 오 − 른

다 가오 − 지 못 − 하고 언 제까지나 − 그 렇 − 게멀 − 리서
열 정은 − 아 니 − 지만 깨 지지않는 − 사 랑 − 의믿 − 음이

바 라볼 − 거 야 − 이 젠 내 가 너 보 − 다
생 겨난 − 거 야 −

먼 저다 − 가 갈 − 거야 널 사랑한단 − 그 말 − 을내 − 가먼저

하 고말 − 거 − 야 − 서 로 가 사 랑 − 인걸

F#m
알 고있 – 는 데 –   왜 이러고만 – 있 어 – 야 하 – 는지도
G#7

C#m
정 말답 – 답 해 –   이 런애 – 길 내 – 가 면 – 저
이 제와 – 서 이 – 른 애 – 길
F#m
B

E
한 다면 –   언제나 남 자들 – 은 부 – 담 스 러
하 기가 –   조금은 껄 끄럽 – 고 어 – 색 하 긴
F#m7
G#7

C#m
워 하지 –   너 역 시 그 렇 – 다 면
하 지만 –   사 랑 은 그 리 – 쉽게
C#7

② 78마디로 가세요
F#m
어 쩔수 – 없 어 –   넌 사랑받을 – 자 격 – 도없 – 는
얻 을수 – 없 어 –   언 제까지나 – 이 럴
G#7
1.

④ 91마디로 가세요
C#m
거 니까 –

C#m

① 46마디로 가세요
- 순없 - 잖 - 아 -

누가먼저 - 란 건 - 그 리 중요하지 - 않 아 - 짧 - 은생을

사 랑 하 나 - 만 으 - 로 산 - 다 면 -

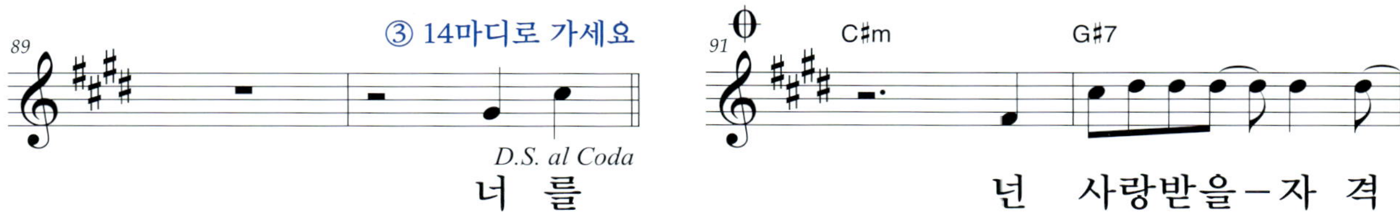
③ 14마디로 가세요
D.S. al Coda
너 를   넌 사랑받을 - 자 격

- 도없 - 는 거 니 까 - -

홍랑

◆ 작사 : 최흥호
◆ 작곡 : 이호섭

G   Em   D   G   D   C
어이두고 떠나--갔 나요-   백   년이-흘러--가도

D   G   D/F# Em   D
천년이 가도-   나는그 대 여자 랍 니- -다 -

Em7   G   D   G D   C   Am   D
객 창에피는   뭣 버들-보-면   날 인   가-홍랑인가여 기-
객 창에우는   두 견새-보-면

G   ② 28마디로 가세요   1.Em7   D   G
소- 서

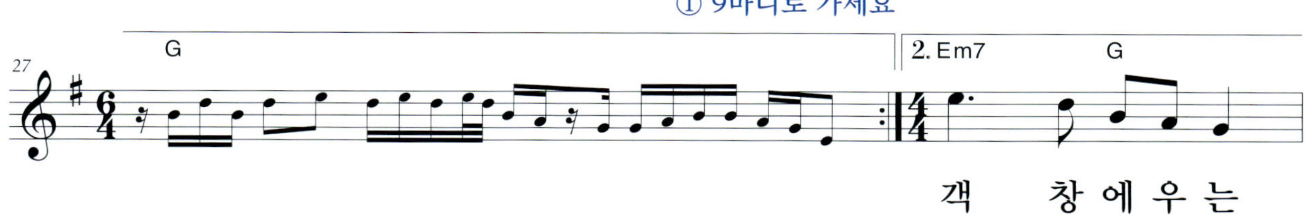
① 9마디로 가세요
G   2.Em7   G
객   창에우 는

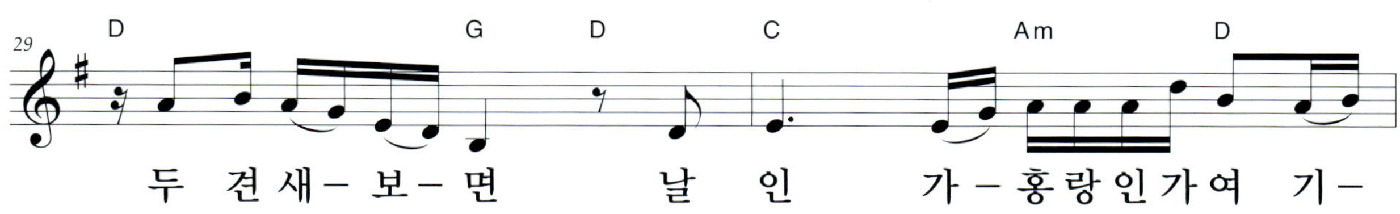
D   G D   C   Am   D
두 견 새-보-면   날   인   가-홍랑인가여 기-

G   Em   D G D G
소- 서

동행

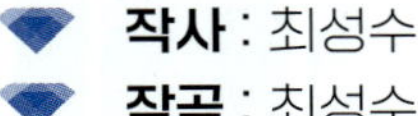

작사 : 최성수
작곡 : 최성수

큐원
방송

아직도내겐 슬픔이 - 우두 커 니남아 있어요 - 그 날

을 생 각 하 자 니 - 어 느 새 흐 려 진 안 개

빈밤을오가 는마음 - 어디 로 가야만 하 나 어둠에

- 갈 곳 -모르고 - 외로 워 헤매는 미 로

누 가나와같-이 함 께- 울 어 줄 사람있나 요
누 가나와같-이 함 께- 따 뜻 한 -동행-이될 까
사 랑하고 싶 어 요 빈 가 슴 -채울때 까 지
사 랑하고 싶 어 -요- 사 랑 있는날 까지 -
② 49마디로 가세요
① 25마디로 가세요
1.
2. Bm

비내리는 영동교

◆ **작사** : 정은이
◆ **작곡** : 남국인

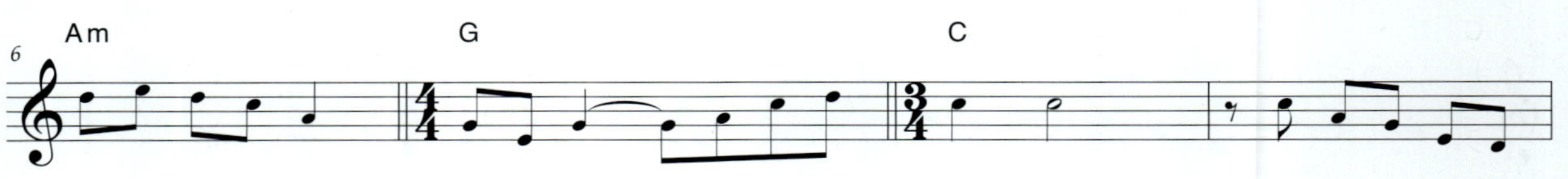

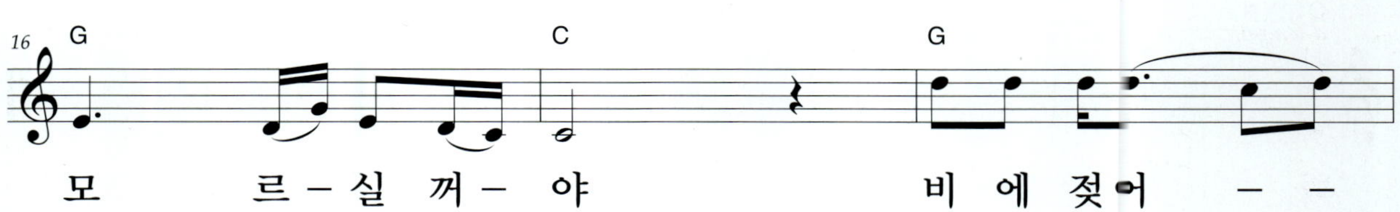

슬픔에젖어 - 눈물에 - 젖 - 어 -
아픔에 - 젖 - 어 -
하염없이 - 걷고있 - 네 밤비 - 내리는영동교
하염없이 - 헤매이 - 네 밤비 - 내리는영동교
잊어야지 - 하면서도 못잊는 - 것
생각말자 - 하면서도 생각하 - 는
은 미련 - 미련 - 미련 - - - - 때문
건
① 1마디로 가세요
인가 - 봐 - 미련 - 미련 - 미련
- - - 때문인가 - -
봐

무조건

작사 : 박현진 외 1명
작곡 : 박현진

큐원
방송

♩ = 143
C Dm   C   B♭   A7
Dm   C   Dm   Gm   A7   Dm
짜라짜라짜 짜 짜
Dm   C
─   짜 라 짜 라 짜 짜 짜 ─
A7   Dm
뽕 숭 아 뽕 숭 아 학 당 ─ ─   짜 짜 라 짜 라 짜 라
Dm   Gm7   Dm
뽕 숭 아 배 ─ 움 있 는 곳 에 우 ─ 릴 불 러 줘 ─ 언

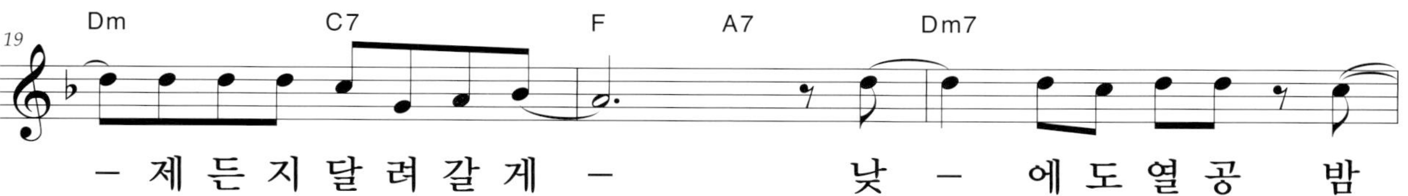
19
Dm C7 F A7 Dm7
- 제 든 지 달 려 갈 게 - 낮 - 에 도 열 공 밤

22
C7 F Gm7 A7
- - 에 도 열 공 언 - 제 든 지 배 울 거 야 - 다

25
Dm Gm7 Dm C
- 른 사 람 들 이 우 - 릴 부 르 면 - 한 참 을 생 각 해

28
F A7 Dm7 C7 F
보 겠 지 만 - 붐 - 쌤 이 우 릴 불 - 러 준 다 - 면

31
Gm A7 Dm
무 조 건 달 려 갈 거 야 - - 짜 짜 라 짜 라 짜 라

34
Dm Bb
뽕 숭 아 배 - 움 을 향 한 우 - 리 사 랑 은

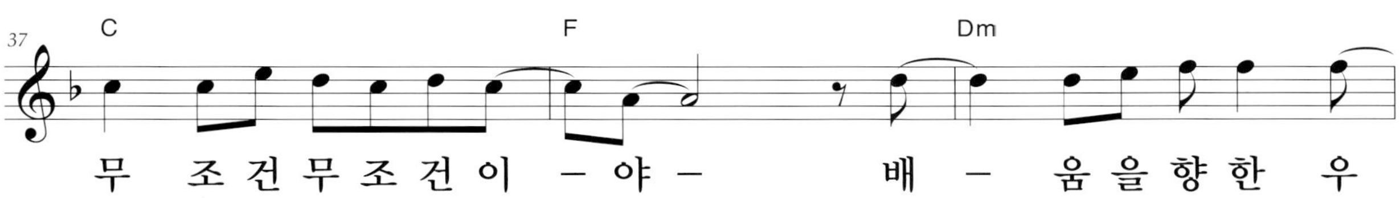
37
C F Dm
무 조 건 무 조 건 이 - 야 - 배 - 움 을 향 한 우

-리 사 랑 은 특 급 사 랑 이 야 -
- 태 -평 양 을 건 너 대 -서 양 을 건 너 인
-도 양 을 건 너 서 라 -도 - 배 울 수 있 으 면
달 려 갈 거 -야 무 조 건 뽕 숭 아 학 -당 -
② 54마디로 가세요
① 5마디로 가세요
짜 짜 라 짜 라 짜 라 뽕 숭 아 -당 -
뽕 숭 아 뽕 숭 아 학 당 - - 짜 짜 라 짜 라 짜 라 뽕 숭 아

사랑님

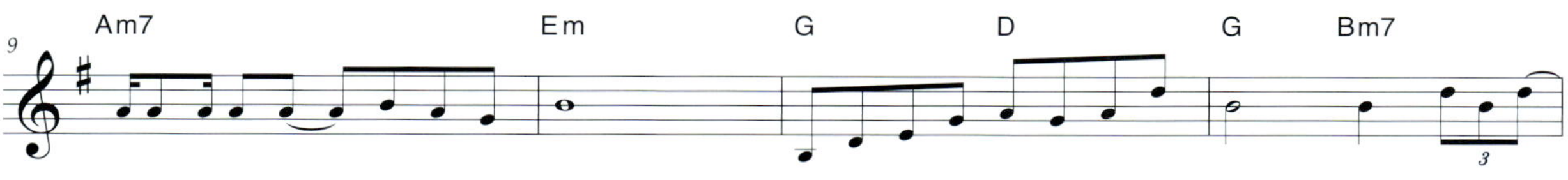

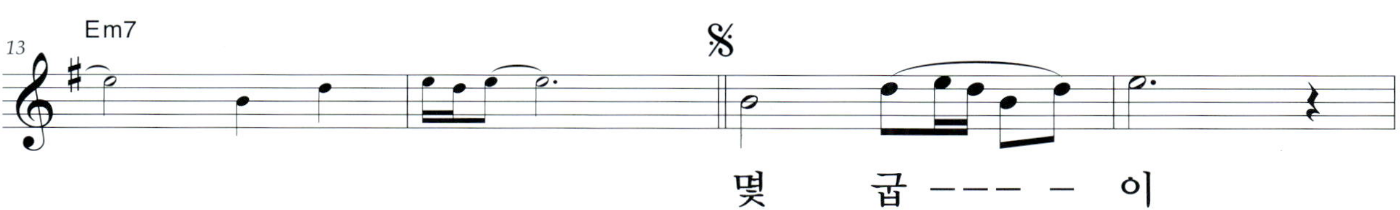

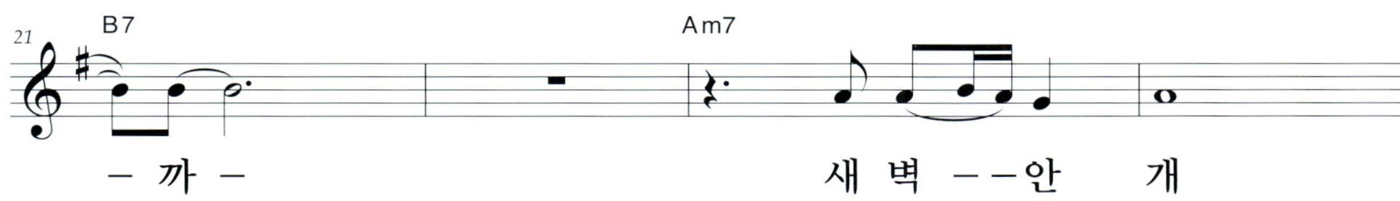

이 슬--되-어   알알 이 맺 혔-구-
-나-   한올-한올   타는 가 슴
어디에 둘 까--   그리운 맘   사랑에--졌-
네   아 아아 아   아 아아
-아-   안타-까운- 내   님 이-
-여-   -   저구름에몸을실어-
둥실둥실띄워볼까 -   저 바람 은   내---맘 알

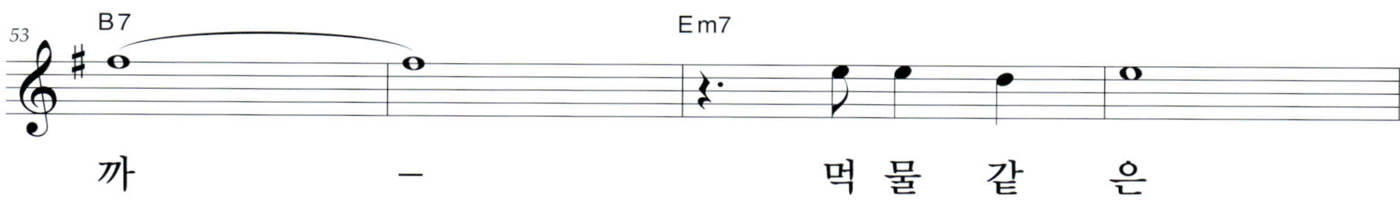

53
B7
Em7
까 － 먹물 같 은

57
D
G
Am7
D
이내 심 －정－ 사랑－님은 아 시－려－

61
Em7
② 71마디로 가세요
－나－

65
G
G
Em7
D

69
Em7
① 15마디로 가세요
71
Em
D.S. al Coda
우 리 － 님 은 －

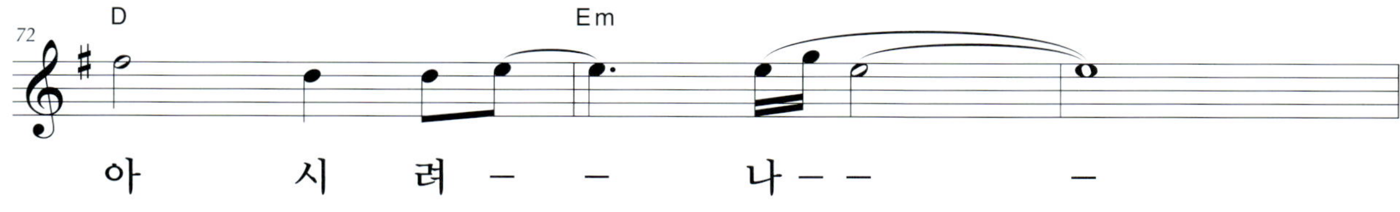

72
D
Em
아 시 려 － － 나 － － －

75
Em
Am7
Bm7
Em
D
Em

보고싶다

작사 : 윤사라
작곡 : 윤일상

아 무 리 기 다 려 도

난 못가 바보 – 처럼 울고 있 는 –너 에곁 –에

상 처 만 주 는 나 를 왜 모 르 –고 기 다 리 –니

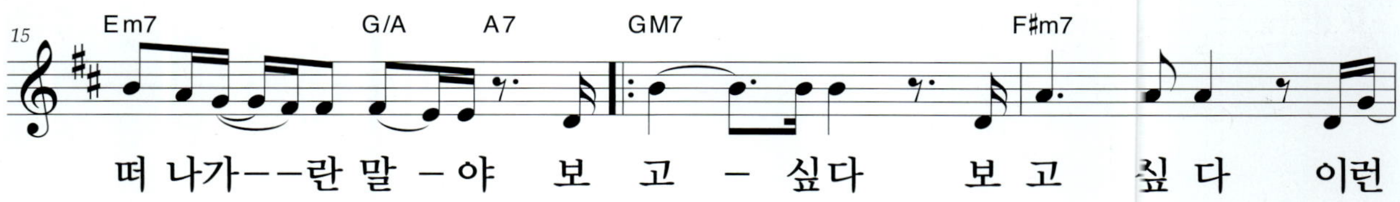

떠 나 가 – –란 말 –야 보 고 – 싶 다 보 고 싶 다 이런

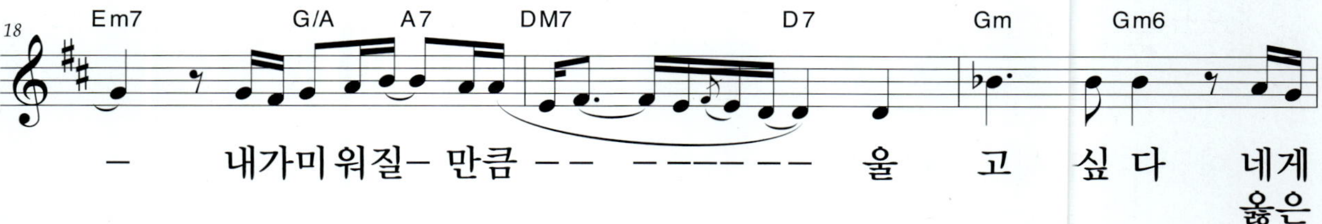

– 내가미워질– 만큼 – – – – – – – – 울 고 싶 다 네게
옳은

무 릎 꿇 –고 모 두없– –던일– 이뤌– 수있
길 이 라 –고 너 를–위–해떠– 나야– 만한

A   DM7   GM7   Gm6
23
- 다면- 미 칠 듯 사 랑 했 던 기 - 억 이   추
- 다고-

F#m7   Bm7   Em7   A7sus4 A7   DM7
26
억 들 이- 너 를 찾 고- 있 지 -만   더 이 상 사 랑 이 란

B7   Em7   A7sus4 A7   GM7
29
변 명 에- 너 를 가 둘 수 없 - -어 - -   이 러 면

② 39마디로 가세요
F#m7   B7   1.Em7   A7
32
안 -되지만   죽 을 만 큼 -보 - 고   싶 -다

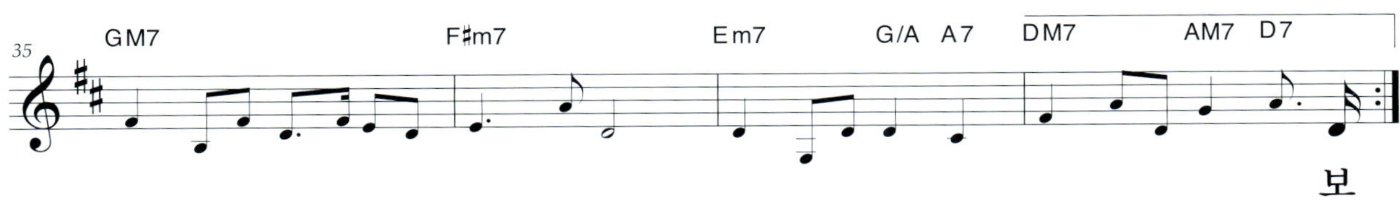

① 16마디로 가세요
GM7   F#m7   Em7   G/A A7   DM7   AM7 D7
35
보

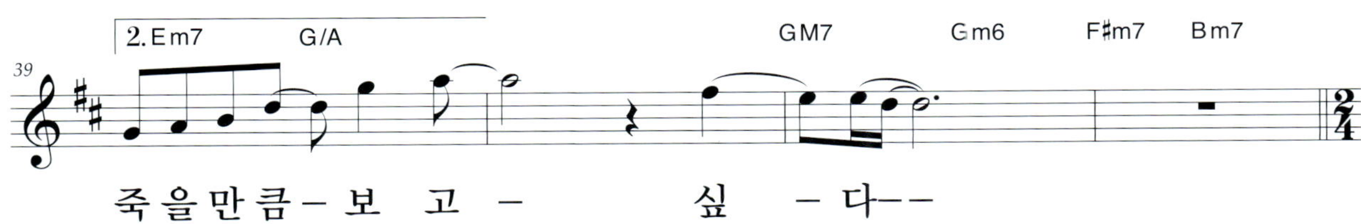

2.Em7   G/A   GM7   Gm6   F#m7 Bm7
39
죽 을 만 큼 -보 고 -   싶 - 다 - -

Em7   A7sus4   DM7
43
죽 을 만 큼 - 믿 - 고 - - - - 싶 다 - -

고향무정

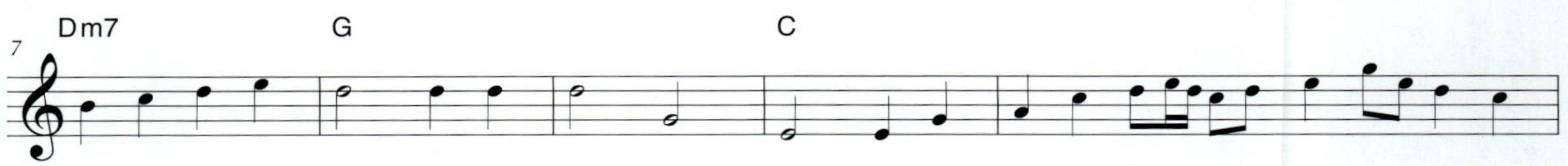

향 － 이 있 － 었 － 건 － 만 －
지 － 금은 어 느 － 누가 살고있 는 지
지 － 금은 어 느누가 － 살 고있 는 지 산
바
골 － － － － 짝 － － 엔 물 이 － 마 르
다 － － － － 에 － － 는 배 만 － 떠 있
－ 고 기 － 름 진 문 － 전옥 － 답
－ 고 어 － 부 들 노 － 래 － 소 리
잡 초 에 － － 묻 혀 있 네 － －
멋 은 지 － － 오 래 일 － 세 －
① 2마디로 가세요
－

사랑의 미로

◆ 작사 : 지명길
◆ 작곡 : 김희갑

듣원
방송

♩ = 76
D   Em   A7   D   G

A7   Em   A7   Bm   G   A7   D/A A7   D   G

A7   D
그 토록 —   다짐을   하건 만   사
는   눈물은   없어 도   가

G   A7   D
랑 — 을알 수없 어 요   사랑으 —   로눈먼가 슴
슴 — 은젖 어버 리 고   두 려움 —   에떨 리는 것

Em   A7sus4   A7   D
은   진실 하   나에 울 지요 —   그 대
은   사 랑의 —   기 쁨 인 가요 —

D   Em7   Bm7
작 은 가 슴에— 심 어준 — 사 랑 이여— 상 처를 — 주 지 마오— 영 원히

② 26마디로 가세요
④ 36마디로 가세요

A7   D   Em   A7
- 끝 도 시 작 도없 이- 아 득한 - 사랑의

① 10마디로 가세요

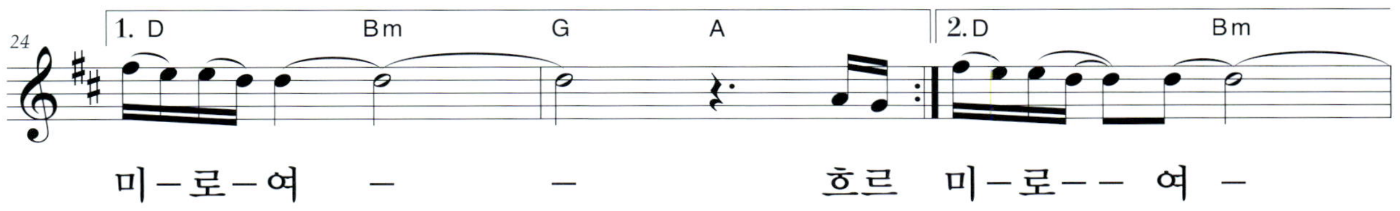
1. D   Bm   G   A   2. D   Bm
미-로-여 - - 흐르 미-로-- 여 -

G   A7   D   3   G
- 때로 는 쓰라린 이별 도 쓸 쓸 히 맞이하면

A7   D   Em
서 그리 움 만 태 우는- 것 이 사 랑의

A7sus4   A7   D   ③ 18마디로 가세요
D   Gm
D.S. al Coda
- 진 실 인가요 - 그 대 미-로-- 여 -

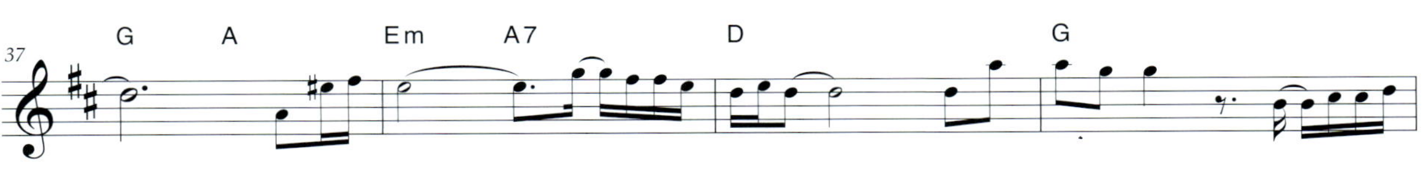
G   A   Em   A7   D   G
-

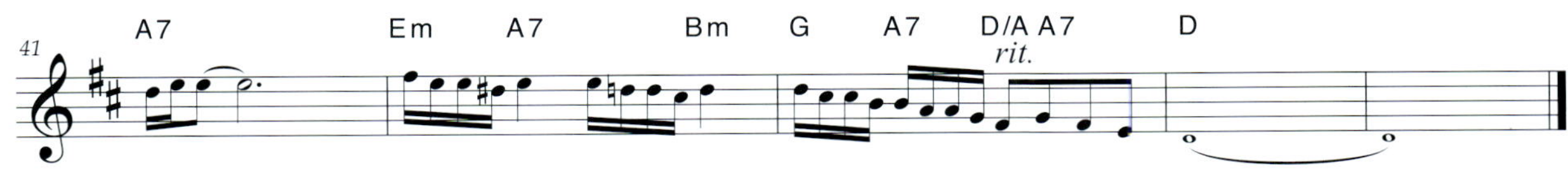
A7   Em   A7   Bm   G   A7   D/A A7   D
rit.

그대여 변치마오

◆ **작사** : 김준규
◆ **작곡** : 김준규

E♭7   A♭   Fm7   D♭
알 아 주 세 요   그 누 가   이 세 상 을 -

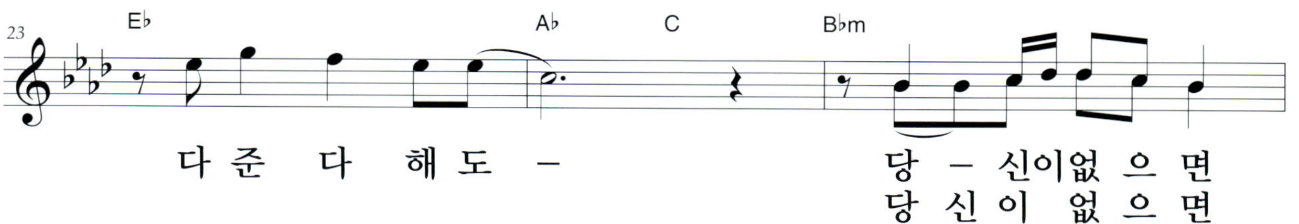

E♭   A♭   C   B♭m
다 준 다 해 도 -   당 - 신 이 없 으 면
당 신 이 없 으 면

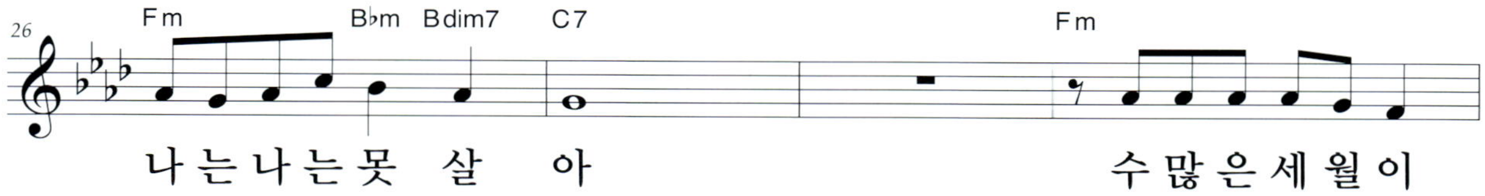

Fm   B♭m   Bdim7   C7   Fm
나 는 나 는 못 살 아   수 많 은 세 월 이

② 35마디로 가세요
Fm7   C   A♭   D♭
흐 른 다 해 도 -   당 신 만 을 당 신 만 을   기 다 리 며

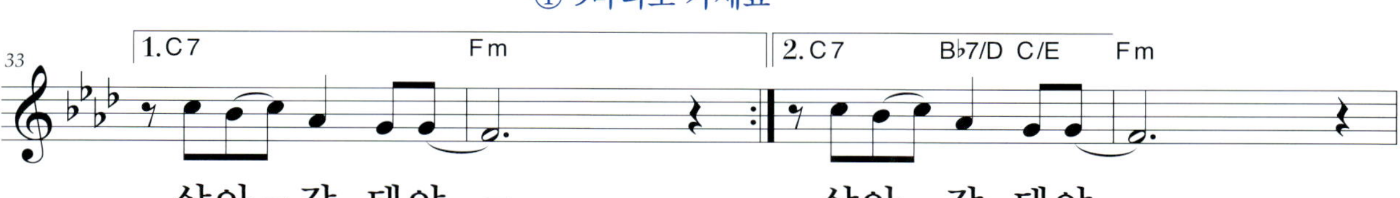

① 9마디로 가세요
1. C7   Fm   2. C7   B♭7/D   C/E   Fm
살 아 - 갈 테 야 -   살 아 - 갈 테 야 -

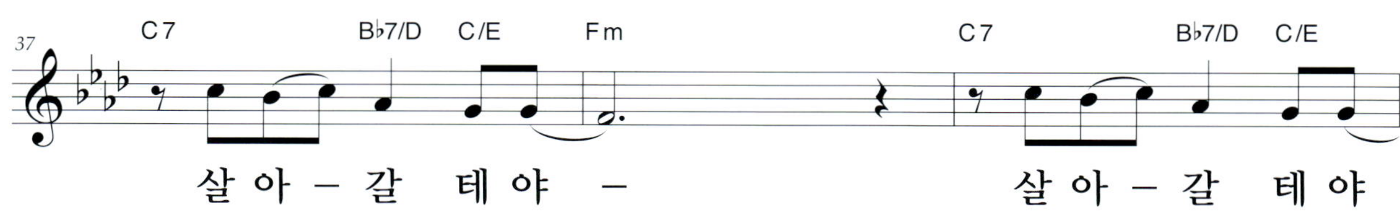

C7   B♭7/D   C/E   Fm   C7   B♭7/D   C/E
살 아 - 갈 테 야 -   살 아 - 갈 테 야

Fm   Fm6
-    -

사람이 꽃보다 아름다워

◆ **작사** : 정지원
◆ **작곡** : 안치환

A   E
서 로 를 쓰다듬 으며   부둥켜안 은－채   느긋하게정 들어

B7   E
－ 가－는지를 － 음 －   지독한외 로움 －에   쩔 쩔

A   E
매본 사람 은 －   알게되 －지 －   음 － 알 게되

A   E
－지 －   오 － －   그슬픔에굴 하－지 않고－ 비 켜

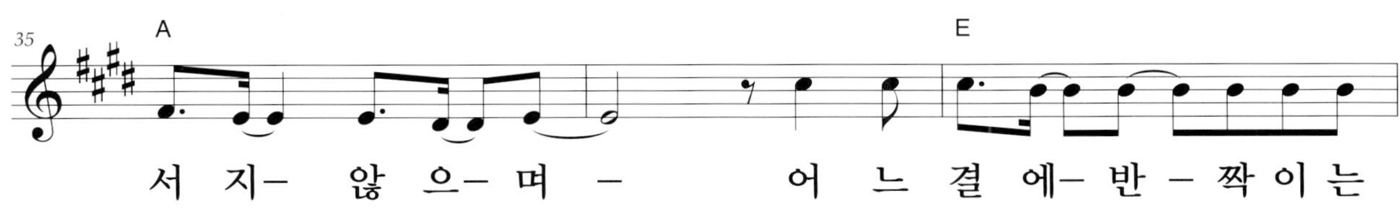

A   E
서 지－ 않 으－며 －   어 느결 에－반 －짝이 는

E   A
꽃 눈－을닫 고 우 －렁우렁잎 들－ 을   키 우는사랑이야말 로

E7   B7
짙 푸른숲이 되고   산이되 어메 아 리로 － 남 는 다는것을

B7
A
E7
－ 누가뭐 래도 － 누가뭐 래도 － 사람이　꽃 보다아름다워

E7
B7
－　이　모든　외 로－움 이 겨－난 －　바

A
B7
A
로　그사 람 － 누가뭐 래도 － 누가뭐 래도 －　그대는

E
B7
꽃 보다아름다워 －　노　래의 온－기를품 －고 사－는 바로

② 75마디로 가세요

A
E7
1.
그 대 바로당 신 바로우 리 우린참 사랑 － －

A7
E7

E7
A7

① 25마디로 가세요

2.E7
누 가 뭐 래 도 – 누 가 뭐 래 도 – 사 람 이

꽃 보다아름다워 – 노 래의 온–기를품 –고 사–는 바로

그 대 바로당 신 바로우 리 우린참 사 랑 –

–

애가 타

◆ 작사 : 이건우
◆ 작곡 : 임종수

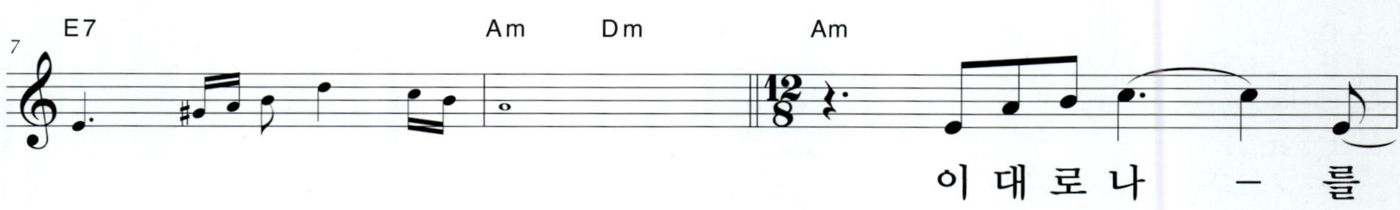

Dm   E7   C   E7
- 바라봐 -   눈으로 나   - 를 - 안아줘 -

Am   Dm   E7   Bm7(♭5)
만날때마 다   자   꾸만 -   가슴이면 저 - 하-

E7   Am   Dm
-는말 -   사 랑에 빠 - 진   건가요

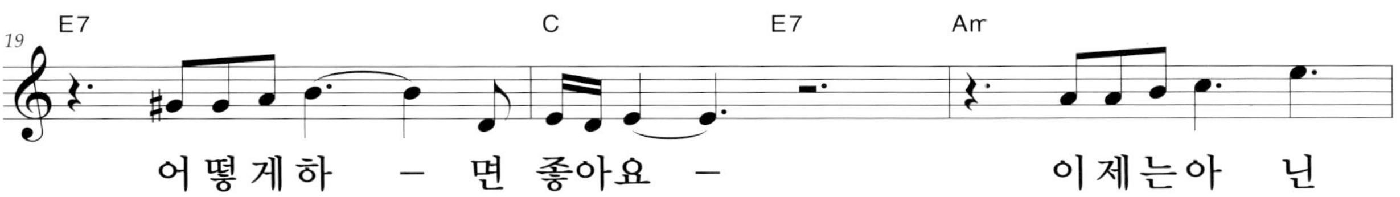

E7   C   E7   Am
어 떻게하 - 면 좋아요 -   이제는아   닌

Dm   E7   Am G F E
척   해도 -   아무런소 용 - 이 없어 -   그냥

Am   E7   Dm   G
바 라 만 봐도-   애가 타-   맘이 너 무 아 파 서 -   애

C   E7   Am   Dm
-가 타   이러 는 게 아-닌데-   흘린 눈 물 때-문에-   사랑

하는마음들– 켜버렸 어–요– – 가까이내 –게
와줘요 – 뭐라고말 – 좀 – 해봐요 –
이렇게애 가 타 도록 사랑 – 하고–
② 49마디로 가세요
있 는데 –
① 25마디로 가세요
그냥
있는데– – 사랑하고 – 있 는–––데

소풍 같은 인생

- **작사** : 추가열
- **작곡** : 추가열

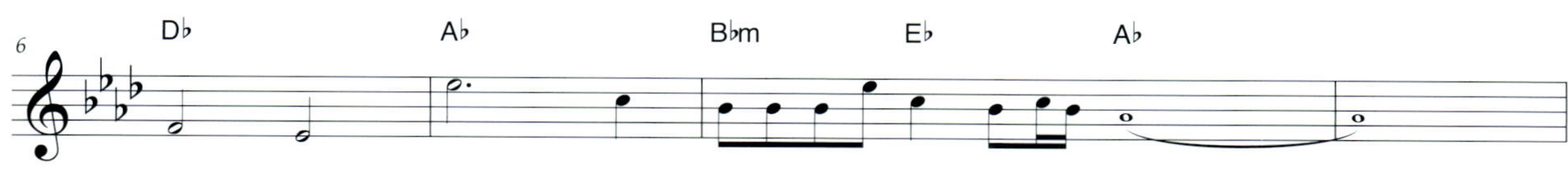

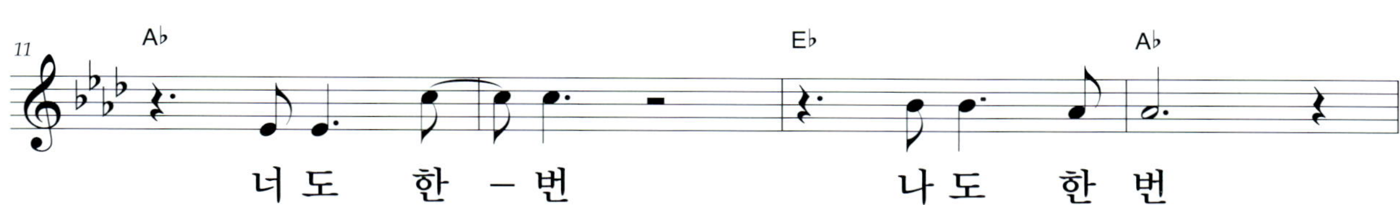

누구 – 나   한번왔다가는인 – 생
바람같은시간이 – –야 –   멈 추지않는 세 월
하루 – 하루   소 – –중하 – 지
미련 이 – –야 –   많 – 겠 지 –만 –
후회 도   많 겠 지만 – –
어차 피   한번왔다가는걸   붙잡을수없 다 면
소풍 – 가 – 듯   소풍 가 – 듯

② 47마디로 가세요   ① 3마디로 가세요

Db   Eb   Ab   1.
웃 － － 으며 행복하게 살아야 － － 지 －

2. Ab7   Db   Ab
미련 이 － － 야 －   많 － 겠 지 － 만 －

Fm7   Ab   Eb
후 회 도   많 겠 지 만 － －

Db   Ab   Fm   Db
어 차 피   한 번 왔 다 가 는 걸   붙 잡 을 수 없 다 면

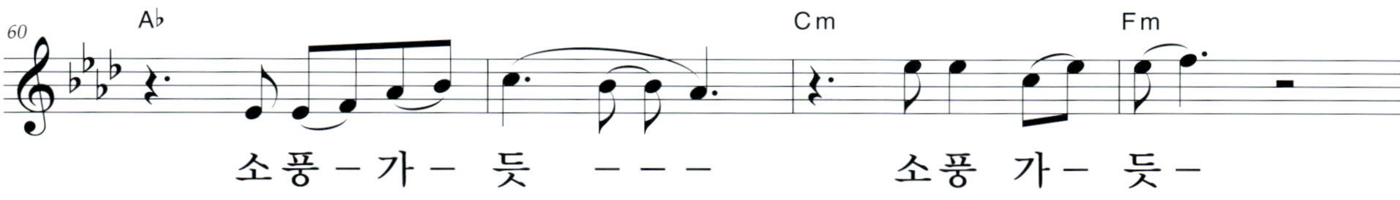
Ab   Cm   Fm
소 풍 － 가 － 듯 － － －   소 풍 가 － 듯 －

④ 68마디로 가세요   ③ 64마디로 가세요

Db   Eb   1. Ab
웃 － － 으며 행복하게 살아야 － － 지 －

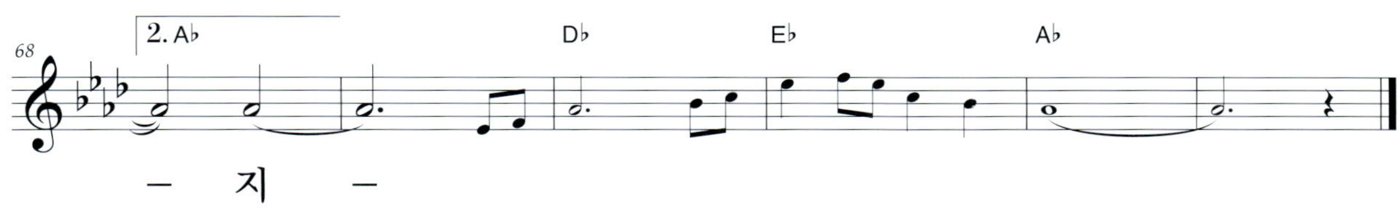
2. Ab   Db   Eb   Ab
－ 지 －

도움 주신 분

한명환 | 가수, 성우, 노래 강사

한명환TV 유튜브 채널 운영중
HERO STAGE 대표
대표곡 〈세월의 약속〉
(사)한국색소폰협회 대전광역시지회장

Email : rgsherpa@hanmail.net
HERO STAGE : 대전광역시 서구 둔산남로 205 B1

임영웅 노래 대전집

영웅을 만든

임영웅의 역사를 그려낸 111곡 수록

영웅의 노래

발행인 김두영
전무 김정열
편집 김다희, 오새봄 | **디자인** 이은경 | **제작** 유정근
전략기획 윤순호, 권지현, 정유진, 이두리, 신찬, 한재현

발행일 2024년 8월 23일
발행처 삼호ETM (http://www.samhomusic.com)
　　　　경기도 파주시 문발로 175
　　　　전략기획개발부　　전화 1577–3588　　　팩스 (031) 955–3599
　　　　콘텐츠기획개발부　전화 (031) 955–3589　팩스 (031) 955–3598
등 록 2009년 2월 12일 제 321–2009–00027호

ISBN　978–89–6721–544–6

제 품 명 : 도서	주　　소 : 경기도 파주시 문발로 175
제조사명 : 삼호ETM	문의전화 : 1577-3588
제조국명 : 대한민국	제조년월 : 판권 별도 표기
사용연령 : 3세 이상	KC마크는 이 제품이 공통안전기준에 적합하였음을 의미합니다.